天津体育学院“十二五”规划教材

LALACAO YUNDONG JIAOCHENG

啦啦操运动教程

杨巧静　李逸群　主编

人民体育出版社

图书在版编目（CIP）数据

啦啦操运动教程 / 杨巧静，李逸群主编 . -- 北京：人民体育出版社，2020（2024.8 重印）

ISBN 978-7-5009-5770-6

Ⅰ . ①啦… Ⅱ . ①杨… ②李… Ⅲ . ①健美操—教材 Ⅳ . ① G831.3

中国版本图书馆 CIP 数据核字 (2020) 第 146401 号

*

人 民 体 育 出 版 社 出 版 发 行

北京中献拓方科技发展有限公司印刷

新 华 书 店 经 销

*

710 × 1000 16 开本 20 印张 389 千字

2020 年 11 月第 1 版 2024 年 8 月第 3 次印刷

*

ISBN 978-7-5009-5770-6

定价：86.00 元

社址：北京市东城区体育馆路 8 号（天坛公园东门）

电话：67151482（发行部） 邮编：100061

传真：67151483 邮购：67118491

网址：www.psphpress.com

（购买本社图书，如遇有缺损页可与邮购部联系）

前 言
FOREWORD

啦啦操运动是一项融合了健身、奥林匹克精神、公益、美学、艺术等多元属性的体育运动项目，是一项致力于培养四好啦啦操运动员、培养健全人格的社会人、打造社会精英人才的教育项目，是具有核心价值的全民运动。啦啦操以其充满青春活力、健康时尚和团队精神的独特魅力，受到我国大、中、小学青少年群体的广泛喜爱。啦啦操最初是由为美式足球呐喊助威的活动发展而来，属于集体性运动项目，具有很强的团队精神。将啦啦操运动融入体育教学，既符合现代教育理念，也是不断创新体育教学方式、促进个人全面发展的需要，是体育课程思想政治化建设的突出反映，对丰富校园体育文化内涵和促进校园体育文化建设起到积极的作用。

随着啦啦操运动与我国体育产业的高速发展，啦啦操各种赛事活动层出不穷，因此对啦啦操教师及教练员提出了更高的专业要求。本书为培养符合啦啦操运动发展的体育专业人才设计编写，在总结多年啦啦操教学实践的基础上，广泛借鉴啦啦操的前沿理论，准确把握啦啦操的发展方向，理论结合实践，从针对性、实用性、创新性角度出发，体现教材的科学价值与实用价值。

全书共分三篇，基础理论篇从基础理论角度阐析啦啦操运动起源与发展，专业术语、团队建设、竞赛组织与裁判；教学与训练篇从实用实践角度剖析技巧啦啦操、舞蹈啦啦操及专业身体素质的教学与训练；成品展示篇从综合角度展示技巧啦啦操、舞蹈啦啦操与亲子啦啦操的成套动作，为学习者提供实用、全面的学习资料。

本书内容丰富，具有较大的选择性，不仅可以作为体育专业啦啦操必修课教材，也适用于体育教育专业、社会体育专业及体育类相关专业本科专修、辅修及选修教学。本书编写组成员均是具有十几年啦啦操教学与训练经验的专家与教练。本书由天津体育学院杨巧静、天津师范大学李逸群主编，负责全书的统稿、修改与审定。编写人员分工如下：

第一章　啦啦操运动概述：杨巧静、李逸群、张海新

第二章　啦啦操术语：杨巧静、李逸群、涂子通、边秀哲

第三章　啦啦操团队建设与管理：涂子通

第四章　啦啦操竞赛的组织与裁判：李逸群、刘小草、杨巧静

第五章　啦啦操教学：牛声宇、李逸群、杨巧静

第六章　技巧啦啦操教学与训练：涂子通、边秀哲

第七章　舞蹈啦啦操教学与训练：杨巧静、伊雅、杨凯

第八章　啦啦操身体素质教学与训练：刘沛

第九章　成套动作展示：杨巧静、李逸群

参加本书影像摄制的人员有：

天津市河西区上海道小学王斯、黄妙萱，天津经济技术开发区国际学校边秀哲，天津体育学院安鑫、叶柳青、藏心怡、邓倩、倪雨虹、李佳庆、上官紫琪、王美琦、于佳蓉、彭凌、郭睿琪、李可心、闫先明、张国恒、郭士备、单伟丽、段连帅、蔡韶华、于林冬、刘宇丹、姬祥、郑成盛、缪嘉新、吴蕴强、李富霖、唐月鹏、房传松、钟顺乾。

感谢为本书的拍摄做示范动作的老师和学生！

由于经验所限，书中不完美之处，敬请同行专家及读者提出宝贵意见与建议！

本书编写组

2020 年 3 月 1 日

目 录
CONTENTS

第一章
CHAPTER 01

啦啦操运动概述

【学习目标】

1. 了解啦啦操的起源与发展，了解新增啦啦操项目。
2. 熟悉我国啦啦操发展历程及最新发展趋势。
3. 熟悉看台啦啦操的定义与分类，掌握场地啦啦操的定义及项目特征。

【章前导言】

啦啦操是一项新兴的体育运动项目，最早起源于美国，到目前已有一百多年历史。啦啦操运动体现了青春活力、积极向上的团队精神，突出表现了团队、活力、时尚三大特征。在我国，啦啦操项目朝气蓬勃，随着“全民健身”活动的开展，啦啦操运动更是从校园逐渐向全社会范围快速普及。啦啦操凭借项目自身独特的魅力，已成为深受大众喜爱的体育项目之一，同时也凭借着与生俱来的国际文化交流功能，融合着中西方文化，加速我国迈向“体育强国”的步伐。本章介绍了啦啦操运动的起源与发展，以及啦啦操的定义、分类，深入分析了啦啦操项目的特征，有助于学习者正确认识啦啦操运动及其特点，为进一步学习奠定理论基础。

第一节 啦啦操运动的起源与发展

一、啦啦操运动的起源与发展

（一）啦啦操运动的起源

在早期的部落社会里，为了鼓励部落中外出打仗或打猎的战士，通常会举行仪式，仪式中族人用欢呼、手舞足蹈的表演来鼓励战士，希望他们能够凯旋，这与啦啦操有着很深的渊源。

在古代，人们就开展了“啦啦操”活动。在古希腊的第一届奥运会上，观众为参赛运动员加油助威，其形式类似于啦啦操的最初形态。

在19世纪60年代，英国的学生开始在比赛场地为运动员呼喊加油，这种呼喊形式立刻传到美国。1865年，第一个鼓舞士气俱乐部（Pep Club）在普林斯顿大学成立。19世纪80年代，第一次有组织的加油呼喊声在普林斯顿大学录制。

有组织的啦啦操开始于1898年11月2日。那时，明尼苏达州大学正在进行一场橄榄球季节赛。一个球迷写信到明尼苏达州大学的正式报刊《精灵》，他写道："每个人都在哭泣，保持你们的精神，我们将会慢慢有一支胜利的队伍，给我们一个取胜的队伍，我们的精神将会照顾他们。"所有人都认为他们应该做点什么。明尼苏达大学的学生约翰尼坎贝尔开始站在最前面，指挥大家一起喊口号，他成为第一位正式的啦啦队队长。不久之后明尼苏达州大学由四位男生组成了"队呼小组"，这也标志着啦啦操活动的正式诞生。

（二）啦啦操运动的发展

早期的啦啦队队员全部为男生，啦啦队在橄榄球、篮球、排球等对抗性项目中调动现场气氛，为运动员呐喊助威。20世纪20年代，开始有女生加入啦啦队。到20世纪40年代，这种活动参与者开始以女生为主。女性加入啦啦队，开始将体操、健美操的一些动作融入欢呼呐喊中，并开始手持道具增添气氛。20世纪初，啦啦队开始广泛使用扩音器。20世纪50年代，大学开设了啦啦队培训班，教授基本技巧。1967年，美国举办了第一届"年度十佳大学啦啦队"排名活动，由国际啦啦队基金会（International Cheerleading Foundation，今为世界啦啦队基金会，World Cheerleading Association）颁发"全美啦啦队"奖。20世纪70年代，啦啦队开始出现在各种比赛的现场，甚至服务于摔跤、游泳和田径比赛。1978年春天，美国哥伦比亚广播公司的体育频道首次在全国范围转播"大学生啦啦操锦标赛"。从此，啦啦操开始作为一项严肃的运动被人们认可。1980年，美国举办了首届全美啦啦队锦标赛，并且制定了比较规范的啦啦操运动项目竞赛规则，标志着啦啦操运动进入了竞技比赛的行列。此后，啦啦操运动得到了飞速发展，啦啦操竞赛在全美各州的初中、高中、大学广泛举行，并且建立了自己的啦啦队网站。每年的全美啦啦队大赛电视转播都会取得很高的收视率，啦啦操运动已经成为当今美国一个极具代表性的社会体育运动，全世界已有一百多个国家开展了啦啦操运动。

国际全明星啦啦操联盟（International ALL-Star-Federation，简称IASF）总部设在美国，它是美国全明星啦啦队联盟（United States ALL-Star-Federation）推动啦啦操运动进一步发展的成果。国际全明星啦啦队协会（International ALL-Star Cheerleading Association，简称IASCA）也由此诞生。

1998年国际啦啦操联合会（International Cheer Union，简称ICU）在日本东京成立，是啦啦操发展史上的一个重要转折点。2001年11月举行了第一届世界啦啦操锦标赛，吸引了全世界八个国家和地区参与，啦啦操运动正式晋升为世界性竞技活动。

2013年5月31日经国际单项体育联合会在圣彼得堡投票表决，正式接受“ICU”进入“国际单项体育联合会”，ICU总部设在美国，截至2018年，已有116个会员。

2016年12月6日在瑞士洛桑召开的国际奥委会（IOC）执委会会议上，国际啦啦操联合会（ICU）被国际奥委会（IOC）授予为期三年的临时认可。

二、我国啦啦操的起源与发展

（一）我国啦啦操的起源

1998年中国大学生篮球联盟（简称CUBA）诞生，啦啦操在为其加油呐喊的表演中应运而生。由于啦啦操是一项充满阳光、时尚和团队精神的大众体育运动，其独特的运动魅力感染了青少年，在我国大、中、小学中受到青少年前所未有的追捧，从此啦啦操运动在中国全面展开。

（二）我国啦啦操的发展

2004年，中国大学生体育协会、中国大学生健美操艺术体操协会正式将啦啦操列为体育竞赛的教学内容。我国啦啦操的组织机构为国家体育总局体操管理中心下属的中国蹦床技巧协会啦啦操分会及教育部下属的中国大学生体育协会健美操艺术体操分会两大组织。

2004年6月中国大学生体育协会健美操艺术体操分会举办了全国啦啦操教练员及裁判员培训班，首次推出中国啦啦操专业教练员与裁判员认证体系及啦啦操规定套路，这将啦啦操的推广范围进一步扩大，极大地促进了啦啦操的发展。

2008年作为奥运年，在“举国体制”影响下，人们的参与热情非常高涨，这一年啦啦操有了极大的发展，各类选拔赛如雨后春笋般如约而至，并开始举办全国啦啦操锦标赛和冠军赛。2009年啦啦操被列为我国正式的体育比赛项目。为普及推广这一运动，国家体育总局体操运动管理中心先后在全国近十个省市举行了大规模培训，参训的教练员和裁判员近6000人，同时也受到了教育部大中小学生体育协会和中国教育报刊社的倾力支持。啦啦操运动被更多人熟知，迎来了全方位的发展。

2010年，国家体育总局体操运动管理中心正式接手啦啦操项目，2010—

2013 年啦啦操的各项推广工作陆续展开。2010 年全国啦啦操联赛的创办，为我国啦啦操运动的交流与发展搭建了很好的平台，之后每年的参赛人数以几何级数迅猛增长。同年，国家体育总局体操运动管理中心与全国啦啦操推广委员会编制了《第一套全国啦啦操等级规定套路》并在全国进行推广，标志着我国啦啦操运动步入了规范化、标准化发展的轨道。

2011 年国家体育总局体操运动管理中心审定了《全国啦啦操推广普及规定套路及竞赛规程》，目的在于让啦啦操这项充满青春活力的运动走进校园，走进普通百姓的日常生活。

从 2013 年起，中国啦啦操联赛开始实行 A 级赛区和 B 级赛区制。联赛之外，还有总决赛、锦标赛、冠军赛和中国公开赛择地举行。2013 年 5 月 31 日，国际单项体育联合会在圣彼得堡夏季年会上表决通过，正式在奥运项目和非奥运项目中接受国际啦啦操联合会，我国也正式成为国际啦啦操联合会第 107 位成员。国家体育总局体操运动管理中心积极与 ICU 展开合作，分别于 2013 年 10 月、11 月邀请国际啦啦操专家来华授课，举办了“啦啦操国际规则教练员和裁判员培训班”和“啦啦操国际级裁判员培训班”，加快了我国啦啦操与世界接轨的步伐。

啦啦操项目的火爆，也在一定程度上与校园足球相呼应，繁荣和推进了校园文化。教育部体卫艺司 2014 年 4 月 10 日在江阴召开足球啦啦操工作会议，提出“一校一球一操”模式，啦啦操运动如雨后春笋般迅速在全国发展开来。同年，全国啦啦操委员会（China Cheerleading Association，简称 CCA）正式成立。国家体育总局体操运动管理中心主任和教育部学生体协主要领导担任全国啦啦操委员会主任一职，并陆续在全国 31 个省、直辖市、自治区成立了省级啦啦操委员会，近百个城市成立了地市啦啦操委员会。2014 年 4 月起，由教育部体卫艺司和国家体育总局体操运动管理中心共同主办，全国啦啦操委员会承办的“全国啦啦操送培到基层公益活动”正式启动（截至 2017 年，已在全国 31 个省、自治区、直辖市举办了 600 多场“啦啦操送培到基层”公益活动，累计免费培训近七万名啦啦操教师）。同年，国家体育总局体操运动管理中心审定并颁布了《全国第二套啦啦操规定套路》，对项目的规范推广普及、迅速扩大参与人群、参赛人数、项目的宣传及相关产业的发展起到了促进作用。

2015 年 11 月在河南省郑州市金水区召开“全国中小学校园啦啦操展演活动”，打造金水区“一校一品一操”校园课间啦啦操模式。同年，啦啦操全面推行俱乐部制度，计划用十年时间在全国建设 4 万多家俱乐部。2015 年 5 月，国家体育总局体操运动管理中心正式颁布并执行《啦啦操运动员技术等级标准》，确立锦标赛和冠军赛为国内通级赛事。

2017 年国家啦啦操青少年运动员“七彩星级”考级项目正式启动，3~14 岁的青少年都可以通过考级，获得“赤橙黄绿青蓝紫”的各级啦啦操星级认证。2018 年 3 月 20 日—4 月 1 日中国首届啦啦操文化节在日照盛大开幕，该次文化节的举办致力于推广啦啦操运动、弘扬啦啦操文化、探索啦啦操价值。该次活动的成功举办将会揭开中国啦啦操发展历史的新篇章。《经典咏流传》歌曲也“落户”校园，成为课间啦啦操配乐。

全国啦啦操联赛自 2010 年创办以来，为我国啦啦操运动的交流与发展搭建了很好的平台。经过八年的发展，赛事规模从 2010 年 6 个赛区 3000 人参赛，发展至每个赛季近 50 场赛事，约 10 万人参赛。啦啦操已成为国家体育总局发展最快的一级赛事之一。

三、我国啦啦操运动的发展趋势

（一）啦啦操发展中的功能性体现

啦啦操是比赛场边的产物，被很多人认为是比赛的“附属品”。啦啦操在各国的发展之初都是伴随某项运动而发展的，具有很强的依附性。随着啦啦操运动发展壮大，参与者越来越多，该运动本身也凸显出很多的功能。除了运动对参与者身体素质和心理素质有益的影响外，啦啦操青春、活力、时尚的表演同样具有很强的观赏性。不论在赛场助威中还是在啦啦操比赛表演中，运动员动作、情绪表现和服饰带来的视觉冲击与音乐表达出的听觉感受相结合，给观赏者以美的享受。

（二）啦啦操发展中的内容多样性体现

从啦啦操的产生、发展和现状来看，其开展的内容没有受到严格的限制，具有明显的开放性。随着啦啦操的快速发展，普及程度不断提高，参与人数明显增多。在扎根校园、深入校园的同时，内容与运动形式不断丰富，参与人群逐渐扩大。该运动丰富了各个年龄段人们的闲暇生活，成为时尚的全民健身项目。除了校园啦啦操，还有广场啦啦操、亲子啦啦操、看台啦啦操、展演啦啦操与创意啦啦操等。

广场啦啦操作为广场舞与啦啦操的结合，动作具有啦啦操特点，运动中更突出时尚与活力的元素。

亲子啦啦操是孩子在父母的陪同下共同进行啦啦操锻炼的亲子活动。2018 年，亲子啦啦操得到重点推广，通过亲子互动，不仅可以增强家长和孩子的健康意识，也使家长和孩子在合作中体验合作与交往的快乐，用有效的方式促进亲子关系的良好发展。

看台啦啦操是一种新兴的啦啦操形式，是一种在看台为比赛场上的运动员加油助威，并且兼具表演形式和啦啦操元素的啦啦操运动。能够培养运动员健康向上、团结协作的精神，塑造积极向上的意志品质。观众作为看台啦啦操的主体，在运动中表现出团队凝聚力与民族自豪感。目前主要以表演的形式为主，不久后也将会纳入竞赛计分项目中，成为赛场啦啦操最终评判得分的一项重要指标。这也会更好地延续和传承啦啦队的项目本质和精髓。

在大型的比赛中，看台啦啦操表演助威的意义不仅仅局限于一场竞技盛会，更是上升到展现一个国家和民族文明状态的层次。诸多大型国际赛事，如奥运会、世界杯、世锦赛等，早已出现看台啦啦操的表演形式。如 1986 年的“墨西哥人浪”、2001 年的韩国球迷“红魔”啦啦队。2018 年 2 月 9 日平昌冬奥会开幕式上，两百多名朝鲜女性组成看台啦啦队，身着统一服装，伴随集体的歌声，挥动手中的旗帜道具，动作整齐，充满视觉震撼，成为全场瞩目的焦点之一。

(三) 啦啦操发展中的社会考级制度体现

为了与国际接轨，进一步推进啦啦操运动的职业化进程，2015 年起全国啦啦操委员会启动了“星级俱乐部”建设，开始着力规范这一项目。截至 2017 年底，共在全国 27 个省市自治区建设校园俱乐部 1685 家，社会俱乐部 181 家。

俱乐部的建设，不仅传播了啦啦操技术理念、打通了啦啦操进校园的渠道，同时还极大地推进了我国“啦啦操运动员技术标准”的实施。国家体育总局体操运动管理中心与全国啦啦操委员会于 2015 年正式颁布实施了“全国啦啦操运动员技术等级标准”。2016 年国务院办公厅颁布的《关于加快发展健身休闲产业的指导意见》，要求积极推行业余运动等级标准，推动体育部门、体育社会组织、专业体育培训机构等与各学校合作，提供专业支持，培养青少年体育爱好和运动技能。为了加快全国啦啦操项目的发展，大力推广啦啦操社会考级政策。

啦啦操运动员“七彩星级”和“技术星级”的等级培训与考级，受到大中小学和幼儿园的热烈响应。“七彩星级”分为红、橙、黄、绿、青、蓝、紫七个级别，紫星为最高级，截至 2020 年 11 月，已有超过 7 万人次运动员通过考核，获得七彩星级运动员证书。“技术星级”分为 1 至 5 五个等级，2016 年首批 105 名啦啦操技术等级运动员已正式获批。

社会考级制度的建立使啦啦操爱好者在明确运动目标的同时，通过等级测试评估个人能力，在一定程度上也加强了啦啦操运动训练的科学性与安全性，进一步促进了啦啦操运动的发展。

(四) 啦啦操发展中的文化建设体现

啦啦操文化是指在啦啦操发展过程中，各种有形与无形的、物质与精神的、内容与形式方法的总称。它包括人们对啦啦操运动的认识、啦啦操运动的价值、啦啦操运动的精神、啦啦操运动的竞赛制度、啦啦操运动的物质文化内容等方面。

1. 啦啦操文化的审美外在表现

现代的啦啦操运动已不是单纯的体育运动，而是体育与表演艺术相结合的综合性艺术表现形式，重视舞台舞蹈艺术、服饰、总体效果及观众效应等的相互作用。无论是啦啦操的表演还是竞赛，人们都可以从中得到许多美的享受，这种多维的美可以提高人们的审美情趣，陶冶人们的心灵。啦啦操审美文化的外在表现形式有很多种，包括啦啦队口号、队徽、队服及表演服、吉祥物、专属颜色等。这些外在表现形式不仅是美学特征及审美价值的体现，也是一个优秀啦啦操团队文化传承的重要方式。这里对其中的口号和服装加以具体说明。

（1）口号

啦啦操最重要的特征是体现团队的凝聚力和感召力，口号正是体现这一特征的最典型的部分。口号的切入是啦啦操最基本的特点，也是各支啦啦队最基础的文化。口号基本由各队的比赛内容、吉祥物、学校的校训或者队伍名称组成，多为鼓动人心、抑扬顿挫的短句，并配合以击掌的动作和丰富的面部表情，用最大程度的激情来完成它。

（2）服装

啦啦队女生服装多为分体或连体式的短裙，服装图案多以明朗的线条为主，干净利索，服装的主色调多以学校或组织的象征颜色为主，掺杂其他混合色，并在上衣的前胸处印有自己所在学校或组织的名字。男生的服装除下身为长裤外，基本的色调、造型及设计图案均与女生相同。男女队员服装搭配协调，既显现了女生的健美体型，又展示了男生的阳刚之美。纵观美国职业篮球联赛（NBA）赛场上的啦啦队表演，充满激情、精彩卓越，将赛场的气氛掀至一个个高潮，成为体育赛场一道靓丽的风景线。从啦啦操表演中可以看出教练员及表演者对于服饰的审美观，合理的服饰搭配可以清楚地反映出啦啦操表演的主题、风格和动作基调。道具也是啦啦操表演中必不可少的元素之一，通过服饰和道具可以了解啦啦操表演的类型。道具一般包括花球、旗、横幅、标志牌和扩音器等，配合动作充分烘托赛场气氛。

2. 啦啦操文化的价值取向表现

（1）团队精神的呈现

团队精神是大局意识、协作精神、服务精神的集中体现，表现在队员之间的协同合作、向心力、凝聚力，反映的是个体利益和整体利益的统一，是组织高效运转的保证。团队精神的形成并不是依靠压制、限制队员的思想和行为，而是发挥队员的个性特点，建立明确的协作意愿与合作方式，产生真正的向心力，以保证共同完成目标。在啦啦操队伍中，赞赏并鼓励发展良好的体力、技能、机智、勇敢等品质。在啦啦操项目中，最重要的因素是“安全”，尤其是在技巧啦啦操项目的托举和抛接中，安全性至关重要，而团队精神正是安全性的保障，要求队员在完成一系列难度动作时具有高度默契的配合。

（2）奉献精神的传承

啦啦操最初是一种为橄榄球呐喊助威的活动，而后逐渐发展成为一项独立的体育运动项目。橄榄球迷对橄榄球的加油呐喊是源于热爱，而这种助威行为则是奉献精神与服务意识的体现。啦啦操队员在为比赛加油的同时建立起集体荣誉感与凝聚力，因此在参与啦啦操运动的过程中会逐渐塑造啦啦操队员顾全大局、甘于奉献的品质。特有的项目特征需要队员加强自我意识与自我控制能力，具有集体向心的感觉、情感和共同磨练意志的相互激励行为，这种人所具有的与他人相区别的独特而稳定的思维方式和行为风格即为人格，在这种人格魅力感召下，啦啦操人的奉献精神一代代传承。

（3）社会道德文化的表现

啦啦操队员要遵循许多行为规范和礼节。在思想方面，倡导和平，做世界和平的使者，有积极乐观、蓬勃向上的生活态度，有坚定的信心和毅力，关爱他人，拥有爱心。在行为方面，体现良好的体育道德风尚，公平竞争，胜不骄，败不馁，团结协作，乐于助人，时刻用实际行动做表率与楷模。这些为公众树立了良好的行为准则，进而提高了社会道德的总体水平。

（五）啦啦操发展中的商业特征体现

啦啦操的特点，决定了它具有市场化发展的条件，能带来巨大的经济效益。首先，啦啦操能与篮球、橄榄球等运动一起协调发展，各类赛事异彩纷呈。其次，啦啦操的培训、相关体育产业等，具有很大的市场潜力。啦啦操的商业价值主要表现在啦啦操表演、啦啦操赛事、啦啦操培训、啦啦操设施与装备等方面。

1. 啦啦操表演的商业价值

啦啦操之所以能深深植根于人们的现实文化生活，关键在于它有着独特的美学特征和审美价值。当啦啦操表演出现在篮球赛事、商业活动现场中，能够迅速吸引人们的眼球。啦啦操队员们青春靓丽的外在形象与整齐统一的性感着装，以及热情震撼的现场气氛，对于在场的每个人来说都是一场美的视觉盛宴。啦啦操表演作为一种传播力极强的体育文化，以活动为载体，总体形象通过一系列包装手段得以直接呈现。啦啦操独特的口号、标语、横幅等，都是体育赞助和表演宣传的有力表现形式，也是商业媒体由衷地喜欢啦啦操的缘故之一。随着物质生活水平的提高，人们对精神文化的追求也越来越高，市场的需求无疑有着巨大的商业潜力，商业表演唤起了大众对健康与体育文化的消费欲望。表演的核心不是表演者，也不是服装，而是展现出由专业团队打造的典型体育前沿潮流文化，让人们对体育运动的认知和理解上升到一个新的高度。商业表演这个媒介促进和加速了啦啦操运动的发展进程。

另外，啦啦操表演作为一门综合性体育艺术，受到了大众传媒的盛情邀请与热捧，呈现出无比强大的开放性和大众性。电视和网络的传媒途径对啦啦操表演起到了巨大的推动作用，并通过大众传媒这个有效手段，广泛地传播啦啦操表演，使社会各个不同的群体能够从多种渠道、多个角度认识和理解啦啦操运动。啦啦操运动利用电视媒体进行大力宣传的同时，有效地促进了啦啦操运动技术、技能信息资源的共享与交换，从而加速推动啦啦操运动的全面发展，提高表演的经济效益，提升其公众影响力。

2. 啦啦操赛事的商业价值

啦啦操竞赛本身具有强烈的视觉和感官刺激，加之啦啦操协会的组织、专业推广代理公司的营销策略，啦啦操赛事拥有良好的商业运作。啦啦操竞赛已具有商业表演的性质，这种具有商业性质的竞赛吸引了不少厂商的冠名赞助，投入大量广告费用插播赛事广告。各个啦啦操协会负责啦啦操管理，规划各项事宜，并与专业赛事运营公司合作组织赛事，将啦啦操赛事进行商业化运作。

在美国，大约有5000个以上注册的专业啦啦操赛事运营公司和组织，美国本土啦啦操协会在举办一些啦啦操比赛的时候都会积极寻求与专业啦啦操运营公司或相关赛事中介公司合作。目前我国举行的啦啦操赛事日益增多，虽然水平高低不一，规模也不尽相同，但是地区赛、全国赛、国家赛等赛事种类众多，参与人数不断攀升，赛事极度火爆，影响面不断扩大；而且各项赛事都有专业的赛事公司运营推广，赛事商业程度不断提高。全明星赛事是美国啦啦操赛事体系中最为火爆的一部分，每次举办该项比赛都会吸引无数观众购买门票观赏，为赛事的门票营利奠定了很好的基础。

除此之外，体育产业一个非常重要的收入还来自对各种比赛和表演的电视转播。由于啦啦操具有广泛参与的群体、高超的竞技技巧及完善的赛制体系，使啦啦操运动有了电视转播权转让的基础。除了电视转播与网络宣传，还有许多关于啦啦操的报纸杂志，其内容包含啦啦操赛事介绍、啦啦操培训、优秀啦啦操运动员介绍和啦啦操系列产品宣传等。

3. 啦啦操培训的商业价值

2016年5月，国家体育总局发布的《体育产业发展“十三五”规划》为国内体育产业的迸发提供了良好的政策环境，体现了党中央积极扶持体育产业成长的决心，为体育产业提供了更多的市场机遇。我国啦啦操产业作为新兴的体育产业，在良好的政策环境下也获得了高速的发展。

如今，除了营利及非营利的针对教练员与裁判员的等级培训、啦啦操运动套路推广普及培训、赛事运营培训等之外，以培养啦啦操人才为目的的培训越来越成为啦啦操商业化运作的潜在力量，体现在啦啦操俱乐部及训练营的长期或短期专业化培训及啦啦操等级运动员培训。啦啦操人才从中小学甚至幼儿阶段就会开始培养，主要以啦啦操俱乐部及训练营的形式开展。组织方会在不同时间、不同地点针对不同的培训对象开设种类多样、形式不一的啦啦操训练营，如青少年训练营、留宿式训练营、日训练营等。针对想要从事啦啦操运动的教练员，啦啦操协会会提供专业的教学培训，测试成绩达标后将颁发证书。随着啦啦操参与人群的壮大，选择深造的人数越来越多，除了在校大学生，很多社会啦啦操爱好者都积极报名参加，因此培训费成为组织方获得的一笔丰厚的经济利益。为满足更多消费者需求，市场对专业啦啦操教练员、经营管理人员和辅助人员等劳动力资源的需求也随之增加。

4. 啦啦操设施与装备的商业价值

著名学者鲍明晓点明了体育产业的三个重要组成部分，即核心产业、中介产业和外围产业。体育竞赛表演、健身娱乐和体育博彩等行业属于核心产业；体育经纪和体育媒体属于传播类的中介产业；而体育用品制造、体育旅游和保险等则构成了外围产业。

在啦啦操赛事、训练营开展过程中，为推广啦啦操文化，更多的啦啦操运动附属产品也越来越被认可，每个啦啦操队伍都会通过服饰等啦啦操装备进行包装，从而展示本队最佳的风采。啦啦操的装备如服装、鞋袜、头饰、道具、背包等，其生产将进一步发展。此外，随着啦啦操运动专业化程度越来越高，追求科学高效的训练已成为大势所趋。一方面，不同年龄训练者的训练方法有所区别；另一方面，针对不同的训练内容也需采取最科学合理的训练方法与手段，因此需要选择更专业的训练器材满足不同人群的需求。综上，啦啦操专业训练及赛事表演所需的训练设施及装备等相关产品的制造也逐渐成为啦啦操商业价值的重要体现。

第二节　啦啦操运动的定义与分类

一、啦啦操的定义、分类与项目特征

（一）啦啦操的定义与分类

啦啦操是一项在音乐或口号的衬托下，借助标语、道具等表达手段，通过徒手或手持轻器械的表演形式，以技巧动作或舞蹈动作为载体，以为比赛助威、调节紧张对抗的比赛气氛为目的，以团队的组织形式展示各种具有强烈鼓动性、感染性的动作，集中体现团队意识与集体主义精神，反映朝气蓬勃的精神面貌，兼具竞技性、观赏性、表演性为一体的体育运动。

依据当今国际啦啦操运动的发展状况，结合具有中国特色的啦啦操发展现状，根据动作技术与表现形式，将啦啦操分为技巧啦啦操、舞蹈啦啦操、展演啦啦操、校园课间啦啦操、社区啦啦操、亲子啦啦操、职工啦啦操、医务啦啦操、创意啦啦操、看台啦啦操。另外，残疾人啦啦操也逐渐在国际赛事上发展壮大，更多的特殊人群参与到啦啦操运动中。

（二）啦啦操的项目特征

啦啦操是体现青春活力、积极向上的团队精神，并努力追求最高团队荣誉感的一项体育运动。啦啦操项目特征包含三个方面：团队、活力、时尚。

1. 团队

团队精神是啦啦操运动有别于其他运动项目最显著的特征。它通过口号、各种动作的配合、各类难度的展现及不同队形的转换、运动员之间的相互协调配合来共同完成团队目标，营造相互信任的组织氛围，激励运动员高昂的斗志，提高团队整体的凝聚力。在啦啦操运动中，既强调团队完成动作的一致性，又重视运动员个体不同能力的展示，使每个队员在参与团队的配合中均能在不同位置扮演不同的重要角色，并形成一种风险共担、利益共享的集体意识。团队精神主要体现在团队整体的运动能力、表演的激情、自信心、感染力、号召力、表演能力、默契配合等方面。

2. 活力

啦啦操充分展现了运动员的青春活力。啦啦操运动员的形象朝气蓬勃，每一位运动员都要有健康的体魄、健美的形体和积极向上的精神面貌。啦啦操运动员的动作刚劲有力，表情充满激情，感情饱满，充分与音乐融合，也彰显着啦啦操运动员的活力。啦啦操口号、手势、道具的运用，更明确表达出一种积极向上、健康活力、自信乐观的思想，不仅鼓舞着自己，更激励着现场所有的人。

3. 时尚

啦啦操是一项新兴的时尚运动。它的时尚性体现在运动风格、服饰、音乐的流行与时尚感，以及对时尚的引领作用。啦啦操紧随时代潮流，在运动编排风格、使用元素上，具有很强的包容性，融合了多种运动项目的精髓，项目发展与国际前沿紧密关联，极具现代感。啦啦操表演大多选取主题鲜明、风格明快的流行音乐，极具感染力与激情，充分展现了运动的时尚美。啦啦操的服饰青春靓丽，色彩鲜艳，与道具的协调搭配，总是能给人眼前一亮的视觉效果。传统与现代的融合、民族与世界的融合，彰显着服饰的时尚魅力。同时，啦啦操还起着引领的作用，引领着群众消费，带动着社会经济，更传承着优良文化，引领着大众思想，不仅标新立异，更引领人们对高品位的追求。

二、啦啦操的动作特征

国际啦啦操运动主要分为技巧啦啦操和舞蹈啦啦操两大类。在我国，随着啦啦操运动参与人群的不断扩大，形成了全面发展的态势。本书针对我国主要推广的啦啦操项目进行动作特征分析，使参与者更深入地了解其运动特点，更有效地促进啦啦操运动在我国的进一步发展。

(一) 技巧啦啦操的定义、分类与动作特征

1. 技巧啦啦操的定义与分类

技巧啦啦操是以倒立、翻滚、托举、抛接、金字塔组合、舞蹈动作、过渡连接及口号等形式为基本内容的团队竞赛项目。技巧啦啦操分为集体技巧啦啦操、小团体技巧啦啦操和双人技巧啦啦操三类。

2. 技巧啦啦操的动作特征

集体技巧成套动作必须包含 30 秒口号、个性舞蹈、翻腾、托举、抛接、金字塔等动作内容，同时结合各种跳步、啦啦操基本手位动作及其他舞蹈元素、道具等，充分利用多种空间转换、方向与队形变化，展现平衡稳定、翻转、保护、抛接等高超的技术及团队配合技巧。

（二）舞蹈啦啦操的定义、分类与动作特征

1. 舞蹈啦啦操的定义与分类

舞蹈啦啦操是在音乐的伴奏下，运用多种舞蹈元素的动作组合，结合转体、跳步、平衡与柔韧等难度动作及舞蹈的过渡连接技巧，通过空间、方向与队形的变化表现出不同的舞蹈风格与特点，强调速度、力度与运动负荷，展示运动舞蹈技能及团队风采的运动项目。包括花球啦啦操、爵士啦啦操、街舞啦啦操和高踢腿啦啦操。

2. 舞蹈啦啦操的项目及动作特征

舞蹈啦啦操具有团队特征、动作技术特征及移动与层次构图表现特征。团队特征是指通过花球、爵士、街舞风格动作和难度的展示，以及不同队形的变化、运动员之间的相互协调配合来完成共同的团队目标，实现营造互相信任、互相激励的运动氛围和激发集体凝聚力的目的。移动与层次构图表现特征是指运动员在赛场或舞台上通过位置移动与高低层次的变化，用肢体动作构成各种图形，呈现多种队形，将啦啦操成套动作转化为舞台艺术，通过移动构图表达感情，展现主题。

（1）花球啦啦操动作特征

花球啦啦操是舞蹈啦啦操中的一种，成套动作中全程需要使用花球，结合啦啦操基本手位、个性舞蹈、难度动作、舞蹈技巧等动作元素，展现干净、精准的运动舞蹈特征、良好的花球运用技术及整齐一致、层次多样、队形不断变换等集体动作视觉效果。

花球啦啦操的动作主要通过肢体多关节动作短暂加速、制动定位，体现特有的力度感，动作完成干净利落，身体控制精准、位置准确，在运动过程中保持重心稳定、移动平稳，并通过动作的强度和快速发力突出花球啦啦操的特征。

（2）爵士啦啦操动作特征

爵士啦啦操成套动作由爵士风格的舞蹈动作、难度动作及过渡连接动作等内容组成，通过队形、空间、方向的变换，附加一定的运动负荷，表现参赛运动员的激情及团队良好的运动舞蹈能力。

爵士啦啦操动作特征主要体现为肢体动作由内向外的延伸感，通过延伸制动实现爵士舞蹈啦啦操特有的力度感，通过动作松弛有度的控制突出爵士啦啦操特征。

（3）街舞啦啦操动作特征

街舞啦啦操的成套动作强调街头舞蹈形式，注重动作风格及身体各部位律动

与控制，要求动作的节奏与音乐和谐一致，同时也可附加具有一定强度的动作，如不同跳步的变换及组合，或其他配合练习。街舞啦啦操成套动作由街舞风格舞蹈动作、技巧动作和托举配合等内容组成。街舞动作繁多、变化多样、特点鲜明、风格迥异，包括 Hip-Hop（嘻哈流行街舞）、Popping（机械舞）、Locking（锁舞）、Jazz（爵士舞）、Breaking（技巧街舞）等，每个风格都具有各自的基本动作和特殊律动。

街舞啦啦操的动作特征，主要通过肢体多关节动作短暂加速、制动定位，体现出特有力度感。要求动作完成干净利落、身体控制精准、位置准确，通过动作松弛有度的控制突出街舞啦啦操特征。

（4）高踢腿啦啦操动作特征

高踢腿啦啦操是在运动过程中以一只脚保持与地面的接触，另一只脚用力踢起为动作特征的舞蹈啦啦操项目。踢腿动作及踢腿组合至少占高踢腿成套的80%。成套展示主要以踢腿动作及踢腿动作组合为主，注重踢腿动作及踢腿动作组合的创造性、多样性。

高踢腿啦啦操的动作特征主要体现为成套动作突出队员身体整体的控制性、队员与队员之间身体高度的一致性及柔韧性、脚尖同步性和默契性等。

（三）其他舞蹈啦啦操项目简介

为了使源于西方的啦啦操运动在国内更好地推广，必须突出中国国情、中国文化、中国特色。因此，啦啦操在我国的发展表现出的功能性越来越强，除了与国际接轨的技巧啦啦操和舞蹈啦啦操外，在我国还开设了更多的啦啦操项目，如展演啦啦操、广场啦啦操、亲子啦啦操、校园课间啦啦操、创意啦啦操、看台啦啦操、残疾人啦啦操等。

1. 展演啦啦操

展演啦啦操是在音乐或口号衬托下，以啦啦操特有的舞蹈或技巧动作组合为载体，为其他体育项目比赛或社会活动进行现场呐喊助威的一种体育艺术表演形式。一般情况下，展演啦啦操是在比赛或社会活动间隙进行（60 秒、90 秒、150 秒等，动作组合具有表演视觉效果强、简单并极具个性化的特点。

展演啦啦操注重表演效果，能够满足人们展示和表现自我的需要，因此对音乐效果、动作设计、队形变化及表演者的动作风格、质量等要求较高，更强调视觉冲击力、动作的表现力、动作与音乐的配合、动作创新性的视觉感及表演者表演风格的协调统一。为了保证一定的表演效果，可在成套中加入更多的队形变化、集体配合的动作，以及层次、对比动作等。表演者也可利用花球、扇子、旗子等道具。以上的一切元素都必须通过表演者的身体语言、表情及眼神表现出来，所以赛间表演啦啦操更强调表演者的表现力。

2. 社区啦啦操

社区啦啦操是指由特定社区的居民在社区范围内就近组织和参加，通过形式多样的啦啦操活动达成强身健体、休闲娱乐、社会交往等目的的群众体育活动。社区啦啦操可以在城市广场、公园、社区活动中心等公共场所进行，练习者可伴随一段完整的歌曲或音乐，以有氧运动为基础，根据啦啦操项目特有的身体动作和多变的步法为基本内容，编排成完整动作。为增强运动的健身效果和趣味性，练习者可持轻器械完成动作，但不允许出现器械的抛接和技巧啦啦操中的篮抛动作，不得出现不安全动作。

3. 亲子啦啦操

亲子啦啦操是指孩子在父母的陪同下共同进行啦啦操锻炼的亲子活动。亲子啦啦操是一项激发孩子的内在潜能，有益于儿童身心发展，增进家庭情感交流，促进孩子与父母关系的体育活动。其核心内容是父母与其子女相互尊重、共同教育、一起运动、一起成长。成套可采用徒手或持轻器械进行，但不允许出现轻器械的抛接和技巧啦啦操中的篮抛动作，不得出现不安全动作。

4. 校园课间啦啦操

课间操又称为课间体育活动，是学生每天必须参加的一项体育活动，是学生紧张学习之中的一种积极性休息，同时也是校园体育文化建设的重要内容和综合反映。校园课间啦啦操是运用啦啦操的表现形式来进行的课间体育活动。

成套动作必须是以健身为目的、具有啦啦操运动项目特征的健身运动，成套动作必须在音乐伴奏下完成。成套可采用徒手或持轻器械进行，但不允许出现轻器械的抛接和技巧啦啦操中的篮抛、翻腾、金字塔等动作，不得出现不安全动作。

5. 创意啦啦操

创意啦啦操的编排应根据啦啦操运动项目特征，选择适宜青少年年龄和学段特点的基本步法、手位及难度动作，符合安全要求，且考虑到人体运动基本规律的原则进行创编。创意啦啦操既能锻炼身体、增强体质，又能展现运动员的青春活力、健康向上的精神面貌，同时又具有一定观赏价值。但不允许出现手持轻器械（除花球外）的抛接和技巧啦啦操中的篮抛和金字塔动作，不得出现不安全动作。

6. 残疾人啦啦操

残疾人属于生理性的弱势群体，应该受到我们的尊重和保护。运用一些体育运动作为残疾人和社会交流的媒介，能够让残疾人从中强健自己的体魄，并且在训练的过程中改善一些对自我的认识。啦啦操是一项全面的体育运动，啦啦操作为一项团队运动，无论参与者还是观赏者，都能够受到很多正能量的感染。

在残疾人中开展的各类体育项目中，啦啦操具有绝对优势，它有利于残疾人各种身体功能的代偿，在训练中可以弥补他们自身的缺陷，找到自己在运动中所发挥的最大潜能，并且适当发挥。同时，还可以提高聋哑学生的自立能力，有助于学生克服自卑心理，提高人际交往能力，培养优良心理品质。

7. 看台啦啦操

看台啦啦操是指参赛队伍的亲友团在看台上借助口号、服装、道具、舞蹈动作和吉祥物等表现形式，以为赛场上运动员进行加油助威为目的的啦啦操表演活动。看台啦啦操表现形式灵活多样，兼具观赏性、趣味性及创意性。

看台啦啦操分为徒手看台啦啦操和道具看台啦啦操。徒手看台啦啦操是指在看台上不借助其他道具和器械，仅仅通过肢体的技巧动作及团队的配合展示来完成啦啦操表演的一种体育运动。道具看台啦啦操是指在看台上借助一定的道具，如花球、花环、彩旗，进行啦啦操表演的一种团队体育运动。道具可以使用乐器类和装饰类器械，乐器类如铃鼓等简单的乐器，装饰类器械如纸质彩球、彩扇等。

看台啦啦操是一项有组织的新兴体育运动，它具有振奋精神、提振士气的功能。表演中运用口号、呐喊、欢呼、徒手动作及各类道具，鼓励场下运动员和台上演员。看台啦啦操一般具有统一的口号、服装、装饰，通过指挥者的指挥，借助口号、道具变换、色彩变换及徒手进行拍手击掌等活动统一进行，如人浪、图形的变化、彩旗的移动。看台啦啦操重在体现啦啦操项目的团队精神和奉献精神，使整个赛场充满活力与时尚的氛围。

除此之外，幼儿啦啦操、职工啦啦操和医务啦啦操的推广也将成为全民健身活动新的亮点，为啦啦操运动的全面发展注入力量。

【作业题】

1. 啦啦操运动是如何产生的？
2. 多角度论述啦啦操运动的发展趋势。
3. 啦啦操文化的外在体现形式有哪些？谈谈你对啦啦操文化的理解。
4. 详细论述啦啦操运动的定义与分类。
5. 啦啦操运动的项目特征是什么？如何体现？
6. 详细论述舞蹈啦啦操的定义、分类及动作特征。
7. 详细论述技巧啦啦操的定义、分类及动作特征。

第二章
CHAPTER 02

啦啦操术语

【学习目标】

1. 掌握啦啦操上肢基本动作和下肢基本动作术语。
2. 熟悉和掌握技巧啦啦操和舞蹈啦啦操项目的专业用语。
3. 掌握技巧啦啦操和舞蹈啦啦操难度动作术语。

【章前导言】

啦啦操术语是针对啦啦操项目领域里出现的动作和相关名词使用的专业用语。本章主要由啦啦操基本术语、技巧啦啦操和舞蹈啦啦操项目相关术语和难度动作术语组成。学习者在学习并掌握了啦啦操术语后将其贯穿于教学、实践及科学研究中利于提升学习者的专业素养。

第一节 啦啦操基本术语

啦啦操基本术语分为上肢基本动作术语和下肢基本动作术语。

一、上肢基本动作术语

（一）基本手势

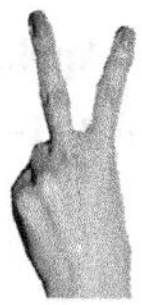

胜利（Victory）
图 2-1-1

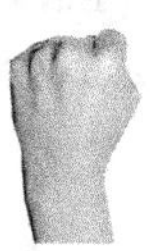

力量（Fist）
图 2-1-2

喝彩（Open palm）
图 2-1-3

酷（Cool）
图 2-1-4

团结（Clap）
图 2-1-5

真棒（Thumb）
图 2-1-6

勇往直前（Forefinger）
图 2-1-7

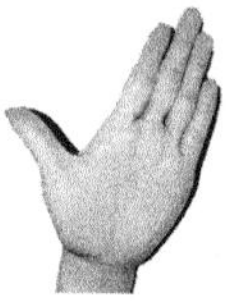

自信张扬（Palm）
图 2-1-8

（二）基本手位

啦啦操的基本手位共计 36 个，由对称手位和不对称手位组成。

1. 对称手位

祝福（Cheerio）
图 2-1-9

上 V（High V）
图 2-1-10

下 V（Low V）
图 2-1-11

W（Muscle Man）
图 2-1-12

上 M（Up M）
图 2-1-13

下 M（Hands on Hip）
图 2-1-14

后 M（Karate）
图 2-1-15

加油（Applauding）
图 2-1-16

上 A（Up A）
图 2-1-17

下 A（Down A）
图 2-1-18

上 H（Touch Down）
图 2-1-19

下 H（Low Touch Down）
图 2-1-20

高 X（High X）
图 2-1-21

低 X（Low X）
图 2-1-22

X（X）
图 2-1-23

屈臂 X（Bend X）
图 2-1-24

T（T）
图 2-1-25

短 T（Half T）
图 2-1-26

烛台（Candlesticks）
图 2-1-27

屈臂 H（Bend H）
图 2-1-28

提桶（Buckets）

图 2-1-29

2. 不对称手位

上 L（Up L）

图 2-1-30

下 L（Down L）

图 2-1-31

K（K）

图 2-1-32

侧 K（Side K）

图 2-1-33

高冲拳（High Punch）

图 2-1-34

斜上冲拳（Up Cross Punch）

图 2-1-35

斜下冲拳（Low Cross Punch）

图 2-1-36

侧上冲拳（High Side Punch）
图 2-1-37

侧下冲拳（Low Side Punch）
图 2-1-38

斜线（Diagonal）
图 2-1-39

弓箭（Bow and Arrow）
图 2-1-40

小弓箭（Bow）
图 2-1-41

短剑（Half Daggers）
图 2-1-42

R（R）
图 2-1-43

小 H（Little H）
图 2-1-44

二、下肢基本动作术语

（一）基本站姿

立正站（Feet Together）

图 2-1-45

（二）下肢基本动作

军姿站（Hand on Back）

图 2-1-46

弓步站（Lunge）

图 2-1-47

锁步站（Lock step）

图 2-1-48

吸腿站（Knee）

图 2-1-49

半蹲（Squat）

图 2-1-50

第二节　技巧啦啦操术语

技巧啦啦操术语主要针对在技巧啦啦操项目中出现的翻腾类、跳跃类、抛接类、托举类和金字塔类动作进行说明与解释。

一、技巧啦啦操组成人员术语

技巧啦啦操组成人员术语主要以技巧啦啦操运动员所处的不同位置进行分类。

（一）底座

主要支撑：指支撑尖子大部分重量的人。

底座：当尖子离开地面，支撑尖子主要重量或提供尖子完成动作所需动力的人。握住、举起或者抛起一个尖子进入托举的人。

原底座：在托举开始时与尖子保持身体接触的底座。

新的底座：托举中，事先没有与尖子有直接接触的底座。

（二）尖子

尖子：指在托举或抛接动作时的上层运动员。

（三）保护

接人者：指在托举技巧中，负责尖子安全着陆的人。

保护员：这类人的首要职责是在托举或篮抛中保护尖子的头部及肩部区域。保护员必须位于托举和篮抛的旁边或后面。

①保护员必须站在表演场地中。

②技术技巧动作执行过程中，保护员必须注意力集中。

③每个高位托举都需要有保护员。

④不要求保护员参与托举，但必须在合适的位置防止伤害的发生。

⑤保护员不能使自己的身体躯干位于托举的下面。

⑥保护员可以握住底座的手腕、手臂或尖子的腿和踝关节，也可不与托举的尖子产生接触。

⑦保护员不可以将双手置于尖子的脚底或底座的手下。保护员可以将一只手置于尖子脚下，只要另一只手放在一名底座的手腕后或尖子脚踝的后面。

⑧在某些情况下（如托举过渡中），保护员可以被视为一名底座。

二、技巧啦啦操难度动作术语

(一) 翻腾类动作术语

腾空：侧手翻或软翻时没有用双手支撑地面。

翻腾：由地面开始并结束于地面的任何体操或杂技技巧动作。

接触翻腾：两个或更多的运动员在同时完成翻腾动作时进行的身体接触。有连接的翻腾技巧在任何级别的比赛中都将被视为违规。例外：两个侧手翻将视为一个托举技巧。

有协助的翻腾：任何形式的有身体帮助的个人翻腾动作。这不适用于每个级别的托举。

原地翻腾：一个翻腾技巧，指的是从站立的姿势开始且在没有任何前进动作的情况下开始动作。在进行翻滚动作之前出现任何后退的动作都将被视为“站立翻腾”。

行进间翻腾：翻腾时为了获取一个技巧的动力，首先跑动起来，包括上步或是迈步。任何在翻腾技巧之前的前进动作视为“行进间翻腾”。

前滚翻：一种非腾空的翻腾动作，一名运动员髋高过头，并经过倒置位置的向前旋转，同时团身，做出类似于球体在地面滚动的动作。

后滚翻：一种非空中的翻转技巧，指的是运动员通过倒立倒转位置向后旋转，同时弯曲脊柱，制造出一种类似球体在地上滚动的动作。

鱼跃滚翻：在手触地之前脚离开地面的向前翻滚动作。

手翻：把力量放到手臂上并借用肩部的巨大推力从手中弹起，这个动作既可以向前也可以向后完成。

侧手翻：一种非腾空体操技巧，指的是一名运动员用手臂承受住身体的重量并同时侧边倒立旋转，每次单脚着地。

Block 侧手翻：动作执行中，由翻腾者肩部抵地进行翻滚产生的暂时在空中的侧手翻动作。

双人侧手翻：互相配合的侧手翻，其中手/踝关节或胳膊/大腿之间同时连接。

连续前/后手翻：一名运动员进行连续的多个前手翻或后手翻。

转体 180°前手翻：从后手翻开始，蹬腿后翻腾者做了一个转体 180°，双手撑地，以一个像双脚依次落地的前手翻那样的动作结束。

快速小翻：双脚于头部以上，身体以腰部为轴的翻转，同时身体保持背弓（不是团身，也不是直体姿势）的空翻或跟头。快速小翻看起来像一个没有用手支撑地面的后手翻。

软翻：一个非腾空的翻腾动作，包括运动员向前或向后的髋部高过头的翻转（通常双腿分开），单手或双手支撑。

前软翻：一种非腾空的翻腾动作，指的是运动员在向前翻转中通过弯曲腿部和身体使得从倒立位置转变成非倒立位置，双脚依次落地。

双腿前软翻：一种非腾空的翻腾动作，运动员在向前翻转时，通过腿使髋部高过头，身体呈拱形，使得从倒置姿势成非倒置位姿势，并在着陆时双脚同时着地。

后软翻：一种非腾空的翻转技巧，指的是运动员向后下腰呈拱形，手先着陆，然后进行头点地旋转并且一只脚先着地。

毽子：翻腾者的一只腿向前迈出，手撑地，在快速侧翻动作中朝上摆动双腿。双腿一起迅速下压并同时落地。

空翻/腾空：不得与任何人或表演场地接触。

（以身体额状轴为轴进行的）空翻：一种空中技巧，包括不与地面进行接触进行髋高过头部的翻转。

空翻技巧动作：包括髋部高过头进行翻转的空中技巧动作，表演者利用自己的身体和表演场地促使自己离开地面。

支撑空翻：当一个尖子与其他尖子保持不间断的身体接触时，尖子做一个髋部高过头的翻转。

连线式空翻：在与另两名运动员形成手腕或手臂之间连接的情况下，一名啦啦操运动员进行后空翻的动作。

团身前空翻：翻腾者产生动力向上做一个前空翻。

拉拉提：类似直体空翻动作，但是翻腾者双脚依次落地。

（二）跳跃类动作术语

跳步：一个腾空状态，不包括运动员利用脚和下肢力量离开地面进行髋高过头的翻转。

屈体并腿跳：身体向前弯曲并与臀部高度持平，同时保持双腿垂直站立。

转体180°接屈体分腿：一种非空翻的技巧动作，指的是运动员在一个屈体分腿前做一个转体180°。

青蛙跳：一个尖子通过支撑杆从一个底座处移到另一个运动员处或者回到动作开始时最初的底座处。尖子保持直立并在移动过程中始终不离开支持杆。

第二等级青蛙跳：和上面基本相同，但是在地面以上任何水平都能表演。

二层青蛙跳：见“青蛙跳”。

舒舒诺娃：屈体分腿跳，然后以俯撑姿势落地。

(三) 抛接类动作术语

篮抛：一项空中技巧，指的是底座利用手腕来抛出尖子，提高他们在空中的高度。空中运动员不与任何底座进行身体接触。刚开始篮抛时尖子不与地面接触。篮抛过程分为抛、空中造型、下落和摇篮接四个步骤。

直体篮抛：在尖子进行篮抛时的身体造型，不包括任何踢腿动作。使尖子在篮抛时达到最高高度的直线动作。

团身篮抛：类似于踢腿篮抛，只是用团身姿势代替踢腿。

踢腿篮抛：直体抛上后做一个单腿踢腿的技巧动作，然后压腿使身体背弓下落回摇篮接。

腿转体720°：一种技巧，通常是在篮抛中，包括一次踢腿和一个转体720°。尖子在踢腿环节中做转体90°时通常被视为转体的开始。

踢腿转体360°：一种技巧，通常是篮抛中，包括一次踢腿和一个转体360°。尖子在踢腿环节中做转体90°时通常被视为转体的开始。

转体360°接屈体分腿：一种非空翻的技巧动作（通常在下法或抛接中使用），指的是运动员在一个屈体分腿前做一个转体360°。

移动抛接：抛接中要求底座或接人者朝特定的方向移动以便接住尖子（这个不包括像踢腿转体360°篮抛中的底座转体90°）。

（以身体额状轴为轴进行的）空翻抛接：在抛接中尖子以倒置姿势旋转。

海绵抛接：由多个底座完成的技巧，在抛接之前，底座的手紧握住尖子的双脚。

直升飞机抛接：一种特技，指的是保持水平位置的尖子被抛起并在被底座接住之前，沿着身体垂直轴旋转（像直升机桨叶一样）。

D鸟：抛接成头朝上的X造型并返回至底座，穿过底座的双腿并且过渡成翻斗动作（翻斗动作在托举类动作术语中有详细介绍）。

踹X：在翻转中伸展臂和腿，呈现出“X”造型的空翻或跟头。

团身踹X：尖子由团身姿势变为X姿势的动作，经常出现在抛接中。

Twisting Toss（以身体垂直轴为轴进行的）旋转抛接：任何类型的抛接，包括尖子平稳垂直站立旋转至少四分之一圈。

Toe/Leg Pitch：单个或多个底座的篮抛中，底座抓住尖子的单脚或双脚直接向上推，以此来增加尖子的高度。

Coed Style：在不接受站立位协助的情况下，一名底座抓住尖子的手腕对其进行抛接的动作。

（四）托举类动作术语

道具：可操作的物体。只可以使用旗帜、条幅、标语、花球、话筒和布条这些道具。任何有意从身体上拿掉用于增强视觉效果的制服材料都将被视为道具。

二层：任何被一名或更多的底座支撑离开地面的运动员。

前点保护员：运动员在特技前的动作姿态也会使技巧动作获得额外的力量和高度。

Block：体操专业词汇，指的是在翻转中通过手及上身的力量促使身体抬高离开表演地面，在空中停顿形成短暂性的姿势，这在各级别的技巧啦啦操比赛中都符合规定。

支撑：为尖子提供稳定性的肢体接触。在金字塔或金字塔过渡中支撑尖子的头发或服装是不恰当的，头发和服装是不符合规定的身体部位。

平躺：托举中尖子通常由两名或更多底座支撑进行躺平。

俯卧：面朝下，身体保持水平。

倒立：身体直立倒置，手臂沿着头部和耳朵垂直伸展。

（以身体垂直轴为轴进行的）旋转：绕身体垂直轴的旋转。

一个转体：（以身体垂直轴为轴进行的）转体 360°。

直体姿势：一种伸展的身体姿势，笔直或是稍微弯曲。

团身位置：一种姿势，其中膝关节和臀部弯曲并朝胸部收缩，身体在腰部处弯曲。

手（臂）连接：两名或更多的运动员用手或手臂进行身体接触。

地面高度：由地面支撑达到的高度。

反弹：以自由空翻的释放移动作为进入托举的形式。

重启：尖子的双脚在底座的手中，再次到启动位置。

Retake：再次进入重启动作前，尖子通过先单脚落地再进入托举的动作。

延伸预备位或半预备位：当尖子在底座支撑下达到肩位的高度。

预备位：底座的手部与尖子的至少一只脚的高度均在底座的肩部高度。

高臂位：底座手完全向上伸展支撑尖子。伸展的手臂并不仅仅指“高臂托举”。为了进一步说明，见“高臂托举”。

高臂位的高度：当底座直立，手臂上举完全伸直时，从地面到底座手臂最高点的距离。伸展的手臂并不仅仅指“高臂托举”。为了进一步说明，见“高臂托举”。

站肩高度：尖子的臀部位于同样的高度（特别说明：如果主要底座下蹲、屈膝或降低托举和高臂的整体高度，该技巧不视为站肩高度，而视为高臂位）。

手臂延伸高度往上 50 厘米：仅在 5 级的释放动作中，最大距高是一个底座延伸手臂的最高点到一个尖子身体的最低点。

Twisting Mount（以身体垂直轴为轴进行的）旋转上法：尖子以一种旋转动作（90°~720°）开始的上法。

有协助的空翻上法：尖子的身体经过倒置位置时，通过与底座或尖子的接触，做一个髋部高过头的翻转进入托举的技巧动作。

准备动作：一个翻腾动作或托举的最开始时或准备阶段。

托举：尖子被在地面上的一个或更多人的支撑下完成的技巧，在托举中“单腿”或“双腿”取决于底座抓住尖子的腿的数目。

单底座托举：只有一名底座提供支撑的托举。

双底座托举：包含两名或更多的底座，但不包括保护员的托举。

高位托举：底座支撑起尖子于自己之上，尖子身体保持垂直站立。

双腿托举：高于预备位的托举中，底座承受来自尖子双脚的重量且双脚置于底座手中。

单底座托双尖子并脚站托举：一名单独的底座支撑两名尖子，其中两名尖子的双脚分别在底座的两只手中。

Cupie：单底座托举双尖子并脚站。

单底座抓举劈腿姿态的尖子：一名底座抓举尖子大腿内侧以支撑尖子（身体垂直，膝盖向前），尖子摆出上V动作，整个身体摆出X造型。这是不符合托举规定的。

纸娃娃：在单腿托举中，相同的单腿托举，彼此互相支撑。其托举可以是高臂位，也可以不是高臂位。

交替踩踏：一种托举动作，尖子以单腿姿势被底座举至一个静止位置，底座稍稍下沉并释放尖子做一个向上的动作，同时尖子转换重心到另外一只脚并以相反的腿落于静止位。底座稍稍的下沉可能穿过预备位。

Suspended Flip/Roll：托举时，一个人与地面接触并直接承受尖子的重量。尖子与此人进行持续的身体接触的同时做髋高过头的翻转动作。

Tension Roll/Drop：底座与尖子组成构架，直到尖子不借助外力离开底座支撑的金字塔或托举。

（托举中）向前翻转3/4周：一个从垂直姿势到摇篮姿势的髋高过头的前向翻转。

（翻腾中）向前翻转3/4周：一个以手和脚先着地的从垂直姿势到摇篮姿势的髋高过头的向前翻转。

托举过渡：尖子从一个托举转变成另一个托举，因此改变了刚开始的托举结构。

高臂托举：底座伸直手臂将尖子整个身体托起至底座头上方垂直位置的托举动作。

下法：从托举或金字塔落到摇篮或地面的动作。从摇篮落到地面的动作不被视为下法。

摇篮：一种结束动作，负责接住尖子的人手掌朝上，一只手臂放在尖子的背下，另一只手臂放在尖子大腿下。尖子必须面朝上屈体下落。

滚筒：一种释放移动，尖子身体至少转体360°并始终与地面平行。有协助的滚筒也是同样的技巧，受到另外的底座的支撑并在移动过程中始终保持身体接触。

垂直下落成摇篮接：从托举的释放移动到接住的位置，期间不允许有任何技巧动作。

摆/钟摆式：当尖子沿垂直轴降落（通常降落到体侧平直的位置），并被其他底座接住。

释放移动：当底座和尖子不再保持身体接触，尖子又回到原底座。这种解释适用于托举，不适用于金字塔。

倒置：当运动员的肩部低于腰部并且至少一只脚位于头部之上。向后弯腰做下法成摇篮接不被视为倒置。

非倒置姿态：尖子身体直立。肩部与腰部的位置持平或高于腰部的位置。

倒置动作：见“倒置”，它是一个被倒置的动作。

下落动作：运动员重心向地面移动的动作。

倒置下落：托举和金字塔中一个倒置的尖子的重心朝地面移动。

掉落：从空中或倒置位置以膝盖、大腿、臀部、前胸、后背或劈叉的姿势下落到地面时，不以手或脚首先承受大部分的重量会影响掉落的质量。

膝盖（身体）掉落：从空中或倒置位置，不能以膝盖、大腿、臀部、前胸、后背或劈叉的姿势下落到地面，用手或脚首先承受大部分的重量。

翻斗：一种进入托举的形式/过渡，其中一名运动员（通常是尖子）从另一名运动员（通常是底座）的身体下方或从双腿间穿过。

Show and Go：经过高臂位的高度，然后落入启动位置或非高臂位托举的过渡。

Wolf Wall Transition：过渡包括主要的尖子在另一位尖子腿部的支撑下在上空移动（从前往后、从后往前或从侧面到侧面）。支撑的尖子腿部伸长到身体以外并在开始阶段与第三位尖子连接。

（五）金字塔类动作术语

金字塔：一组相连接的托举。站在地面上的运动员可以协作形成团体。

金字塔过渡：尖子从一个托举转变成另一个托举。这个转变也许包括改变底座，但是必须至少一个人在预备位或预备位以下的位置与尖子保持身体接触。

两人高的金字塔：所有尖子必须首先承受底座的支撑，底座直接与表演地面接触并承受重量。任何时候当尖子在“金字塔释放移动”中被底座的释放，无论释放的高度如何，尖子都将被视为在“两人高”的高度上完成。“两人高”的高度不与尖子的实际高度有关，只是说他们的层数。

两人半高金字塔（只针对六级）：金字塔时不可以超过两人半高的身体长度。金字塔中“两人半高”的身体长度衡量方法如下：椅子、大腿站、坐肩托举是一人半高，站肩高度为两人高，高臂位托举的高度为两人半高。

悬挂金字塔：指的是一个或更多运动员在一个或更多尖子的支撑下悬浮于地面。由于尖子的重量被第二层的人员所承受，“悬挂金字塔”被视为两人半高金字塔。这在1~5级的比赛中是不符合规定的。

第三节　舞蹈啦啦操术语

舞蹈啦啦操术语主要是针对在舞蹈啦啦操项目中出现的动作和相关名词的说明与解释。

一、舞蹈啦啦操相关术语

（一）舞蹈啦啦操相关概念术语

组别（Division）：表示参赛舞蹈运动员的组成。

分类（Category）：表示表演片段或比赛常规表演的风格（如爵士、花球或街舞）。

团体舞蹈（Dance Crew）：是舞蹈的一种，通常出现在街舞中，包含一名运动员或一群舞者表演相同类型的舞蹈。

小丑舞（Krumping）：舞蹈的一种风格，街舞的一种，是一种将小丑文化与嘻哈文化相结合的舞蹈，它运用脸谱造型和自由式的舞蹈动作，通常以斗舞的形式出现。特点是手臂、头部、双腿、胸部及双脚自由的、具有表现力的、夸张的和高度具有活力的摆动。

道具（Prop）：是可操作的物体，手套被视为服装的一部分。

混合：包含一名或更多男运动员的组别。

技巧（Breaking）：街舞表演的一种风格，是一种以个人风格为主的技巧性街舞舞种，包含武术和技巧为主的动作和舞蹈。跳这种风格舞蹈的人被称为B-

Boy 或 B-Girl。

支撑腿：在技巧表演中支撑运动员身体重量的腿。

动力腿：运动员在技巧完成中负责动作完成或定位的腿。

腾空技巧动作（个人完成）：舞蹈运动员不与地面接触的技巧。

舞步：舞蹈的一种风格，属于街舞的一种。冲击力极强的舞蹈中参与者的身体被用作一种乐器，通过舞步语言和拍掌混合制造出复杂的节奏和声音。

（二）舞蹈啦啦操相关动作术语

腾空（Airborne）：指舞蹈运动员没有与其他运动员或地面接触的状态。

定格（Stall）：是一种非腾空非旋转的翻腾动作，通常出现在街舞表演中，运动员在表演中停止身体的动作；通常出现在一只手或两只手支撑时有趣的、倒置的或平衡性很好的动作中。

俯卧：运动员面朝下俯卧的姿势。

仰卧：面朝上平躺姿势，无论在地面还是被举起，运动员的身体背面始终朝向地面，身体前方朝上。

前腿弯的姿势：在跳跃中舞蹈运动员表演前弯腿的一种姿势。

转体动作：一种技巧，舞蹈运动员一脚置于另一脚前弯曲，并抬起直至一条腿能够使身体完整旋转一周。转体动作可以不同的姿势执行。

可用于跳跃与旋转前后的弯腿预备姿势：舞蹈运动员弯腿预备姿势，可用于跳跃与旋转前后，即下蹲。

二、舞蹈啦啦操难度动作术语

（一）跳跃类动作术语

跳步（Jump）：是一个腾空状态，不包括运动员利用脚和下身力量离开地面进行髋高过头的翻转。

C 跳：一种跳跃，指的是舞蹈运动员向后形成弓形，使得膝盖弯曲，双脚延伸到身体后方。

屈体分腿跳：双腿伸直，通过胯的转动，向胸部折叠的跳跃动作。

转体 180°接屈体分腿［One Hall（1/2）Twist' Toe Touch］：是一种非空的技巧动作，是指运动员在屈体分腿前做一个转体 180°的动作。

转体 360°接屈体分腿（Full-up Top Touch）：是一种非空的技巧动作，指运动员在屈体分腿前做一个转体 360°的动作。

反身吸腿跳（Axle）：指在旋转中动力腿在空中画圆圈，另一条支撑的腿向上离开地面，使得舞蹈运动员能够在空中表演旋转且由原支撑腿落地。

反身跨栏跳（Calypso）：即反身跳跃，旋转中动力腿伸长在空中画圆圈，另一条支撑的腿向上离开地面，使得舞蹈运动员能够在空中表演旋转，起支撑作用的腿延伸到身体后方，通常是一种姿势，最后在空中旋转的腿落地。

飞鼠（Plying Squirrel）：一种跳跃动作，舞蹈运动员手臂向前延伸，双腿向后伸展，在空中向前飞跃形成“X”姿势。

舒舒诺娃（Shushunova）：一种变化的跳跃，屈体分/并腿跳，然后以俯撑姿势落地。

交换腿跳（Switch Lead）：指在跳跃中舞蹈运动员摆动动力腿来改变跳跃的姿势或方向。

踢尔特：身体倾斜的侧踢腿，无论腿的高低，通常在跳跃中表演的技巧，动力腿朝空中猛踢并且支撑腿朝地面落地。

交换腿跳：跳跃中舞蹈运动员摆动动力腿来改变跳跃的姿势或方向。

变身跳：舞蹈运动员单脚起跳，在空中旋转半圈并用同一只脚落地的跳跃技巧。

（二）转体类动作术语

库佩姿势（Coupe）：指一只脚抬起靠近踝关节的动作。

蒂娃乐佩（Develope）：指动力腿从库佩姿势经由巴塞姿势到延伸的动作（一种过渡动作）。

挥鞭转（Fouetté）：是一种转体的步法，通常在一系列动作中完成。运动员动力腿在空中画圈并在每次旋转中不断弯曲再抬起形成巴塞姿势，就像挥鞭一样。挥鞭转也可以在侧面完成或是在第二位置上完成。

阿拉 C 杠（a La Seconde）：是一种转体的步法，通常在一系列动作中完成。运动员一只腿在空中画一圈，在每次旋转中不断弯曲上升与支撑腿形成 90°并保持与地面平行。

巴塞姿势（Passe）：即提起腿弯曲与脚或支撑腿的膝盖附近接触，即传递的意思。巴塞姿势可在与髋部平行的时候执行或旋转。

头转（Head Spin）：通常在街舞中表演的技巧，即舞蹈运动员用头部进行倒置旋转，并利用手控制速度，双腿可以呈任意姿势。

旋转（Wisteria）：即绕身体垂直轴的旋转。

转体动作（Pirouette）：一种技巧，舞蹈运动员一脚置于另一脚前弯曲并抬起，直至一条腿能够使身体完成旋转一周。转体动作可以不同的姿势执行。

转体 360°：指以身体垂直轴转体 360°。

支撑腿（Supporting Leg）：指在技巧表演中支撑运动员身体重量的腿。

（三）平衡与柔韧类动作术语

连续技巧动作（Consecutive Skills）：指运动员在不移动、不停顿的情况下连续完成技巧动作（如连续两个旋转或连续两次屈体分腿跳）。

掉落（Drop）：是指腾空的舞蹈运动员在不用手和脚承重的前提下，利用除手或脚以外的身体部位落地。

可用于跳跃与旋转前后的弯腿预备姿势：是指舞蹈运动员弯腿预备姿势，可用于跳跃与旋转前后，即下蹲。

手倒立（Handstand）：一种非腾空非旋转的翻腾动作，舞蹈运动员利用垂直倒置，手臂在靠近头和耳朵边垂直延伸。

头倒立（Headstand）：一种非腾空非旋转的翻腾动作，舞蹈运动员呈垂直倒置姿势，头部承受重量，双手置于地面支撑身体。

倒置（Inversion）：指舞蹈运动员的腰部、髋部、双脚高于头部和肩膀的姿势。

提踵（Relevé）：指舞蹈运动员提起脚跟上升的技巧。

（四）舞蹈托举类动作术语

舞蹈托举（Dance Lift）：指一名舞者被一个或更多的舞者举起离开表演地面并放下的技巧。这个技巧需要举起的舞者和被举起的舞者组合完成。请参考USASF/IASF 规则关于舞蹈托举和配合动作的安全指南。

舞伴配合动作（Partnering）：指两名舞蹈运动员利用对方的支撑完成的技巧。舞伴配合动作包括“支撑”和“执行”两部分技巧。

升降动作（Elevated）：指一名舞蹈运动员被举起上升到更高点或最低点位置的动作。

支撑运动员（Supporting Dancer）：作为舞蹈托举的一部分，支撑运动员承担被举起运动员的主要重量。支撑运动员在舞蹈托举和配合中举起或抛接并保持与被举起运动员的接触。支撑运动员也被视为托举运动员。请参考 USASF/IASF 规则中关于舞蹈托举的规定及配合的安全指南。

被举起的运动员（Elevated Dancer）：指在舞蹈举高动作中从表演地面被举起的舞蹈运动员。请参考 USASF/IASF 规则中关于舞蹈托举和配合动作的安全指南。

执行配合动作的舞蹈运动员（Executing Dancer）：指在配合中，借助一个或多个舞蹈运动员的支撑完成舞蹈技巧的舞蹈运动员。请参考 USASF/IASF 规则中关于舞蹈托举和配合动作的安全指南。

负责托举的舞蹈运动员（Lifting Dancer）：作为舞蹈托举的一部分，完成舞蹈托举中举起的舞蹈运动员，请参考 USASF/IASF 规则中关于舞蹈托举的规定及舞蹈技巧和配合的安全指南。起支撑作用的舞蹈运动员也可视为托举的舞蹈运动员，请参考 USASF/IASF 规则中关于舞蹈托举的规定及配合的安全指南。

髋位（Hip Level）：是一种特指高度，运动员双腿垂直站立时髋位的高度。

肩位：一种特指高度，运动员双腿垂直站立时肩膀的高度（说明：这是测量的大概高度，背弓和倒置时也不改变）。

膝抛（小组执行）：在抛接中，执行表演的舞蹈运动员的双脚置于支撑运动员的手中并被垂直朝上推动。

抛接：一种释放移动，支撑的运动员做出抛的动作提升执行者的高度。抛接开始时执行者不与地面接触。

髋部高过头的翻转（小组执行，Hip over Head Rotation）：指在托举或配合中，舞蹈运动员的髋部高过头的翻转动作。

髋部高过头的翻转（个人执行）：在翻腾动作中运动员的髋部高过头的翻转动作（如后软翻或侧手翻）。

髋部高过头的空翻转动作（个人执行）：髋部高过头的翻转动作，不与地面接触（如踺子或后手翻）。

舞伴配合动作（小组执行）：两名舞蹈运动员利用对方的支撑完成的技巧。舞伴配合动作包括“支撑”和“执行”两部分技巧。请参考 USASF/IASF 规则中关于舞蹈托举的规定及配合的安全指南。

释放移动（小组执行）：正在表演的舞蹈运动员从支撑者离开，且不与表演地面接触的动作。

垂直倒立（小组执行）：执行者呈倒置姿势，通过停顿或改变动作时直接承受主要支撑重量的姿势。

（五）翻腾类动作术语

翻腾：所有的强调杂技或体操能力的技巧总和，运动员在表演时通常不需要其他运动员的接触支持和帮助，并在动作完成的开始和结束都位于地面上（说明：翻腾动作不完全都得是髋部高过头的翻转动作）。

侧手翻：一种非腾空的翻腾动作，舞蹈运动员在经过倒置位置时用胳膊支撑身体的重量，双脚依次落地。

侧空翻：一种腾空的翻腾动作，类似于双手没有接触地面的侧手翻。

前软翻：一种非腾空的翻腾动作，指的是运动员在向前翻转中通过弯曲腿部和身体使得从倒立位置转变成非倒立位置，双脚依次落地。

后软翻：一种非腾空的翻腾动作，舞蹈运动员身体弯曲向后下腰并且手撑地，然后进行髋部高过头的翻转动作。之后运动员的躯干带动全身形成垂直竖立的姿势，且双脚依次落地。

鱼跃滚翻：一种腾空的翻腾动作，舞蹈运动员双手和双脚同时不着地的情况下完成前翻的动作。此动作只允许运动员为屈体姿势。

鲤鱼打挺：一种腾空非旋转的翻腾动作，通常出现在街舞表演中。舞蹈运动员通过弯曲膝盖，推动大腿靠近胸部、肩膀稍微向后的位置，并用力使得身体呈垂直站立姿势。弹腿的力量促使舞蹈运动员起身，双脚同时落地。

前/后头手翻：一种腾空的翻腾动作，通常在街舞中使用，头手翻类似手翻动作，舞蹈运动员既可以向前也可以向后。开始时站立或蹲下，双手置于地面，头位于双手中间，然后双腿用力弹起，类似于鲤鱼打挺，舞蹈运动员双脚同时落地。

前/后单肩滚翻：一种非腾空的翻腾动作，舞蹈运动员利用单肩与地面的接触做后翻滚并保持，头部向侧边倾斜避免与地面的接触。

大风车：一种非腾空非旋转的翻腾动作。舞者从背部开始，由上背部到胸部自转，同时腿部围绕身体呈 V 形。腿提供主要动力，使得身体从一个姿势背向“空翻”到另一个姿势，最后胸部落地。

【作业题】

1. 列举啦啦操基本手位（对称）动作。
2. 列举啦啦操基本手位（不对称）动作。
3. 说明技巧啦啦操组成人员有哪些？
4. 技巧啦啦操包含哪几类难度动作？每组列举出三个具体难度动作。
5. 什么是篮抛？其过程分为几个步骤？
6. 何为技巧啦啦操的释放移动？
7. 请说明舞蹈啦啦操中挥鞭转与阿拉 C 杠两个难度动作的异同。

第三章
CHAPTER 03

啦啦操团队建设与管理

【学习目标】

1. 了解啦啦操团队的概念、特征及发展沿革。
2. 熟悉啦啦操团队的构成要素。
3. 掌握啦啦操团队的管理环节与方法，建立系统的团队建设知识体系。

【章前导言】

团队理论的研究最早开始于管理学领域，现代管理理论认为，团队是由一些技能互补的人员利用积极协作的方式为完成某项共同目标而组成的群体。团队成员间有积极的协同效应，集体努力的结果会导致团队绩效远远大于个体绩效的和。啦啦操作为一种凸显体育团队特征的运动，其特点表现在团队内部具有更多的合作性。团队建设有利于啦啦队系统化管理，培养队员协同合作的社会能力，使团队训练更加高效。本章通过介绍啦啦操团队的概念特征、构成要素及管理环节和办法，使学员在理论层面对啦啦操团队的建设有科学系统的认识。

第一节　啦啦操团队的概念与特征

一、啦啦操团队的概念

德鲁克认为，团队是一些才能互补并为负有共同责任的统一目标和标准而奉献的少数人员的集合。卡曾巴赫认为，团队是由少数技能互补、自愿为着共同的目标、目的、业绩和方法而相互承担责任的人们组成的群体。这一群体成员之间相互信任并承担责任，充分发挥自身优势，最终达到绩效最大化的工作目的。罗宾斯认为，团队是为了实现某一目标而由相互协作的个体组成的正式群体。团队的核心是团队精神的体现，如积极的协同配合、实现集体绩效的目标、个体或共同的责任、相互补充的技能。啦啦操团队是一个由管理者、教练员、啦啦操运动员等组成的团队，各成员具备不同的技术技能和素质，其共同目标是提高啦啦操运动技术水平，并在运动竞赛中获得优异成绩。

二、啦啦操团队成员的特征

啦啦操团队成员特征分为心理特征和行为特征。心理特征主要有团队归属感、认同感、角色感、力量感四个方面。行为特征主要体现在顾虑倾向、服从倾向、助长倾向三个方面。

（一）心理特征

啦啦操团队的心理特征通常表现在啦啦操运动员对啦啦操团队的归属感，对教练员、管理者的认同感，以及团队成员的自身角色感与力量感。

1. 团队的归属感

团队内部各个成员之间发生相互作用，行为上表现得和谐融洽，同一团队的成员能一致对外。

2. 团队的认同感

团队的认同感会在成员之间相互影响，通常表现为团队内部各个成员对一些重大问题，尤其是原则问题，能保持共同一致的认识与评价。

3. 团队的角色感

团队成员在团队内部长期所处的角色，会使人形成一种特有的习惯性心理，使其思想与行为都符合其角色定位。

4. 团队的力量感

团队成员表现出符合团队规范、符合团队期待的行为时，团队会给予赞许和鼓励，从而进一步强化其行为，并积极影响其他团队成员的行为表现，使之产生力量感。

（二）行为特征

啦啦操团队在训练、表演和竞赛过程中，团队成员会表现出不同的行为特征。竞技与管理水平较高的啦啦操团队会促进团队成员产生服从倾向和助长倾向，形成良性循环。竞技与管理水平一般的啦啦操团队会较容易产生消极、沉闷的负面情绪，导致产生顾虑倾向，影响训练效果和竞赛成绩。

1. 服从倾向

团队成员的服从倾向是指个体有按照社会要求、团队规范或别人的意志而做出行为的倾向。

2. 助长倾向

团队成员的助长倾向是指个体在与团队其他成员一起工作活动时，有助于消除单调、沉闷的心理状态，有利于激发积极的工作及活动动机，提高工作和活动效率，也称为社会助长作用。

3. 顾虑倾向

团队成员的顾虑倾向是指个体在大众面前感到不自在、拘谨，从而影响了行为效果，也称为社会致弱作用。

第二节　啦啦操团队的构成要素

啦啦操团队是由啦啦操运动员与管理层组成的共同体，它合理利用每一位团队成员的知识和技能协同工作，解决问题，达到共同目标。啦啦操团队的构成有以下五个要素，分别是人员、定位、目标、计划、权限。

一、人员

人是构成团队最核心的力量，啦啦操团队成员的选择是最为重要的一个部分。团队的职能定位、设定目标、制订方案、实施计划、监督评价及安全保障等一系列工作都需要合理分工。在团队成员选择方面，应当考虑不同成员间能力、技能及经验的差别，做到协调互补。

在美国，啦啦操团队通常由领导者、教练员、运动员、队医四种人员组成。领导者主要负责团队的职能定位、目标设定及监督评价工作。教练员与领导者同为管理层，参与目标设定，主要负责制订具体方案与训练计划安排工作。运动员主要是实施计划，同时部分运动员也可参与具体计划方案的制订，如啦啦操团队队长。队医主要负责整个啦啦操团队的安全保障与救济。其中教练员在领导者、运动员、队医之间起着桥梁作用，教练员必须结合各人员间的建议和意见，合理制订具体计划方案，因此啦啦操团队在教练员选择上要求比较严格。

二、定位

啦啦操团队的定位，主要包括确定啦啦操团队的职能范围，由谁选择和决定啦啦操团队的成员，啦啦操团队为谁服务、对谁负责。啦啦操团队的定位应当结合实际情况，符合自身所在环境，在分析自身所拥有及缺乏的资源条件后确定。

在美国共有五种啦啦操团队的定位方向，即中学啦啦队、大学啦啦队、全明星啦啦队、公开啦啦队、俱乐部啦啦队。

（一）中学啦啦队（High School/Varsity 类型）

该种类型的啦啦队由 9 至 12 年级的运动员组成，主要代表学校参加比赛、运动大会等活动。

（二）大学啦啦队（College/University 类型）

该类型啦啦队大多由经验丰富的运动员组成，同样以代表学校参加各类比赛为主。在我国，此类啦啦操团队最为普遍，技巧啦啦操以男女混合队伍为主，舞蹈啦啦操以全女子队伍居多。

（三）全明星啦啦队（All-Star 类型）

该类型的啦啦队都是由该地区的精英啦啦队队员组成，且全明星啦啦队可参与的赛事最广。全明星啦啦队不隶属于任何一所学校，因此可以从任何一所学校招纳运动员。

（四）公开啦啦队（Open 类型）

该类型啦啦队队员不限男女性别，也不限运动员身份，不管是在校学生，还是已经参加工作的社会人员都可参与其中。公开啦啦队主要是为年长的啦啦队队员参与啦啦队运动和比赛提供社会平台。

（五）俱乐部啦啦队（City/Club 类型）

该类型啦啦队队员需要交纳一定的费用，他们来自不同学校，但不同于全明星啦啦队，非在校人员也可以加入俱乐部啦啦队。俱乐部啦啦队的主要任务在于城市活动项目的演出，另外也可以参加一些比赛。

三、目标

啦啦操团队应当有一个既定目标为所有团队成员导航，其目标设定必须与啦啦操团队的定位相吻合，依据定位设定目标，再将目标细化、分类为长期目标、短期目标，并把各个具体目标分配到每一位团队成员身上。

啦啦操团队的目标设定可依据以下五项原则。

（一）明确性

所谓明确，就是要用具体的语言清楚地说明要达成的行为标准。如训练目标必须对应有明确的训练计划、衡量标准、完成期限等，使领导者明确了解运动员进行了哪些方面的训练，以及计划的完成程度。

（二）可衡量性

可衡量性就是指目标应该是明确的，而不是模糊的。应该有一组明确的数据作为衡量是否达成目标的依据。如针对某一托举难度进行一段时间的上肢最大力量的强化训练，某运动员卧推杠铃的重量由 60 公斤增加到 65 公斤以上。

（三）可实现性

目标应当符合团队的实际情况，能够被执行人所接受。目标的设定必须坚持领导者、教练员、队医及部分运动员共同参与、相互沟通的原则，使拟定的目标在团队与个人之间达成一致，否则不仅难以实现目标，还极有可能发生不必要的运动损伤。

（四）相关性

目标的相关性是指实现此目标与其他目标的关联情况。如果目标的设定与其他目标完全不相关或者相关度低，即使目标达成，也不具有很大意义。如啦啦操团队中的尖子，以柔韧与平衡素质练习为主，若为尖子设定以力量素质为主的训练目标，显然相关性较低。所以，目标的设定应当因人而异，符合运动员所担任的角色。

（五）时限性

目标的时限性就是指设定目标是有时间限制的。目标必须设定明确的时间要求，定期或不定期检查训练目标的完成程度，及时掌握团队发展进度，以便应对异常情况变化，调整计划安排。

四、计划

啦啦操团队计划可以从两个层面理解：首先是为实现最终目标而制订的一系

列具体行动方案，其次是为实现最终目标的统筹规划，制订阶段性计划进度，保证啦啦操团队发展不偏离最终目标。

啦啦操团队的计划特点如下。

（一）目的性

计划应当具有一定的目的，指向某一具体目标，依据拟定的目标而制订，以便完成下一步工作、训练及赛事任务。

（二）实践性

计划是在付诸行动之前制订的，应当具有实践指导意义，符合当前团队发展及能力水平的实际情况，易于教练员、运动员实施具体操作。

（三）明确性

计划应当明确表达出实现目标所需要的资源、所采取的方法和手段，以及程序步骤，并且尽可能具体细化，有利于实际行动。

（四）效率性

计划应当体现效率性，要明确时间节点，以及预计在特定时间范围内可以获得什么成果，能够取得多大进步。

五、权限

啦啦操团队当中管理层的权力大小与团队的发展阶段密切相关，团队越成熟，管理层所拥有的权力相应越小，在团队发展初期管理层的领导权相对比较集中。啦啦操团队的权限关系到以下两个方面：其一是整个啦啦操团队所拥有的决定权，如财务决定权、人事决定权等；其二是啦啦操团队内部运动员与管理层人员的权限比例。

第三节　啦啦操团队的发展沿革

一、形成期

啦啦操团队的各类成员由不同动机、需求的人组成，运动员之间能力水平与特性也各不相同，此阶段缺乏共同的目标，彼此之间的了解不足，尚未建立起信赖关系。整个团队还没有建立起统一的行为规范，或者各类人员对制定的规矩尚未形成共同看法。此阶段矛盾较多，缺少一致性，效率低下。

二、凝聚期

此阶段，啦啦操团队各层次人员之间逐渐熟悉，运动员之间也开始产生默契，对于团队的行为规范渐渐了解，并减少了违规行为的发生。

三、稳定期

此阶段，啦啦操团队发展目标的制定者由领导者转变为整个团队成员，团队关系从保持距离转变为相互信赖，团队行为规范由外在限制转变为内在遵守。啦啦操团队的每一位成员有着强烈的团队荣誉感，愿意为团队奉献。

第四节　啦啦操团队的管理

一、啦啦操团队的管理环节

啦啦操团队管理是一个动态协作的系统管理，主要包括目标管理、沟通管理、资源管理、绩效管理四个环节。团队的目标管理首先要明确目标，其次是统一目标；团队的沟通管理应当明确沟通原则，明确制订和实施沟通计划的过程；团队的资源管理是对团队人力和物力资源的管理，其中人力资源又包括活力、控制、专业知识和影响力；团队的绩效管理是对团队运行的评价和反馈的过程。

(一) 啦啦操团队的目标管理

啦啦操团队管理首先要进行目标建设与管理，包括制定啦啦操团队的总目标、阶段性目标、团队成员个人目标。总目标对各阶段目标具有指导、推动作用，一般依据啦啦操团队的竞技水平而制定。阶段性目标是总目标具体实施过程中的阶段性检验，阶段性目标的完成能够有效地促进总目标有序地实现。团队成员个人目标则由各成员依据自身能力和素质制定。

1. 明确目标

啦啦操团队应当根据当前整体发展水平和团队自身的发展基础制定出啦啦操团队的总目标、阶段性目标及团队个人目标，这样既符合整体发展趋势，又符合自身实际条件。管理者明确定位，为啦啦操团队的训练和竞赛提供政策上与经费上的支持；教练员制定合理的目标和教学训练计划，严格执行既定的总目标；运动员根据自己实际情况制定个人奋斗目标。

2. 统一目标

啦啦操团队应当根据总目标，分解各阶段性目标与团队成员个人目标。阶段目标是总目标的基础，团队成员个人目标是基础中的基础。目标的统一与制定，可以促使啦啦操团队管理者、教练员及运动员分别有自己的奋斗目标，又集中统一在总目标和阶段目标的管理之下，能够充分发挥自己的才能。管理者定期检查监督团队发展，教练员定期汇报各阶段训练与竞赛成果并定期检验运动员各自目标的执行情况，在训练过程中及时纠正偏离目标的行为。

（二）啦啦操团队的沟通管理

良好的沟通管理可以改善团队成员态度、行为及人际关系，加强啦啦操团队的管理者、教练员、运动员之间的协同力。良好的沟通管理需要在有效的相互沟通和交流的基础上进行，可以使信息被团队成员理解、认同和接受，并转化为团队成员的自觉行为。

1. 明确沟通原则

首先，开放式管理是沟通管理的首要原则，要求团队成员的言行一致，保证管理者、教练员、运动员之间的双向沟通，以便更好地了解、传达、解决训练与竞赛中存在的问题，增加团队成员之间的相互信任，促进情感交流，提高团队的凝聚力和战斗力。其次，面对面沟通是沟通管理不可或缺的方法，有利于丰富的、感性的、生动的、个人化的信息交流。

2. 制订沟通计划

沟通计划有效地规划了沟通的渠道和目标，从而使沟通内容、沟通对象、沟通方式、沟通时间等因素相辅相成，使啦啦操团队沟通管理的实施顺畅。沟通计划应当根据沟通内容的不同而进行调整，主要由啦啦操团队管理者或教练员来承担，并由各团队成员配合和落实。

3. 实施沟通计划

啦啦操团队成员必须明确了解团队的基本规定和要求，共享信息，以团队的整体利益为重。啦啦操团队成员不仅要进行技术技能培训，还应进行沟通交流的培训，定期进行面对面交流，在此过程中掌握沟通技巧，提高人际沟通能力。在沟通计划实施中出现问题时，应寻找问题根源，深入探讨解决办法，使团队的目标内化为团队成员的使命感与责任心。

（三）啦啦操团队的资源管理

人力和物力资源是啦啦操团队能够发展的基础和保障。人力资源包括管理者、教练员、运动员三个方面，具体运作过程中人力资源又能分化为活力、控制、专业知识和技能、影响力；物力资源主要是团队经费和场地设施两个方面。

1. 人力资源管理

（1）活力

啦啦操团队的管理必须重视团队活力，活力是啦啦操团队最重要的资源，这与啦啦操运动的项目特点正好相符。活力的形式多样，一般可从主动精神、热情及关系几个方面考察团队的活力程度。如管理方法是否具有创新性，动作创编及训练方法是否经过积极思考和深入研究，团队成员之间相处是否融洽等。

（2）控制

控制包括自我控制和对啦啦操团队运作方式的控制。自我控制是指啦啦操团队各成员控制自身活力和情绪的程度，对团队运作方式的控制是指啦啦操团队为了有效达成目标而管理其运作方式的能力水平。

（3）专业知识和技能

专业知识和技能直接影响着团队的发展。管理者的管理运作方法知识、教练员的运动训练技能都影响着运动员训练和竞赛水平。团队成员应当不断加强自身专业知识和技能水平。

（4）影响力

影响力是啦啦操团队决策、执行训练和管理竞赛过程中的一个关键因素，主要反映团队成员的号召能力，即团队的声望。影响力分为外部影响力和内部影响力，团队外部影响力关系到团队生源和梯队建设问题，团队内部影响力关系到运动员的训练和竞赛状态，甚至关系到比赛成绩。

2. 物力资源管理

（1）团队经费

啦啦操团队的日常训练、外出竞赛及教练员外出培训使得啦啦操团队需要大量资金支持。严格团队财务管理，积极拓宽经费来源是啦啦操团队管理的重点。

（2）场地设施

专业的啦啦操团队训练场馆要求较高，应配有啦啦操专业训练地垫、地胶、蹦床、保护带、海绵包等设备。设备齐全的场地设施有利于提高啦啦操团队的训练效果，减少运动损伤。

(四) 啦啦操团队的绩效管理

高绩效的啦啦操团队具有目标明确、沟通渠道畅通、资源优化的特点，管理体制可根据具体情况及环境变化而进行适应性变革，高效率达成训练、表演及竞赛目标。啦啦操团队绩效管理应当透明、公平、公正，明确告知团队成员绩效管理制度，使啦啦操团队成员了解团队绩效的衡量标准。对于团队成员绩效应当予以反馈，对高绩效的团队成员予以表彰和奖励，并公示于全体团队成员。绩效的反馈同时也是制定和实现下一目标的开始，评价主体应当全面审视、客观评价，承认并反思存在的不足，总结和推广累积的经验。

二、啦啦操团队的管理方法

协调和处理啦啦操团队管理共五个环节，包括道德自律、信息督导、愿景调谐、价值吸附和契约制衡。

(一) 道德自律

道德是团队行为的社会自发的规范，通过道德的内化使团队成员自我约束、自我调整是团队管理的重要手段。啦啦操团队应当大力强化和传扬团队的道德，促进团队成员的道德内化，自发性地规范自身行为。

(二) 信息督导

利用信息的沟通与交流，使团队成员的行为信息透明、及时、客观地展现在各团队成员面前。啦啦操团队通过信息沟通与交流能够有效地加强团队各成员之间的约束与管理，尤其是自我约束与管理，促进团队和谐。

(三) 愿景调谐

共享的愿景目标可以使团队在自我管理的同时将行为、目标趋于一致，啦啦操团队应培养团队成员共同愿景，把管理理念、团队目标融入其中，以实现对团队的领导，也符合啦啦操运动积极向上的团队精神、追求最高荣誉感的项目特征。

(四) 价值吸附

价值是合作行为产生的基础，团队建设与管理的本质即是创造合作的价值。

啦啦操团队各成员都认可啦啦操运动本身的价值，但团队各成员存在不同的价值观念，因此团队必须加强其价值吸附，将团队各成员的价值趋同于最终目标。

（五）契约制衡

具体任务或目标的明示契约是直接的制衡措施，围绕某一具体的任务和目标，团队协定的责任、义务关系对行为规范具有强制作用。啦啦操团队应当明确、细化团队各成员的责任和义务关系，加强对团队各成员的行为规范。

【作业题】

1. 简述啦啦操团队的概念。
2. 啦啦操团队的构成要素有哪些？
3. 啦啦操团队的目标管理体现在哪些方面？
4. 如何实现啦啦操团队间的有效沟通？
5. 论述啦啦操团队的管理方法。

第四章
CHAPTER 04

啦啦操竞赛的组织与裁判

【学习目标】

1. 了解啦啦操竞赛规则发展概况。
2. 明晰国内外啦啦操竞赛种类及内容。
3. 熟悉啦啦操竞赛组织机构及职能，基本具备组织赛事的综合业务能力。
4. 掌握啦啦操竞赛规则，具备啦啦操裁判员的专业素质。

【章前导言】

竞赛是啦啦操发展不可缺少的重要组成部分。啦啦操赛事组织工作需要多个部门同时联动运行，学习者必须熟悉每一个部门的功能与职责才能具备赛事的组织能力。通过掌握啦啦操竞赛规则，进一步了解啦啦操技术更新的导向和项目发展趋势，提高啦啦操裁判员的专业素质。

第一节　啦啦操竞赛规则发展概况

一、国际啦啦操竞赛规则简况

1948 年啦啦队运动逐渐兴起，啦啦队的竞赛规则也随之建立，而最初的啦啦队竞赛规则也只是以啦啦队在学校中的教学内容作为依托。直到 1982 年，美国第一届啦啦操锦标赛开幕，世界上第一部啦啦队竞赛规则才被正式使用。1987 年美国建立了 MCCA（美国啦啦队教练协会），并根据安全隐患问题制定了美国第一版啦啦队安全的指导规则，其后该协会每年都会对规则进行修改和完善，并始终强调啦啦队运动应该遵循安全的规则开展。

2004 年，世界第一届啦啦操锦标赛举办后，经过十几年的发展，啦啦队的竞赛规则在世界各国得到了广泛的传播，被翻译成不同的版本并作为教练员的啦啦队培训课程发展起来。世界各国也在参照国际啦啦队竞赛规则的基础上，根据国情制定了符合啦啦操发展的规则。2013 年 5 月 ICU（国际啦啦操联合会）通过投票表决，成为国际单项体育联合会的第 109 位成员组织。作为正式的世界啦啦操运动官方组织，ICU 标志着啦啦操运动的全球化趋势。因此，为了推动啦啦操运动的全球化发展，ICU 根据各国的发展情况更新和修订了国际啦啦操竞赛规则，由此各国开始全面与国际规则接轨。

二、我国啦啦操竞赛规则简况

啦啦操竞赛规则是裁判员评分的重要依据和尺度，对啦啦操动作的编排和啦啦操的实践与理论的研究起着积极导向、制约和完善的作用，同时也为参赛者的赛前训练和比赛提供依据。随着我国啦啦操运动的发展，啦啦操竞赛规则也随之进行了修订，其目的是让啦啦操比赛更公平、训练更科学、评判更客观，从而推动啦啦操运动向前发展，与国际接轨。

我国第一部啦啦操国际竞赛规则在 2006 年出版，由徐中秋、邱建钢主编。随着啦啦操项目在我国的推广与开展，尤其是在 2008 年北京奥运会的各项比赛赛场上的体育展示中加入了啦啦操表演，把啦啦操运动推向高潮。同年，国家体育总局体操管理中心正式接管啦啦操项目，2009 年举办了首届啦啦操锦标赛，并先后审定了《2010—2013 年全国啦啦操竞赛规则》《2014 年版啦啦操竞赛规则》。

啦啦操运动在我国发展的十多年间，规则发生了较大变化，总体趋势是从细化评分因素到现在注重整体评价。由于啦啦操运动项目在世界上已经成为单项赛事，为了使它更具独有特点，2015 年 ICU（国际啦啦操联合会）决定取消爵士、小团体及双人项目。其目的不仅是促进啦啦操向着更高的艺术性、观赏性方向发展，而且更注重突出啦啦操项目的特点，即团队精神和协同配合的整体观念。

第二节　啦啦操竞赛的种类及内容

一、啦啦操竞赛种类

（一）国内赛事

啦啦操竞赛的种类包括联赛（总决赛、分站赛）、国际精英赛、青少年精英赛、少儿啦啦操大赛、中国公开赛、冠军赛、锦标赛等。因每年的比赛时间和地点变化较大，故以 2018 年的赛事为例，如表 4-2-1 所示。

表 4-2-1 2018 年我国啦啦操全国赛事活动

序号	赛事活动	时间
1	2017—2018 年全国啦啦操联赛（杭州站）	2018 年 3 月
2	2017—2018 年全国啦啦操联赛（临汾站）	2018 年 5 月
3	2018 年全国啦啦操锦标赛	2018 年 5 月
4	2017—2018 年全国啦啦操联赛（南通站）	2018 年 6 月
5	2017—2018 年全国啦啦操联赛（江山站）	2018 年 6 月
6	2018 年第二届中国（镇江）超级杯少儿啦啦操比赛暨“中国宝贝”大赛	2018 年 6 月
7	2017—2018 年全国啦啦操联赛（苏州站）	2018 年 6 月
8	2017—2018 年全国啦啦操联赛（石嘴山站）	2018 年 6 月
9	2017—2018 年全国啦啦操联赛总决赛	2018 年 7 月
10	第六届中国（南京）啦啦操公开赛	2018 年 7 月
11	2018 年中国啦啦操精英赛	2018 年 7 月
12	2018—2019 年全国啦啦操联赛（大连站）	2018 年 10 月
13	2018—2019 年全国啦啦操联赛（从化站）	2018 年 10 月
14	2018 年全国啦啦操冠军赛	2018 年 12 月
15	2018 年中国（无锡）青少年啦啦操精英赛	2018 年 12 月

（二）国际赛事

下面列举 2018 年啦啦操国际赛程表作为参考，如表 4-2-2 所示。

表 4-2-2 2018 年啦啦操国际赛程表

序号	赛事名称	比赛时间	比赛地点
1	世界大学生啦啦操锦标赛	2018 年 1 月	美国 奥兰多
2	印度尼西亚国际啦啦操公开赛	2018 年 1 月	印度尼西亚 巴厘岛
3	世界中小学生舞蹈啦啦操锦标赛	2018 年 1 月	美国 奥兰多
4	乌克兰国际啦啦操锦标赛	2018 年 3 月	乌克兰 哈尔科夫
5	菲律宾国际啦啦操锦标赛	2018 年 3 月	菲律宾 马尼拉
6	英国国际啦啦操锦标赛	2018 年 3 月	英国 特尔福德
7	巴塞罗那国际舞蹈交流赛	2018 年 3 月	西班牙 巴塞罗那

续表

序号	赛事名称	比赛时间	比赛地点
8	世界啦啦操锦标赛、世界全明星啦啦操比赛暨世界青少年啦啦操锦标赛	2018 年 4 月	美国 奥兰多
9	俄罗斯啦啦操体育文化交流大赛	2018 年 5 月	俄罗斯 阿纳帕
10	意大利国际啦啦操锦标赛	2018 年 5 月	意大利 里米尼
11	新西兰舞蹈与技巧啦啦操锦标赛	2018 年 6 月	新西兰 奥克兰
12	美国啦啦操训练营	2018 年 8 月	美国
13	澳大利亚（墨尔本）啦啦操锦标赛	2018 年 9 月	澳大利亚 墨尔本
14	日本啦啦操公开赛	2018 年 10 月	日本 东京
15	澳大利亚国际啦啦操公开赛	2018 年 11 月	澳大利亚 黄金海岸
16	意大利啦啦操公开赛	2018 年 12 月	意大利 西西里岛

二、啦啦操竞赛内容

依据啦啦操竞赛内容的不同，竞赛主要分为根据国际规则而创编的自选动作比赛和根据我国国内规则而进行的规定动作比赛。除此之外，随着啦啦操运动在中国的不断发展，依据不同的参赛人群及不同的锻炼目的与表演形式，逐渐出现校园啦啦操、广场啦啦操等多种啦啦操运动项目，同时也丰富了啦啦操竞赛的内容。

（一）啦啦操自选动作比赛

啦啦操自选动作是根据啦啦操竞赛规则而创编的啦啦操动作。主要分为技巧啦啦操和舞蹈啦啦操。自选动作给参赛队更多的创编空间和技术展示空间，观赏性高，提升了比赛的精彩度。

1. 技巧啦啦操

根据翻腾、金字塔、抛接等动作的难易程度分为 1~6 个等级。根据人数分为集体技巧啦啦操、小团体技巧啦啦操（4~5 人）和混合双人技巧啦啦操等比赛项目。

2. 舞蹈啦啦操

分为花球啦啦操、街舞啦啦操、爵士啦啦操和自由舞蹈组别。根据参赛人数分为集体和双人组别。

（二）啦啦操规定动作比赛

啦啦操规定动作是由国家体育总局体操管理中心、全国啦啦操委员会根据啦啦操项目在我国开展的情况组织编制的规定动作。分为两类：舞蹈啦啦操和技巧啦啦操。啦啦操规定动作是针对不同年龄段、不同水平及不同人群设计的，分为儿童组、少年丙组、少年乙组、少年和青年组。

技巧啦啦操分为 5 个等级，分别是技巧啦啦操 0 级、1 级、2 级、3 级和 4 级。

舞蹈啦啦操分为 3 个项目，分别是花球啦啦操、街舞啦啦操和爵士啦啦操。

（三）校园啦啦操比赛

校园课间啦啦操比赛分为示范套路和自选套路。示范套路内容包括幼儿版、小学版、中学版和大学版。自选套路包括花球、街舞、爵士和自由舞蹈组别。

（四）广场啦啦操比赛

目前国内广场啦啦操比赛只在公开成年组设立。比赛内容包括现代（综合）徒手（采用现代音乐或舞蹈元素）、现代（综合）器械（采用现代音乐或舞蹈或器械等元素）、传统（综合）徒手（采用现代音乐或舞蹈元素）、传统（综合）器械（采用现代音乐或舞蹈或器械等元素）。

第三节　啦啦操竞赛的组织工作

啦啦操竞赛组织管理是一项复杂而细致的工作，是啦啦操比赛顺利进行及达到预期效果的重要保障和关键环节。竞赛组织管理工作的效率和组织机构的执行力直接影响到比赛的质量和效果，影响到运动员水平的正常发挥。因此，只有竞赛组织机构完备，才能保障比赛的顺利进行。

一、啦啦操竞赛组织机构

根据比赛规模的大小，成立相应的组织机构。组织机构设置要合理、分工要明确。通常由主办单位和承办单位共同协商确定大会组织委员会成员，包括主办单位负责人、赞助单位负责人、承办单位主要负责人及总裁判长。组织委员会一般设主任 1 人，副主任 1 人，委员若干人。它是整个竞赛组织工作的最高领导机构，在其下属的是各办事机构，根据比赛规模决定成立几个分部门。大规模的或大型综合性比赛，各部门责任具体、细致，分工明确。中小型比赛则可以少设几个部门或只安排具体的人分别负责这几个方面的事宜。以全国性比赛为例可分为以下八个部门：大会办公室、竞赛部、仲裁委员会、裁判委员会、宣传部、后勤保障部、安全保卫部、科研交流部。

(一) 大会办公室

大会办公室是大会组织委员会的权力执行机构，负责协调各部门之间的工作、传达组委会指令等。具体包括确定大会活动日程、经费预算、拟定开/闭幕式方案、筹划奖品、邀请、组织发奖、召开各种联络会议等事宜。大会办公室下设秘书处、集资处、新闻处、后勤处、安保处、接待处等。

(二) 竞赛部

竞赛部是管理啦啦操竞赛业务的核心机构，主要负责制订和实施啦啦操比赛方案、编排比赛秩序册、组织抽签、分发号码、计算成绩、提供名次名单及准备场地和所需器材等重要工作。

(三) 仲裁委员会

仲裁委员会是直属组委会的机构，主任由全国啦啦操委员会委派。仲裁委员会监督赛风、赛纪、赛场秩序和临场裁判员执法的公正性，与高级裁判组共同商榷、处理现场出现的问题，处理赛事纠纷、违纪违规行为等，仲裁委员会的裁决为最终裁决。仲裁委员会成员不参加与本人所在单位有牵连的问题的讨论与表决。

(四) 裁判委员会

裁判委员会由仲裁、裁判长和裁判员组成。

(五) 宣传部

主要负责比赛期间宣传、教育和报道工作。宣传部的主要任务是通过各种方式、方法，利用各种手段、媒界进行宣传和报道工作。录制比赛的视频资料，组织开展体育道德风尚奖的评选工作，做好赛后总结工作。

(六) 后勤保障部

后勤保障部的主要任务是加强财务管理，做好交通、食宿、医疗卫生和救护等方面工作。

（七）安全保卫部

安全保卫部主要负责实施竞赛活动的各项安全保卫工作，是比赛中不可缺少的机构。

（八）科研交流部

负责为科学研究采集数据和资料，促进啦啦操理论的发展，为啦啦操实践提供理论依据。

二、啦啦操竞赛组织机构的职责

啦啦操比赛作为单项运动竞赛，在实施过程中要尽量精简组织机构，减少人员和经费支出。因此，一个部门在一次赛事中要完成多项工作。下面介绍几个重要部门的工作职责。

（一）竞赛部

负责向上级部门提交竞赛申请并起草下发竞赛通知。

负责制订比赛的日程安排。

负责竞赛期间各种会议的安排和落实，负责联系、邀请相关部门及负责人。

负责竞赛开/闭幕式的策划、组织及实施工作。

负责徽章、赛旗、奖品、物品、各种证件的设计、制作、管理和发放。

（二）裁判委员会

组织制订和学习竞赛规程、评分标准及相关竞赛技术性文件。

负责整个比赛的裁判工作。

（三）宣传部

负责比赛期间宣传、教育和新闻媒体报道工作。

负责与赛事相关的宣传资料的编制、整理和印刷工作。

负责竞赛相关的讲话稿、主持词和报道文字材料的起草。

负责比赛开幕式上的运动员、裁判员誓词。

负责其他材料的起草、收集、整理工作。

（四）后勤保障部

负责所有参赛人员的接、送及食宿安排。

负责竞赛所用车辆的管理和调度。
负责参会人员的医疗卫生和救护工作。
根据赛事日程安排，负责各地参赛人员往返车票的预定工作。

三、啦啦操主体管理

啦啦操在我国是一项社会化程度较高的新型运动项目，啦啦操各项赛事随着项目的快速发展也日益增多。为了确保啦啦操的各项赛事能够在公开、公平、公正的原则下顺利开展，国家体育总局体操运动管理中心与全国啦啦操委员会共同建立了中国啦啦操裁判员、教练员技术等级管理体系。

(一) 啦啦操裁判员管理

为加强啦啦操裁判队伍的建设，提高我国啦啦操裁判员的专项业务水平，保证我国啦啦操竞赛公正有序地进行，依据国家体育总局《裁判员技术等级制度》及《体育竞赛裁判员管理办法（试行）》，结合我国啦啦操运动开展的特色，体操运动管理中心根据裁判员技术水平而授予相应等级称号，并制订啦啦操裁判员管理办法。

为保证啦啦操竞赛公平、公正、有序进行，规范啦啦操竞赛裁判员监督管理工作，根据《中华人民共和国体育法》、国家体育总局《体育竞赛裁判员管理办法》(2015 年第 21 号令)，结合啦啦操项目特点和发展实际，特制订本办法。

啦啦操裁判员技术等级称号从低到高依次为：三级裁判员、二级裁判员、一级裁判员、国家级裁判员、国际级裁判员。啦啦操裁判员技术等级称号按项目分为舞蹈啦啦操和技巧啦啦操。

啦啦操裁判员技术等级认证考核包括竞赛规则、裁判法、临场执裁考核和职业道德等内容。晋升啦啦操国际级裁判员需加试英语，作为资格认证的参考。

任职条件：

1. 三级裁判员

①热爱啦啦操运动，年满 18 周岁；
②具备啦啦操三级教练员资格；
③参加由省、市级啦啦操委员会组织的啦啦操裁判员培训班，考试成绩 60 分以上。

2. 二级裁判员

①啦啦操三级裁判员满一年；
②具备啦啦操二级教练员资格；

③参加由省、市级啦啦操委员会组织的啦啦操裁判员培训班，考试成绩 70 分以上；

④一个周期内，担任 2 次省、地市级啦啦操比赛的裁判员工作。

3. 一级裁判员

①啦啦操二级裁判员满一年；

②具备啦啦操一级教练员资格；

③参加全国啦啦操委员会组织的一级裁判员培训班，考试成绩 80 分以上；

④至少担任 2 次全国分站赛的裁判员工作。

4. 国家级裁判员

①任啦啦操一级裁判员满两年；

②具备啦啦操一级教练员资格；

③参加啦啦操国家级裁判员培训班，考试成绩 80 分以上；

④一个周期内，至少担任 4 次全国比赛（锦标赛、冠军赛、精英赛、大奖赛、总决赛或中国公开赛等）的裁判员工作。

5. 国际级裁判员

按 ICU 相关要求申报。

具有大体操类或相关体育运动项目裁判员等级，并参加相应级别的啦啦操裁判员培训班，学习考试合格且符合等级申报要求者，可以套改相应的啦啦操裁判员等级。

申报及审批程序：

符合晋升等级裁判员者，须填写《全国啦啦操裁判员等级申请表》，报全国啦啦操委员会审核，由国家体育总局体操运动管理中心审批。

经审核批准的裁判员，获得由国家体育总局体操运动管理中心统一颁发的资质证书。

裁判员注册管理：

啦啦操裁判员的注册有效期为四年，一个周期未参加裁判工作将降低一个裁判等级，连续两个周期未参加裁判工作将取消其裁判等级。

全国啦啦操委员会负责全国啦啦操裁判员的注册管理工作，成功注册者才具备担任新周期各级啦啦操比赛的执裁工作资格。

本办法自 2019 年 1 月 1 日起施行。

本办法由全国啦啦操委员会负责解释。

（二）啦啦操教练员管理

为了进一步加强与国际接轨，充分调动并发挥我国啦啦操教练员的积极性、创造性，提高啦啦操教练员技术能力、教学水平和综合素养，推动我国啦啦操运动的规范、科学、可持续性发展，特制定本管理办法。

啦啦操教练员等级称号由低到高依次为：三级教练员、二级教练员、一级教练员、高级教练员和国家级教练员。啦啦操教练员技术等级称号按项目分为舞蹈啦啦操和技巧啦啦操。

任职条件：

1. 三级教练员

①啦啦操爱好者，年满 18 周岁，从事啦啦操教学与训练工作；

②参加由省、市级啦啦操委员会组织的区县（及以上）啦啦操教练员培训且考试成绩合格。

2. 二级教练员

①任啦啦操三级教练员满一年；

②参加由省、市级啦啦操委员会组织的地市级（及以上）啦啦操教练员培训且考试成绩合格；

③一个周期内至少带队参加 1 次省级或 2 次地市级啦啦操比赛。

3. 一级教练员

①任啦啦操二级教练员满一年；

②参加省级（或全国）啦啦操委员会组织的一级啦啦操教练员培训且考试成绩合格；

③一个周期内，至少 2 次带队获得全国啦啦操联赛分站赛前三名；或 1 次带队获得总决赛、锦标赛、冠军赛、精英赛、大奖赛、中国公开赛前六名。

4. 高级教练员

①任啦啦操一级教练员满两年；

②参加由全国啦啦操委员会组织的啦啦操高级教练员培训班且考试成绩合格；

③一个周期内，至少 2 次带队获得全国啦啦操联赛总决赛、锦标赛、冠军赛、精英赛、大奖赛、中国公开赛前三名；或 1 次带队获得啦啦操洲际比赛赛前六名。

5. 国家级教练员

①任啦啦操高级教练员满两年；

②参加由全国啦啦操委员会组织的啦啦操国家级教练员培训班且考试成绩

合格；

③一个周期内，至少 2 次带队获得全国啦啦操联赛总决赛、锦标赛、冠军赛、精英赛、大奖赛、中国公开赛第一名或至少 4 次获得上述比赛前三名；并且至少 2 次带队获得啦啦操洲际比赛前三名或至少 1 次带队获得啦啦操世界锦标赛前六名。

申报及审批程序：

①符合晋升等级教练员须填写《全国啦啦操教练员等级申请表》，报全国啦啦操委员会审核，由国家体育总局体操运动管理中心审批。

②经审核批准的教练员，获得由国家体育总局体操运动管理中心统一颁发的资质证书。

教练员注册管理：

全国啦啦操委员会负责全国啦啦操教练员的注册管理工作，成功注册者才具备担任新周期各级啦啦操比赛的教练员工作资格。

本办法自 2019 年 1 月 1 日起施行。

本管理办法由全国啦啦操委员会负责解释。

第四节　啦啦操竞赛规则

一、啦啦操竞赛总则

（一）宗旨

为啦啦操竞赛提供客观、规范、公正和统一的竞赛规则；

为裁判员公正、准确地评分提供客观依据；

为参赛者提供赛前训练和比赛依据；

是开展啦啦操运动的规范性文件。

（二）竞赛场地与设备

啦啦操竞赛场地区域为 14 米×14 米的啦啦操专业地垫，后面有特定标志的背景板；

比赛有专业的放音设备，由大会统一播放音乐；

裁判席设在比赛场地的正前方。

（三）服饰要求

技巧啦啦操比赛时必须穿着软底运动鞋，不允许穿舞蹈鞋或体操鞋；

不允许佩戴任何种类的珠宝首饰品，所有饰物必须摘下，不允许绑贴于任何表面（医用身份标签、手环除外）；

舞蹈啦啦操比赛时必须穿鞋，允许穿舞蹈鞋；

允许首饰作为服装的部分；

所有比赛服应安全地覆盖身体各个部位，紧身裤内应穿适宜的三角裤、热裤，所有男性运动员的比赛服内须穿有紧身衣，可以是无袖的。

（四）道具使用

技巧啦啦操允许使用旗帜、横幅、标志牌、花球、麦克风作为道具。附有杆状或类似支撑装置的道具不得使用于托举和翻腾的连接动作中。所有道具必须以安全且不会造成伤害的方式传递。

舞蹈啦啦操中道具作为编排效果的一部分，但并非服装的附属物品。在爵士舞和街舞比赛中允许穿戴和手持物品/道具，花球组不允许使用道具。禁止使用放置于地面用于承重的道具，如椅子、凳子、长椅、梯子、箱子、阶梯等。

（五）口号要求

技巧啦啦操成套必须包括 30 秒口号部分，在实施口号时允许托举、金字塔、翻腾、篮抛难度的适当使用，可以使用道具配合啦啦操手位来展现自己队伍的名称、幸运色等标志性特色，与观众形成互动；

口号应该清晰明了，声音洪亮，为队伍加油呐喊，渲染赛场气氛；

只允许技巧大集体成套展示口号部分，其他项目不允许出现口号（特别说明：口号时间是独立的时间，不包含在成套展示 2 分 30 秒中）。

（六）竞赛组别

公开组：所有符合年龄要求的运动员都可以报名参加；

学校俱乐部组：只有在全国啦啦操委员会网站成功注册的学校星级俱乐部才有资格报名参赛，报名参加学校俱乐部组的运动员同时可以兼报公开组项目；

社会俱乐部组：只有在全国啦啦操委员会网站成功注册的社会星级俱乐部、培训考级中心（点）才有资格报名参赛，报名参加社会俱乐部组的运动员同时可以兼报公开组项目；

高水平及其他组：教育部颁布的高水平运动队招收的大学生运动员或其他 18~35 周岁的非学生运动员；

体育院校组：体育院校（系）体育表演、体育教育、社会体育、运动训练、民族传统体育专业等在校大学生；

普通院校组：普通院校非体育院系的在校大学生；
出场顺序：比赛出场顺序在赛前由组委会统一抽签确定。

二、啦啦操裁判组成

技巧啦啦操裁判组由 1 名裁判长、2 名副裁判长、10 名裁判员组成；
舞蹈啦啦操裁判组由 1 名裁判长、2 名副裁判长、9 名裁判员组成；
工作人员：记录员 1 名、检录长 1 名、检录员若干、宣告员 1 名、放音员 1 名；
可以根据比赛的规模层次适当增减人员。

第五节　啦啦操竞赛评分表

一、全国啦啦操比赛自选动作评分表

（一）技巧啦啦操评分表

1. 集体技巧啦啦操评分表

表 4–5–1　集体技巧啦啦操评分表

裁判员编号：	队伍名称：　　组别：	
口号	声音的大小、节奏及流畅性；带领观众的能力；正确使用标语牌、花球、喇叭和旗帜等道具；适当利用手位动作、托举和金字塔；完成度；鼓励使用母语	10
托举	技术的完成度、难度性（托举级别、底座数量、组数）；托举同步性、多样性和创意性	25
金字塔	技术的完成度、级别；金字塔造型的数量、底座数量、过渡性；金字塔的多样性和创新性	25
篮抛	技术的完成度、高度、同步性（如有多组）、难度性、多样性	15
翻腾	集体翻腾；技术技巧的完成度（含跳跃）；难度性；正确的技术；同步性	10
成套流畅性、过渡性	完成成套各部分的流畅性、节奏、一致性和过渡连接	5
总体印象、观众吸引力	整体展现；表现力；舞蹈；观众反应效果	10
总分：100		

注：零级和一级集体技巧啦啦操没有篮抛，成套流畅性、过渡性 15 分，总体印象、观众吸引力 15 分。

2. 小团体及混合双人配合技巧啦操评分表

表 4-5-2 小团体及混合双人配合技巧啦啦操评分表

裁判员编号： 队伍名称： 组别：		
托举和抛接		
技术完成	托举正确技术的完成情况，托举完成轻松流畅	30
难度性	成套全程技术技巧的难度性及完成度；托举前后的技术技巧、连贯的过渡动作、单臂托举、抛接托举等（基于不同级别的难度）	25
托举姿态和造型	托举不可晃动；手臂需伸直；尖子的柔韧性及姿态；底座与尖子身形保持在一条直线上；面部表情等	20
总体表现		
过渡动作	过渡的节奏、视觉效果和创新性；过渡动作与音乐的吻合性；过渡动作的难度性和技术技巧的持续性；过渡动作中减少停顿	15
表演	成套冲击力；成套与音乐的配合、托举与音效的吻合；托举的创新性和视觉效果；快节奏、面部表情、活力等	10
总分：100		

3. 技巧啦啦操减分表

表 4-5-3 技巧啦啦操减分表

裁判员编号： 队伍名称： 组别：		
违例、扣分	说明（如适用）	减分
超过时间限制	5 分/裁判	
技巧啦啦操口号时间不足 30 秒	5 分/裁判	
技巧啦啦操口号结束至动作开始间超过 20 秒	3 分/裁判	
服装、鞋、道具、装饰物等的脱、掉落	3 分/裁判	
套路中断 5 秒以上	5 分/裁判	
翻腾违例	5 分/裁判	
托举、金字塔、抛接违例	5 分/裁判	
难度、技巧、其他动作违例	5 分/裁判	
其他规则违例（出现违规广告标贴）	5 分/裁判	
总共减分： 最后减分：		

（二）舞蹈啦啦操评分表

1. 集体花球啦啦操评分表

表 4-5-4　集体花球啦啦操评分表

裁判员编号：	队伍名称：	组别：
技术完成		
风格完成	花球动作技术完成的质量，如定位、控制、准确性及力度	10
动作技术完成	动作的力度、强度、定位、控制、姿态及投入性	10
技术技巧动作完成	以正确的定位、身体姿态、控制、延展、平衡、力度及动作完成展现技术技巧动作的能力	10
团体完成		
动作与音乐的同步性	队员动作与音乐的同步性	10
动作一致性	队员动作整齐划一、清晰、干净且精准	10
空间性	在成套和过渡动作中，每个队员的定点及间距准确	10
编排		
音乐性	动作配合音乐的重拍、旋律、节奏、结构、歌词及风格等呈现出创新、独特且原创的效果	10
舞台效果、视觉	多变的队形和流畅的过渡动作；通过小组及双人配合、地板动作、托举、层次及对比动作等展现强烈的视觉效果	10
难度动作复杂性	动作的难度包括动作的节奏性、重心变化、方向变化、连接性及持续性、复杂性等；动作的难度以正确的技术完成为评判标准	10
总体效果		
互动性/感染力/观众号召力及适宜性	通过真挚的表现力和观众号召力，展现出成套活力充沛的能力；以年龄适宜的音乐、服饰及编排增强表演效果	10
总分：100		

2. 集体街舞啦啦操评分表

表 4-5-5　集体街舞啦啦操评分表

裁判员编号：	队伍名称：	组别：
技术完成		
风格完成	完成地道的街舞风格的质量和节奏感	10

续表

裁判员编号：	队伍名称：	组别：
技术完成		
动作技术完成	动作的力度、强度、定位、控制、姿态及投入性	10
技术技巧动作完成	以正确的定位、身体姿态、控制、延展、平衡、力度及动作完成展现技术技巧动作的能力	10
团体完成		
动作与音乐的同步性	队员动作与音乐的同步性	10
动作一致性	队员动作整齐划一、清晰、干净且精准	10
空间性	在成套和过渡动作中，每个队员的定点及间距准确	10
编排		
音乐性	动作配合音乐的重拍、旋律、节奏、结构、歌词及风格等呈现出创新、独特且原创的效果	10
舞台效果、视觉	多变的队形和流畅的过渡动作；通过小组及双人配合、地板动作、托举、层次及对比动作等展现强烈的视觉效果	10
难度动作复杂性	动作的难度包括动作的节奏性、重心变化、方向变化、连接性及持续性、复杂性等；动作的难度以正确的技术完成为评判标准	10
总体效果		
互动性/感染力/观众号召力及适宜性	通过真挚的表现力和观众号召力，展现出成套活力充沛的能力；以年龄适宜的音乐、服饰及编排增强表演效果	10
总分：100		

3. 集体爵士啦啦操评分表

表 4-5-6　集体爵士啦啦操评分表

裁判员编号：	队伍名称：	组别：
技术完成		
风格完成	动作的持续性；爵士的风格性、延展性及展现效果等的质量	10
动作技术完成	动作的力度、强度、定位、控制、姿态及投入性	10
技术技巧动作完成	以正确的定位、身体姿态、控制、延展、平衡、力度及动作完成展现技术技巧动作的能力	10
团体完成		
动作与音乐的同步性	队员动作与音乐的同步性	10

续表

裁判员编号：	队伍名称：	组别：
团体完成		
动作一致性	队员动作整齐划一、清晰、干净且精准	10
空间性	在成套和过渡动作中，每个队员的定点及间距准确	10
编排		
音乐性	动作配合音乐的重拍、旋律、节奏、结构、歌词及风格等呈现出创新、独特且原创的效果	10
舞台效果、视觉效果	多变的队形和流畅的过渡动作；通过小组及双人配合、地板动作、托举、层次及对比动作等展现强烈的视觉效果	10
难度动作复杂性	动作的难度包括动作的节奏性、重心变化、方向变化、连接性及持续性、复杂性等；动作的难度以正确的技术完成为评判标准	10
总体效果		
互动性/感染力/观众号召力及适宜性	通过真挚的表现力和观众号召力，展现出成套活力充沛的能力；以年龄适宜的音乐、服饰及编排增强表演效果	10
总分：100		

4. 集体高踢腿啦啦操评分表

表 4-5-7　集体高踢腿啦啦操评分表

裁判员编号：	队伍名称：	组别：
技术完成		
高踢腿技术完成	身体各部位正确的定位和层次，包括手臂、躯干、臀部、腿部、手脚等	10
控制/延展/力度	动作展现出的身体控制、延展、平衡、力度和风格	10
技术技巧动作完成	正确完成跳跃、转体、托举、双人配合等技术技巧动作的能力	10
团体完成		
动作与音乐的同步性	队员动作与音乐的同步性	10
动作一致性	队员动作整齐划一、清晰、干净且精准	10
空间性	在成套和过渡动作中，每个队员的定点及间距准确	10
编排		
音乐性	动作配合音乐的重拍、旋律、节奏、结构、歌词及风格等呈现出创新、独特且原创的效果	10
舞台展现、视觉效果	多变的队形和流畅的过渡动作；通过小组及双人配合、地板动作、托举、层次及对比动作等展现强烈的视觉效果	10

续表

裁判员编号： 队伍名称： 组别：		
编排		
难度动作复杂性	动作的难度包括动作的节奏性、重心变化、方向变化、连接性及持续性、复杂性等；动作的难度以正确的技术完成为评判标准	10
总体效果		
互动性/感染力/观众号召力及适宜性	通过真挚的表现力和观众号召力，展现出成套活力充沛的能力；以年龄适宜的音乐、服饰及编排增强表演效果	10
总分：100		

5. 双人舞蹈啦啦操评分表

表 4-5-8 双人舞蹈啦啦操评分表

裁判员编号： 队伍名称： 组别：		
技术完成		
对应风格的完成	花球：花球的技术完成；动作的控制、层次、定位、完成性、准确性及力度 街舞：完成地道的街舞风格的质量和节奏感 爵士：动作的持续性；爵士的风格性、延展性、质量和力度	10
各项目技术技巧动作的完成	踢腿、跳跃、转体、地板动作、定格、双人配合托举等	10
总体动作的完成	身体姿态、定位、平衡、控制、动作的完成、延展性及柔韧性	10
动作完成的质量	动作的力度、强度、姿态及投入性	10
编排		
动作难度复杂性	动作的难度包括动作的节奏性、重心变化、方向变化、连接性及持续性、复杂性等	10
技巧动作的难度性	技术技巧动作、双人配合动作、托举等的难度级别	10
音乐性	动作配合音乐的重拍、旋律、节奏、结构、歌词及风格等呈现出创新、独特且原创的效果	10
舞台展现	利用地面空间、过渡连接、双人配合、层次、对比动作等；通过双人互动流畅地展现成套	10
双人配合		
同步性	动作与音乐的同步性；队员间的动作的同步性及一致性	10
总体效果		
互动性/感染力/观众号召力及适宜性	通过真挚的表现力和观众号召力，展现出成套活力充沛的能力；以年龄适宜的音乐、服饰及编排增强表演效果	10
总分：100		

6. 舞蹈啦啦操减分表

表 4-5-9 舞蹈啦啦操减分表

裁判员编号： 队伍名称： 组别：		
违例、扣分	说明	减分
超出时间限制	5 分/裁判	
服装、鞋、道具、装饰物等的脱、掉落	3 分/裁判	
舞蹈托举违例	5 分/裁判	
翻腾违例	5 分/裁判	
难度、技巧、其他动作违例	5 分/裁判	
其他规则违例（出现违规广告标贴）	5 分/裁判	
总共减分： 最后减分：		

二、全国啦啦操比赛规定动作评分表

（一）技巧啦啦操评分表

集体技巧啦啦操规定动作评分表如表 4-5-10 所示。

表 4-5-10 技巧啦啦操规定动作评分表

裁判员编号： 队伍名称： 组别：		
口号	声音的大小、节奏及流畅性；带领观众的能力；正确使用标语牌、花球、喇叭和旗帜等道具；适当利用手位动作、托举和金字塔；完成度；鼓励使用母语	10
托举	在尊重规定动作原创性的前提下技术的完成度；托举的底座数量和组数；托举同步性	25
金字塔	在尊重规定动作原创性的前提下技术的完成度；金字塔造型的数量、底座数量、过渡性	25
篮抛	在尊重规定动作原创性的前提下的完成度、高度、同步性（如有多组）	15
翻腾	在尊重规定动作原创性的前提下的集体翻腾；技术技巧的完成度（含跳跃）；正确的技术；同步性	10
成套流畅性、过渡性	完成成套各部分的流畅性、节奏、一致性和过渡连接	5
总体印象、观众吸引力	整体展现；表现力；舞蹈（如有）；观众反应效果	10
总分：100		

(二) 舞蹈啦啦操评分表

1. 花球啦啦操规定动作评分表

表 4-5-11 花球啦啦操规定动作评分表

裁判员编号：	队伍名称：	组别：
技术完成		
风格完成	花球技术动作的控制、定位、完成性、准确性及力度	10
动作技术完成	动作的力度、强度、定位、控制、姿态及投入性	10
技术技巧动作完成	以正确的定位、身体姿态、控制、延展、平衡、力度及动作完成展现技术技巧动作的能力	10
团队完成		
动作与音乐的同步性	队员动作与音乐的同步性	10
动作一致性	队员动作整齐划一、清晰、干净且精准	10
空间性	在成套和过渡动作中，每个队员的定点及间距准确	10
编排		
音乐性	正确理解音乐的内涵，并运用正确的方式表现音乐性	10
舞台展现、视觉效果	多变的、流畅的队形	10
难度动作准确性	按成套出现的顺序以正确的技术完成规定技术技巧动作为评判标准	10
总体效果		
互动性/感染力/观众号召力及适宜性	通过真挚的表现力和观众号召力，展现出成套活力充沛的能力；以年龄适宜的音乐、服饰及编排增强表演效果	10
总分：100		

2. 街舞啦啦操规定动作评分表

表 4-5-12 街舞啦啦操规定动作评分表

裁判员编号：	队伍名称：	组别：
技术完成		
风格完成	街舞风格的准确性、动作完成质量和节奏感	10
动作技术完成	动作的力度、强度、定位、控制、姿态及投入性	10

续表

裁判员编号：	队伍名称：	组别：
技术完成		
技术技巧动作完成	以正确的定位、身体姿态、控制、延展、平衡、力度及动作完成展现技术技巧动作的能力	10
团队完成		
动作与音乐的同步性	队员动作与音乐的同步性	10
动作一致性	队员动作整齐划一、清晰、干净且精准	10
空间性	在成套和过渡动作中，每个队员的定点及间距准确	10
编排		
音乐性	正确理解音乐的内涵，并运用正确的方式表现音乐性	10
舞台展现、视觉效果	多变的、流畅的队形	10
难度动作准确性	按成套出现的顺序以正确的技术完成规定技术技巧动作为评判标准	10
总体效果		
互动性/感染力/观众号召力及适宜性	通过真挚的表现力和观众号召力，展现出成套活力充沛的能力；以年龄适宜的音乐、服饰及编排增强表演效果	10
总分：100		

3. 爵士啦啦操规定动作评分表

表 4-5-13　爵士啦啦操规定动作评分表

裁判员编号：	队伍名称：	组别：
技术完成		
风格完成	爵士的风格性、延展性、质量以及动作的持续性	10
动作技术完成	动作的力度、强度、定位、控制、姿态及投入性	10
技术技巧动作完成	以正确的定位、身体姿态、控制、延展、平衡、力度及动作完成展现技术技巧动作的能力	10
团队完成		
动作与音乐的同步性	队员动作与音乐的同步性	10
动作一致性	队员动作整齐划一、清晰、干净且精准	10
空间性	在成套和过渡动作中，每个队员的定点及间距准确	10

续表

编排		
音乐性	正确理解音乐的内涵，并运用正确的方式表现音乐性	10
舞台展现、视觉效果	多变的、流畅的队形	10
难度动作准确性	按成套出现的顺序以正确的技术完成规定技术技巧动作为评判标准	10
总体效果		
互动性/感染力/观众号召力及适宜性	通过真挚的表现力和观众号召力，展现出成套活力充沛的能力；以年龄适宜的音乐、服饰及编排增强表演效果	10
总分：100		

(三) 全国啦啦操比赛规定动作减分表

表 4-5-14　全国啦啦操比赛规定动作减分表

裁判员编号：　队伍名称：　组别：		
违例、扣分	说明	减分
人数不足或超出	5 分/人/裁判	
技巧啦啦操口号时间不足 30 秒	5 分/裁判	
技巧啦啦操口号结束至动作开始间超过 20 秒	3 分/裁判	
服装、鞋、道具、装饰物等的脱、掉落	3 分/裁判	
套路中断 5 秒以上	5 分/裁判	
更改规定套路操化、舞蹈动作以及动作顺序等	5 分/裁判	
降低或超越难度、技巧动作或其他动作等级	5 分/裁判	
难度、技巧、其他动作违例	5 分/裁判	
其他规则违例（出现违规广告标贴）	5 分/裁判	
总共减分： 最后减分：		

三、全国啦啦操比赛示范套路

（一）全国啦啦操比赛示范套路评分表

表 4-5-15　全国啦啦操比赛示范套路评分表

裁判员编号：　　队伍名称：　　组别：		
技术完成		
风格完成	花球：动作的控制、定位、完成性、准确性及力度 街舞：街舞风格的准确性、动作完成质量和节奏感 爵士：爵士的风格性、延展性、质量和力度以及动作的持续性（仅限校园示范套路大学组）	20
动作技术完成	动作的力度、强度、定位、控制、姿态及投入性	10
团体完成		
动作与音乐的同步性	队员动作与音乐的同步性	10
动作的统一	队员动作整齐划一、清晰、干净且精准	10
空间性	在成套和过渡动作中，每个队员的定点及间距准确	10
编排		
音乐性	正确理解音乐的内涵，并运用正确的方式表现音乐性	10
舞台展现、视觉效果	多变的、流畅的队形。	10
动作准确性	按成套出现的顺序以正确的技术完成动作为评判标准	10
总体效果		
互动性/感染力/观众号召力及适宜性	通过真挚的表现力和观众号召力，展现出成套活力充沛的能力；以年龄适宜的音乐、服饰及编排增强表演效果	10
总分：100		

（二）全国啦啦操比赛示范套路减分表

表 4-5-16　全国啦啦操比赛示范套路减分表

裁判员编号：　　队伍名称：　　组别：		
违例、扣分	说明	减分
人数不足或超出	5 分/人/裁判	

续表

裁判员编号：	队伍名称：	组别：
违例、扣分	说明	减分
更改成套内容（仅限规定）	5 分/裁判	
服装、鞋、道具、装饰物等的脱、掉落	3 分/裁判	
套路中断 5~10 秒	3 分/裁判	
套路中断 10 秒以上	5 分/裁判	
增加技术技巧动作	5 分/裁判	
托举动作违例	5 分/裁判	
其他规则违例	5 分/裁判	
出现违规广告标贴	5 分/裁判	
总共减分： 最后减分：		

四、全国啦啦操比赛自由舞蹈啦啦操

(一) 全国啦啦操比赛自由舞蹈啦啦操评分表

表 4-5-17 全国啦啦操比赛自由舞蹈啦啦操评分表

裁判员编号：	队伍名称：	组别：
技术执行		
总体风格的执行	运用正确的技术展现符合所展示的舞蹈套路风格	10
动作技术的执行	手位动作步伐清晰，移动迅速，精准、有力	20
团体完成能力		
动作与音乐的同步性	伴随音乐下，动作整齐划一	10
动作的统一	每个人的动作需相同、清晰、干净和精准	10
空间的一致性	在成套和过渡动作中，人与人之间保持相等/正确的距离	10
编排		
音乐性、创造性、原创性	音乐的使用，成套的风格、创新性和动作原创性	10
舞台效果、视觉效果	舞蹈与啦啦操完美的融合，道具的使用和动作的多样性，视觉冲击力，层次等	10

续表

裁判员编号： 队伍名称： 组别：		
编排		
队形的变换	队形清晰，变换流畅、自然，具有多样性	10
总体评价		
交流/公众形象/观众号召力	通过表演能力和观众吸引能力展现动态表演的能力。以合适的音乐、服装及编舞提升表演效果	10
总分：100		

(二) 全国啦啦操比赛自由舞蹈啦啦操减分表

表 4-5-18 全国啦啦操比赛自由舞蹈啦啦操减分表

裁判员编号： 队伍名称： 组别：		
违例、扣分	说明	减分
人数不足或超出	5 分/人/裁判	
超出或不足时间限制	5 分/裁判	
服装、鞋、道具、装饰物等的脱落、掉落	3 分/裁判	
套路中断 5~10 秒	3 分/裁判	
套路中断 10 秒以上	5 分/裁判	
出现违例动作内容	5 分/裁判	
出现道具违例	5 分/裁判	
出现违规广告标贴	5 分/裁判	
总共减分： 最后减分：		

【作业题】

1. 啦啦操竞赛的内容包括什么？
2. 啦啦操竞赛组织机构下设哪些部门？
3. 技巧啦啦操评分表中包含哪几类评分指标？
4. 技巧啦啦操评分表中对于托举动作的评判要求是什么？
5. 技巧啦啦操评分表中从哪些方面评判翻腾动作的完成情况？

6. 舞蹈啦啦操评分表中包含哪几类评分指标？

7. 舞蹈啦啦操评分表中对于动作技术的评判分为哪些方面？具体要求是什么？

8. 舞蹈啦啦操评分过程中从哪些方面评判团体协作能力？

第五章
CHAPTER 05

啦啦操教学

【学习目标】

1. 了解啦啦操教学的目标与教学原则，梳理啦啦操教学的框架。
2. 熟悉啦啦操教学的特点、方法与手段，为实践教学提供科学依据。
3. 掌握啦啦操教学的组织与实施，理论知识与实践教学紧密结合。

【章前导言】

在啦啦操教学中，完成啦啦操的教学任务所采取的教学途径和手段，教学原则、方法的选择和运用是否正确，直接影响课程目标的实现和教学任务的完成质量；教师应充分考虑到学生的身体能力及学习水平，合理选择教学内容，由浅入深，循序渐进；教师在教学课中应合理安排各教材的学习及练习时间，控制好运动负荷；教师在教学中应时刻强调团队意识，培养团队合作能力，充分利用游戏、竞赛等模式加强团队文化建设；强化队长作用，增强其调动组织能力。

第一节　啦啦操教学的目标

教学目标是指体育教学结束时所要达到的结果，或教学活动预期达到的结果，它表现为对学生学习成果及终结行为的具体描述。教学目标是制定教学内容的核心，合理的教学目标有助于选择更切合实际的教学内容，更有利于完成教学任务。啦啦操教学向多功能、多种任务的方向发展，是健康教育课程目标的具体体现，因而啦啦操教学目标可以集中归纳为以下四点。

第一，培养学生具有优良的道德品质、顽强的毅力、正确的团队协作意识，树立良好的体育风尚，实现通过啦啦操运动培养“品德好”运动员的目标。

第二，提高学生的身体机能水平，增强体质，强健体魄，改善体形体态，修炼气质，陶冶情操，促进身心全面发展，实现通过啦啦操运动培养“气质好”

运动员的目标。

第三，通过啦啦操的学习，培养学生自主学习的能力和良好的学习习惯，并且在任何学习中都能发挥主观能动性，实现通过啦啦操运动培养“学习好”运动员的目标。

第四，使学生掌握啦啦操专业技术、技能和基本理论知识，掌握自主进行啦啦操锻炼和编排的方法，实现通过啦啦操运动培养“技术好”运动员的目标。

第二节 啦啦操教学的原则

一、一般性原则

1. 教师主导作用与学生主体作用相结合原则

教学方案的实施是教学过程的中心环节。实施教学方案成功与否，最重要的是发挥教师的主导作用和学生的自觉积极性，其实质在于发挥“教师教”与“学生学”两方面的作用，它的发挥既是独立的，又是相互依存、相互促进和相互影响的。

教师的主导作用是根据教育方针、学生特点及组织教学过程的具体条件，充分发挥教师本人的积极性、创造性和业务能力，采用科学的教学方法，引导学生探索问题、发现问题、解决问题，使学生尽快地掌握所学的知识和技能。教师的主导作用不仅表现在对教学方案的执行上，而且表现在教学过程的调节和控制上。学生自觉积极性的高低很大程度上取决于教师的引导、传授、调节和控制。

学生的自觉积极性是指学生在教师的启发教育下，明确学习目的，提高学习兴趣，在学习过程中主动发现问题，积极思考，总结规律，努力完成教学任务等。

在啦啦操教学实施过程中，教师要有高度的责任感和事业心；要有饱满的精神风貌、合体的运动服装、准确而富有激情的动作示范、简练生动的动作讲解；要创设丰富的教学环境，充分激发学生的学习动机，培养学生的学习兴趣。师生要互教互学，教师发挥主导作用，同时给学生充分的发展机会，成为学习的主人，最终使教学过程成为一种师生互动、教学相长的学习和创造过程。

2. 因材施教原则

当前，我国体育课的基本组织形式仍是以教学班为主。一个教学班通常几十个人，学生之间的个体差异很大。根据学生的个体差异进行有针对性的教学，才能满足大多数学生的求知欲和啦啦操的教学要求。

在啦啦操的教学实施过程中，要使教学内容符合大多数学生的实际水平，对条件好、能力强、运动水平高的学生，应增加教学内容或者提高动作的难度及要求，对基础差的学生则应该加强个别指导，促使他们改善不足，努力完成学习任务，针对学生能力、喜好、男女生比例适当安排舞蹈啦啦操及技巧啦啦操的教学内容。此外，还要重视课程的组织形式，合理地分组教学，提高学习效率。

3. 循序渐进原则

啦啦操教学要遵循从简到繁、从易到难、从单个动作到成套动作的循序渐进原则，应从基本姿态、基本功抓起。正确优美的身体姿态是表现啦啦操项目特点的关键。基本功的练习应包括柔韧、力量和对肌肉的控制等。

在啦啦操教学中，可先向学生传授单个动作，反复进行练习，使学生熟练掌握后再传授新的单个动作。然后把两个动作形成小的组合进行练习，并在此基础上继续学习新的动作。另外，所选择的组合动作应符合教学任务及学生的实际水平，只有这样练习，才可以使学生积少成多，逐步熟练掌握成套动作。

循序渐进原则还体现在一个单个动作的教学上，如在舞蹈动作教学中，可先教下肢动作然后教上肢手位动作，最后将上、下肢动作配合起来，待一个动作完整掌握后，再提出完成动作的要求，包括完成整个动作时的身体控制、手臂发力及面部的艺术表现力。在技巧托举教学中要先教保护方法，然后按照底座、后点、尖子的顺序依次教授动作。

4. 直观性原则

直观性原则是指利用学生的多种感官和已有的经验，通过各种形式的感知，使学生获得生动的表象。直观性原则在啦啦操教学中的应用，主要体现在动作示范法和言语指导上。示范法是学生通过观察教师的动作进行模仿学习，是直观教学的直接体现。言语指导作为一种具有多面性的条件刺激，具有直接感知性和现实抽象性，能有效地使概念性的技能方式与实际运动动作产生紧密联系，同时又是运动动作与运动概念相结合的媒介。

二、专门性原则

1. 安全性原则

第一，要求运动员之间要有高度的责任感和团队协作能力。啦啦操是团队项目，最大的特点就是“团队”，所有人都会为了共同目标竭尽全力，每个人都在为共同的荣誉而战。在一次又一次的训练和比赛中，队友间培养了默契，建立起信任和依赖，面对新的困难会互相鼓舞着迎难而上，并肩作战。这种团队的协作，在技巧啦啦操中表现得尤为突出，每一个托举、金字塔或者抛接动作都极其考验团队间的默契配合和团队间的信任程度，尖子队员保证身体控制万无一失，底座及保护人员力求给尖子队员最充足的动力和最安全的保护。他们之间相互信赖，这种高度责任感和完美的团队协作，使得啦啦操魅力大增。

第二，教学活动中，要充分考虑教学的场所、器械，以及学习内容、方法、手段的安全因素，防止伤害事故的发生。啦啦操属于体育运动项目，存在一定的危险系数，因此上课前要仔细检查啦啦操教学所需的器械、教学所使用的场地，避免出现不安全的现象。要根据学生情况合理选择教学内容，避免难度过大。教学方法和手段的选择也要符合教学内容、学生特点、运动科学规律，不可随意更改原定内容。在啦啦操课程的教学与训练时，必须要有专业的教师或者教练员在场。

第三，对于啦啦操所授内容，教师要有充分的安全预案来应对出现的突发性状况。教师要提前向学生讲授安全措施方面的知识，确保每个学生要有主观安全意识。教师需掌握运动损伤的预防与急救方法。对于危险系数较高的难度和配合动作，教师要从理论上知悉动作原理、可能出现的损伤及急救方法，并且要在实践中熟练操作，掌握急救方法。

2. 全面性原则

第一，身体素质的全面性。啦啦操的动作特征对运动员的灵敏性要求极高，运动员身体协调性、柔韧性、速度与力量素质缺一不可。要完成高强度的成套动作还需具备极佳的耐力水平。因此，优秀的啦啦操运动员应具备全面的身体素质。

第二，舞蹈风格的全面性。啦啦操分为舞蹈啦啦操和技巧啦啦操，舞蹈啦啦操又分为爵士啦啦操、街舞啦啦操、花球啦啦操。每种风格都各具特色。花球的快、准、狠、稳，爵士的柔美和延伸，街舞的爆发和律动，要求啦啦操运动员要掌握多种舞蹈风格。

第三，技术动作的全面性。舞蹈啦啦操的技术动作包括各种风格舞蹈的基本功、较高难度的技巧动作（如跳跃、转体、翻腾、平衡与柔韧等），技巧啦啦操中又包括各种超高难度配合技巧（如金字塔、抛接、翻腾等），这就要求运动员具备较高水平的技术技巧，不仅要基本功扎实，还要全面。

3. 艺术性原则

啦啦操通过丰富的多维空间运动层面、优美的运动姿态、和谐的运动节奏、团队的通力合作等，展示速度、激情、惊险的运动之美。教学中，应讲究动作的姿态美、协调美、节奏美、合作美及音乐与动作融合之美。因此，要求教师在传授技术的同时，应辅以其他艺术形式的教法，使学生在形体练习、舞蹈练习、音乐修养的培养中，体验运动美、形体美、气质美。同时还要注重音乐的选择与整体服装的搭配及道具的使用，使啦啦操能更好地呈现出美的画面，全方位体现啦啦操的艺术性。

4. 教育性原则

在啦啦操教学中，教师通过多样的教学手段，使学生不仅可以获得知识、培养良好品德、提高身体运动能力和审美能力，还可以在实践中学习合作，为促进学生身心全面发展起到重要的作用。

第三节 啦啦操教学的特点

一、技巧啦啦操教学的特点

1. 注重安全教学

在啦啦操教学中，广泛运用保护与帮助。保护与帮助是使学生正确理解和迅速掌握动作的重要手段，也是提高教学质量和防止运动损伤的积极措施。技巧啦啦操的难度动作有不同类型与不同形式，要求人的身体处于复杂的运动状态，并且很多动作需要团队合作完成，教学中可能出现跌下、摔倒和脱手现象。因此，在学生做动作过程中或者发生危险时应及时给予保护与帮助，避免出现伤害事故。实际教学中，首先要求学生尽快建立保护帮助意识，这样有助于消除学生精神上的紧张情绪；其次，教师在教学中应有目的、有计划地培养学生掌握保护帮助的技能，让学生尽快建立动作概念；最后，在保护帮助过程中注意培养学生相互关心、相互爱护的团队精神。

2. 注重规范教学

技巧啦啦操的难度动作具有特殊性、危险性、规范性和艺术性。它以质量为前提，讲求稳定、优美、幅度。所以，无论是简单动作，还是惊险复杂的翻腾动作，都有严格的规定。这些动作不宜个人训练，需要在教师指导下学习。教学的规范依据安全有效的原则，是避免出现安全问题的有效手段，是技巧啦啦操教学系统理论的核心组成。规范性包含教学的规范组织和规范流程，在组织方法、教学步骤、保护帮助等各个环节形成操作的规范化。

3. 注重分组教学

技巧啦啦操组成人员分为尖子、底座、保护三种角色，为保证教学顺利、安全进行，需要进行分组教学。首先，教师在教学时需要考虑到学生相应的技术水平和自己的身体条件，选择合适的角色。其次，针对不同角色进行分类教学，上层队员的动作要求做到力度、进度、平衡度的统一及上法下法的身体控制；底座队员要求发力正确、身体稳固，对于表现和突出上层队员的技术动作起到积极配合和烘托的作用，因此底座队员须重视巩固手形、加强身体各环节的力量训练；保护队员的技术有双重的要求，他们不仅仅是支撑者，还是上层队员的保护者。

4. 注重配合教学

由于技巧啦啦操很多动作都是依靠保护人员、底座和尖子在一个节奏下合力完成的，因此各组在进行动作练习时，必须进行节奏的配合练习，由一个人来统一节奏，在教学中强调队员要同心、同力，按照统一要求执行。在练习过程中，除了节奏教学，还有更多的教学手段可以利用，但最终的动作完成还需要参与队员共同协作完成。

二、舞蹈啦啦操教学的特点

1. 注重多元技术风格教学

舞蹈啦啦操包含花球啦啦操、爵士啦啦操、街舞啦啦操，每种类型都具有独特的舞蹈动作风格。花球啦啦操技术动作教学中，要求学生手臂动作清晰，移动迅速、有力、精准；强调身体的控制、延伸、平衡。另外，需进行多种风格舞蹈的练习，把握不同风格舞蹈的动作特点。技术技巧动作教学中需进行跳跃、旋转、托举等配合的学习与练习。爵士啦啦操技术动作教学中，着重强调身体的控制、延伸与力度，其他教学特点与花球啦啦操相似。街舞啦啦操教学中，要求动作的力度及手臂、躯干、臀部、手、脚的正确定位，在街舞风格练习中强调控制，技术技巧动作教学中需进行地面动作、配合、托举、技巧、跳跃等练习。

2. 注重团体协作能力教学

舞蹈啦啦操教学中，对团队协作能力的训练是重中之重，其表现为三个一致性：动作与音乐的一致性、动作的一致性、空间的一致性。在一致性教学中，教师需要强调学生动作与音乐的同步；需要强调每个人的动作都要相同、清晰、干净和精准；在成套动作练习中，需要着重练习人与人之间距离的一致性。

3. 注重编排能力教学

舞蹈啦啦操是极具创造力和观赏性的运动项目，因此，教师在教学中锻炼学生的编排能力也是对学生创造力及审美能力的培养。动作编排强调舞台呈现与视觉效果，强调音乐的创造性与原创性，强调动作难度的创编。在教学中，教师鼓励学生根据不同的音乐风格编排相符合的动作，指导学生在成套动作中进行有视觉冲击的队形及层次的编排，启发学生发挥道具的特点进行有新意的编排。另外，教师需根据学生的能力，进行难度动作的训练，在训练中加入动作难度的变化、运动负荷的变化及节奏难度的变化。

第四节　啦啦操教学的内容

啦啦操课主要针对的群体为学生，在课程内容安排方面：首先，要增加更多、更为多样性的团队文化建设的内容，提高学生的集体协作能力及团队荣誉感；其次，丰富舞蹈元素，增加动作复杂性与不对称性，增加跳跃、旋转、地面等动作，以此来提高学生的舞蹈感觉及协调性灵敏性；最后，适当提高难度动作级别，增加练习次数。

啦啦操课对教师的个人能力有较高要求，教师应充分做好备课工作，合理分配好一堂课上各教材的学习和练习时间。学生没有基础或能力一般则应调整教学内容，进行基础课的教学，不可将教学内容安排得过难，如果超出学生的能力，则会影响教学进度，使学生丧失学习兴趣，又容易使学生受伤，对教师的教学工作带来不利影响。教师要根据实际情况进行教学内容的选择和调整：如果学生接受能力一般，则延长教学时间，或降低难度，增加基础性练习后再逐步提高；如果学校教学学时较少则精简教学内容，突出一至两项教学内容；如果学校安排啦啦操专项课，学时较长则考虑多增加基础性练习，延长练习时间，给学生更多的创编及表演展示的空间。

依据内容与形式的不同，啦啦操教学课分为理论课和技术课两种。

一、理论课

人对任何事物的认识都是经历理性与感性的认识，即理论与实践的认识，因此通过理论与实践的结合能使学生全面而系统地掌握啦啦操。理论课教学内容主要包括啦啦操概述、啦啦操基本术语、啦啦操运动安全准则、啦啦操音乐的选择与应用、啦啦操口号的学习与运用、啦啦操视频鉴赏。

啦啦操是一个集高度的艺术性、表演性于一体的体育项目，在进行理论课教学时若图文并茂，将会给学生更直观的感受，加深其对项目的理解。教师教学时应注意精简讲解语言，点到为止，否则会减少学生学习兴趣。在安全知识的讲授过程中要理论结合实践，加深学习印象。

二、技术课

1. 啦啦操课堂常规

啦啦操课堂需体现特有的组织形式，包含上课仪式与下课仪式，并突出教学环节开始的组织形式。例如，当教师喊出口令“Ready!”，所有学生应马上保持某种一致的姿态，并集体喊出口号“Go!”。

2. 啦啦操团队建设

团队建设是啦啦操教学必不可少的内容之一。在啦啦操教学的某个阶段及课堂中某个固定的时间，应利用有意义的集体活动或游戏等团队建设方法加强学生之间的交流。教师应根据学生的年龄、身心发育特点、理解与认知能力，以及学习的阶段与层次来设计团队建设的内容。

3. 啦啦操技术内容（动作技术、难度技术、动作组合、专项素质）

表 5-4-1　舞蹈啦啦操教学内容

等级	动作技术	难度技术	动作组合	专项素质
初级	基本手位 基本步法	参照七彩星级“红、橙、黄”星级难度技术内容	基本手位组合 基本步法组合 套路参照国家体育总局监制的《校园啦啦操示范套路》的难易程度	参照七彩星级“红、橙、黄”星级素质与力量练习内容
中级	基本手位+方向与节奏变化 基本步法+方向与节奏变化	参照七彩星级“绿、青”星级难度技术内容	手位组合与步法组合 套路参照国家体育总局监制的《啦啦操规定套路》的难易程度	参照七彩星级“绿、青”星级素质与力量练习内容
高级	手位与步法的创编	参照七彩星级“蓝、紫”星级难度技术内容	手位组合与步法组合 套路参照啦啦操竞赛规则对自选动作的要求创编	参照七彩星级“蓝、紫”星级素质与力量练习内容

表 5-4-2　技巧啦啦操教学内容

等级	动作、难度技术	专项素质
初级	国家体育总局监制的《啦啦操技巧规定套路》0~1 级	详见本教材第六章
中级	国家体育总局监制的《啦啦操技巧规定套路》2~3 级	
高级	国家体育总局监制的《啦啦操技巧规定套路》4 级	

第五节　啦啦操教学的方法

教学方法包括啦啦操教师的教法与学生的学法两个层面，本书的啦啦操教学方法指的是教师的教法。啦啦操教学方法是指在啦啦操教学过程中，根据啦啦操的教学目的、内容、任务所采用的方法和手段。这正是啦啦操教师把自己所掌握的基础理论知识和技术、技能、组织方法在实际教学中应用的具体表现。

随着教学改革的不断深入，以及教学实践和教学思想的不断发展，当代教育将更加注重学生智力、能力、创造力等方面的培养及发展，启发式教学成了现代教学法的重要特点之一，故在啦啦操教学中运用各种教法时，亦要遵循并贯彻启发式教学要求，例如，教师在教授基本动作后要充分培养和提高学生的创编能力，给学生空间，以小组的形式进行队形、操化动作、难度动作、对比动作等方面的编排，教师可以给予适当的提示和改善意见。

此外，在啦啦操教学中，如果仅仅采用某一种教学方法，很难让学生有完整、清晰的概念，无法快速正确地掌握动作技术。所以教师应把各种教学方法高度优化地结合起来，根据具体的教学任务确定以哪种教学方法为主，有机地结合其他方法，才能使啦啦操教学达到事半功倍的效果。

一、直观教学法

1. 言语直观法

言语直观是在形象化的语言作用下，通过学生对语言的物质形式（语音、字形）的感知及对语义的理解而进行的一种直观教学形式。言语直观的优点是不受时间、地点和设备条件的限制，可以广泛使用。同时也能运用语调和生动形象的事例去激发学生的感情，唤起学生的想象。在啦啦操教学中，可以通过言语直观来让学生快速建立对学习内容的整体认知，快速抓住重难点。

2. 动作直观法

动作直观法主要通过观看完整动作示范或视频录像来提高直观效果，扩大直观范围。动作直观法是啦啦操现代化教学的重要手段。动作直观法呈现的效果更加鲜明、完整，可以将啦啦操学习的效果目标直观地呈现在学生面前，让学生初步体验动作的难易程度，引发学生学习的兴趣。

3. 运用直观教学法时的要求

运用言语直观法时要注意用语准确，有针对性，要能突出重、难点，对学生有引导作用。

动作直观法可以采用教师直接示范的方式来呈现完整的动作，教师示范动作要求标准。必要时可借助视频录像等进行直观教学，所选取的视频录像要有代表性，要能对学生起到引导的作用，可以是全国统一发行的教学视频，也可以是大型比赛中优秀队伍的录像，根据教学需要灵活选取。

二、讲解与示范法

1. 讲解法

讲解是啦啦操教学中运用语言法的一种最主要、最普遍的形式。主要指教师向学生说明所学技术动作的名称、要领、教法、要求及指导学生学习和训练，揭示完成动作的关键、原理及发力特点。在讲解啦啦操动作技术要领时，主要应讲清楚动作的方向、路线、发力部位、发力方法、发力特点、身体姿态和速度、节奏的变化等。

2. 示范法

示范是教师以自身完成的动作，作为啦啦操教学的动作范例，用以指导学生进行学习训练的方法，是最生动、最逼真的直观教学方法，可以使学生建立正确的动作表象和概念。好的示范能引起学生学习动作的欲望，激发学生的学习热情，提高学生的练习积极性。

3. 运用讲解与示范法时的要求

用术语进行讲解，讲解要正确，语言要精练，表达要生动形象，做到举一反三，并富有趣味性。

示范动作要优美、准确、符合项目的发力特点，使学生建立正确的动作概念。

示范面的转换要根据动作结构而定，适当选择镜面、背面和侧面示范。

讲解和示范有机结合，正确的示范是作用于视觉器官的直观方式，易于收到感知动作形象的效果；生动形象的讲解则是通过语言作用于听觉器官的直观方式，可准确揭示动作技术的内在联系。如果能把动作示范、讲解和启发学生的积极思维结合起来，即把学生的看、听、想结合起来，可以收到更好的教学效果。在啦啦操教学中一般采用先进行完整示范然后进行整体动作讲解，再进行分解动作示范及相应的讲解的方法，但根据实际情况，在运用时也有所不同。

总之，讲解与示范是啦啦操教学方法中普遍采用的最有效的教学方法，正确动感的动作示范，可以激发学生的练习兴趣，引导学生自觉积极地进行模仿练习，讲解则可以配合示范加强动作概念的建立。

三、完整与分解法

1. 完整法

完整法是指把啦啦操一套动作或者一个连贯的难度动作完整地进行教学和练习的方法。完整法在教学初期，起到给学生建立完整的动作概念的作用。在教学后期的练习阶段，起到强化学生动作质量、提高成套连贯性及熟练度的作用。

2. 分解法

分解法就是将一个较复杂或复合动作分为几个部分，进行教学和练习，最后完整掌握动作的方法。例如，先示范讲解下肢动作，然后再示范上肢动作，最后再进行组合练习，其目的是使学生更清楚地了解动作、掌握动作。

3. 运用完整与分解法时的要求

采用完整法时应突出教学重点，简化动作的某些要求，还可以选用辅助练习或诱导性练习作为过渡。

运用分解法时，应采用背面示范，并将示范速度放慢。在分解动作时，可先示范下肢动作，待下肢动作掌握后，再示范上肢动作，最后配合手进行练习。

分解法应与完整法结合运用。分解法的主要作用在于减少学生学习中的困难，最终达到完整掌握动作的目的。分解动作练习一段时间后，根据学生掌握情况可以将其他段落或部分连接练习，最后再进行完整练习。在采用完整法时，也可对动作的某几个八拍或重点、难点部分进行分解练习。

四、情绪调动法

在啦啦操教学中，可在教学生学习新动作之前，采用直观的教学方法激发学生学习新动作的欲望，情绪调动法就是其中一种有效的方法。

1. 音乐情绪调动法

在教学生学习新动作之前，教师可先放一段优美动听、节奏明快的乐曲，让学生感受音乐的风格和节奏，从而起到激发学生学习热情的作用。

2. 动作情绪调动法

好的课堂氛围与学生良好的情绪状态直接影响学生学习的效果。教师通过鼓励性语言与手势、击掌等方式调动学生情绪，在激发学生学习热情的同时建立学生的自信心。

五、提示教学法

1. 口令提示法

在啦啦操教学中，恰当地运用提示口令来指挥和强化练习，将有助于学生正确掌握动作、节奏及身体控制等。

在教学过程中采用的节奏提示口令有很多，例如，跟随音乐节奏给出的倒数口令“4-3-2-1”；在托举及抛接练习中采用的预备口令“ready-one-two-down-up”。

在教学过程中为了加强学生学习效果、活跃课堂气氛所加入的调动性、指示性的提示口令也有很多，例如，“加油”“手臂收紧”“用力”等。

2. 手势提示法

手势是身体语言的一种，手势提示法是在啦啦操教学课中，教师运用各种手势指导学生完成练习的方法。其特点是直观、简明。手势提示方法大多运用在啦啦操的学习及复习阶段，通过手势引导，提示学生动作的方向、方位、顺序等，提高教学效率。另外，教师可针对啦啦操的基本动作创编出自己的提示性手势，在教学过程中来替代语言提示，既可保证教学的高效性，又可以集中学生注意力，提高其学习兴趣。

3. 运用提示教学法时的要求

提示口令要有号召性和鼓动性，声音洪亮，言简意赅。

手势要准确、果断、适时、一目了然，运用手势的时间点非常关键，提示性口令和手势可以相互结合，但都应在上个动作没结束前就将下一个动作的方向、要点提示出来，这样能够使学生很快想起下一段动作。例如，教师跟随音乐倒数“4-3-右边-开始”，手势在节奏为 2 的时候同时给出“K 手位”。

六、音乐伴奏法

1. 音乐伴奏法

在啦啦操的教学中不可缺少的就是音乐的伴奏，恰当地运用音乐伴奏，可以明显提高教学效果，有助于提高动作的节奏感和韵律感，同时激发学生的求知欲望和训练激情。学生在这种环境中学练不易疲劳，又乐于接受新的知识技能，有助于教学质量的提高。

在啦啦操教学和练习中可以充分利用音乐节奏的变化来强化学生的记忆和动作的连贯性。在学习初期，可以让学生跟随音乐做 4 拍一动或 2 拍一动的练习，当熟练掌握后再加快速度，按照 1 拍一动的速度跟随音乐完成动作。

2. 运用音乐伴奏法时的要求

音乐的选取要符合动作风格，音乐是啦啦操的灵魂，是啦啦操竞赛中重要的组成部分。教师应根据不同的动作风格选取适合的练习音乐，以激发学生的学习热情，培养学生的节奏感和韵律感。

提示口令、手势与音乐节奏要相互吻合，要与音乐的韵律、节奏相一致。例如，在教学啦啦操的过程中，教师口令的音量、语调的轻重要适宜，手势要恰到好处，不适宜的口令、手势和音量会削弱学生的学习情绪和效果。

七、辅助教学法

1. 辅助教学法

啦啦操教学中需要采用各种方式的辅助，如难度练习及身体素质练习时的器械辅助、保护与帮助辅助，配合练习时的口号辅助或音乐辅助，表现力练习时的音乐辅助或语言辅助等。

2. 使用辅助教学法时的要求

辅助要有针对性，要根据不同水平的学生选择不同的辅助方式。辅助要及时调整，根据学生学习情况适当加难或减难。

八、游戏竞赛法

啦啦操教学中经常会用到游戏竞赛法，以此来加强团队合作，培养团队间的默契。通过竞赛可以提高学生对他人、对自己的认知，竞赛的过程就是成长的过程。正确处理好竞争和合作的关系，可以加强团队间的凝聚力，提高团队的整体实力。

九、团队训练法

啦啦操是一个团队项目，最突出的特征就是团队合作，通过各种方式的团队训练，可以加强团队凝聚力，加强学生之间的默契，增强学生的归属感。团队训练包括团队规章制度的制定、啦啦队职能的分配、团队建设理论教育、团队建设活动的组织、啦啦队队长的选拔、团队目标的制定等。团队训练目的在于使每个人都能发挥自己的专长，找到自己在团队中的角色定位，使队员感受到团队力量，促进队伍良好发展。

第六节　啦啦操教学的准备、组织与实施

啦啦操教学课是以啦啦操为主要教学内容的课，是学校中啦啦操教学的基本形式。啦啦操教学课分为舞蹈啦啦操教学课和技巧啦啦操教学课，根据学生学龄及难度动作级别又划分为舞蹈啦啦操基础、提高教学课和技巧啦啦操基础、提高教学课。一堂啦啦操教学课能否上好取决于多方面的因素，本节仅就啦啦操教学课的形式和结构及课的组织与实施的主要问题进行阐述。

一、啦啦操教学课的结构

啦啦操教学课的结构指的是在一堂课中教学内容安排的合理顺序，各练习之间有机的联系及时间的分配。根据啦啦操教学过程的客观规律，啦啦操课的组织结构分为四部分，即开始部分、准备部分、基本部分和结束部分。

1. 开始部分

啦啦操教学课的开始部分包括一般教学常规和啦啦操特有的教学常规。一般教学常规是指集合整队、报告出勤人数、宣布本课任务与要求、安排见习生等。啦啦操特有的教学常规则主要体现在啦啦操的上课仪式，学生可通过“口号与集体动作的一致展示”等有效方法集中注意力，建立最初学习的良好状态。

2. 准备部分

准备部分的任务是引导学生将思想集中到即将开始的课上，并使整个机体动员起来逐渐进入工作状态，为基本部分做好身体、心理和技术上的准备。

准备部分的内容可以选择运动量不大的关节运动、身体各部位的律动、啦啦

操基本动作、健身流行课程等。为了更好地提高学生的练习积极性、音乐节奏感、肢体控制能力，教师应在音乐的伴奏下完成整个准备部分，同时在教学过程中注意教学方法的应用，教师带领法运用要得当、流畅，尽量避免停下音乐先教学再开音乐练习的方法，同时应根据教学环境来决定示范面的转换，建议在中级、高级课程中教师采用镜面示范，只有这样才能够更好地与学生进行互动，及时发现问题并纠正，同时保证学生在运动中的心率合理上升，快速进入工作状态。

3. 基本部分

基本部分是啦啦操课的主要部分，一堂课的任务主要在基本部分完成。内容包括基本教材、专门性辅助教材、理论知识和思想教育工作。

在准备基本部分时应注意以下几点。

①合理地安排好教材的教学顺序，根据本课的教学任务、教材特点及学生学习情况提出本项教学要求、动作要领、教学的重点和难点。

②从一种教材转入另一种教材时，应做好针对性的准备活动，同时应根据本课教材特点需要适当安排素质练习，以提高学生身体训练水平。素质训练应注意将速度练习、柔韧性练习安排在课的前面，力量练习及耐力练习应放在基本部分的最后。

4. 结束部分

首先，结束部分的任务主要是使机体逐渐恢复到安静状态，内容主要为一些简单的游戏、轻柔的舞蹈、瑜伽体式的组合及放松按摩等。其次，课的结束部分是进行课堂任务完成的评价阶段，教师和学生采用互相评价与自我评价的方法对课程及自身表现进行总结。最后，必不可少的是啦啦操的课堂下课仪式，教师和学生采用有效且固定的行为仪式与课的开始呼应，使课程圆满结束。

二、啦啦操课的备课工作

啦啦操教师为了按计划、有步骤地进行教学活动，必须认真地备好课。备课是上好课的前提，没有准备的课肯定不会成功。备课就要写好教案，教案是根据教学进度和教学计划，结合教学的实际情况，对一堂啦啦操课设置的教学方案的简称。它是啦啦操教师进行教学工作的主要依据，写好教案是对每位啦啦操教师的基本要求。

1. 编写啦啦操课教案前的工作

（1）**备教材**

研究、分析教材是备好课的基础。通过研究、分析教材，教师能够明确各项教材的目的、任务、内容、要求。各教材在不同层次的学生中有不同的任务与要求，啦啦操教师应根据不同要求来选择教学方法，安排教学内容及课程的密度和运动量。在研究教材时，啦啦操教师需要运用自己掌握的生理、解剖、力学、心理等相关学科知识去分析教材，搞清教材的结构、动作要领、技术特征和原理。

（2）备教法

啦啦操教师课前还要进行技术动作的练习，在实践中体会肌肉运动感觉、发力特点，从学生的角度来体会怎样能够更快、更好地掌握技术动作，在练习过程中总结技术要领、难点和重点。经过反复练习总结和设计，正确地选择教学方法，做到结合教材妥善处理好啦啦操教学的先后顺序和必须采取的组织措施。

（3）备学生

备学生就是了解学生，啦啦操课教学是教师与学生的双边活动，只有充分了解学生的实际情况才能做好备课的准备工作。啦啦操教师在上课前了解所教班学生的人数、性别比例、年龄、训练基础等，掌握实际情况后制定所学课程内容及相应级别。

年龄较低的学生适宜开展基础课程，由于生理发育和心理上的原因，他们所能承受的运动负荷相对较低。同时他们好动，注意力不能长时间集中，所以在教学组织过程中多采用集体练习，在组织教法上要多样化，适当安排竞赛性、游戏性较强的活动，提高他们的练习热情。

高年级的学生思想较为成熟，学习和训练目的性强，自觉性较高，有一定的自理能力和组织纪律性，在啦啦操的教学中根据学生的能力、身体素质、基础来决定课程难度。在教学中教师可以适当提高难度给学生以新的刺激，增强其学习动力，在练习中可以采用分组练习的方法并选派队长，这样不但可以提高运动负荷又可以满足他们掌握更多技术的愿望，而且在活动中提高和锻炼了他们组织与协作的能力。在组织教法上则应采取精讲多练，使学生从技术原理的理解上去掌握多种技术动作，逐步培养和提高学生创新意识，给予学生更多的创作和编排的空间。

（4）备场地、器材

课前准备工作包括了解场地、器材设备及同时上课的其他教学班的教学内容和所需的场地器材情况。要了解和检查器材质量、规格、性能等，同时还要实地察看场地状况，进行安全检查。

2. 编写啦啦操课教案

编写啦啦操教案时需要注意：课的任务要明确，教学要求要具体，教材要符合实际，教学重点要突出，课的组织要严密，教学要科学化、多样化，运动负荷要适当，安全措施要落实，场地布置要合理，文字要简练清楚，做到简明、扼要、图文并茂。啦啦操教案内容包括教学任务、教学内容、教学组织形式、教学方法、练习时间与次数、场地器材和课后小结等方面。

3. 备课与上课的衔接工作

在编写完啦啦操课教案后，必须立刻通过积极的思维活动，将整节课的流程内容通过想象在脑海中形成清晰的图像过一遍。然后再将啦啦操教案带到上课的现场自编自导默想对照一边，并按全课不同部分顺序、练习内容、组织教法、示范讲解、队形调动、场地器材的安排等，一一与现场条件对照，以便找出教案中不切实际的地方，及时加以弥补和修改。

三、啦啦操课的组织

啦啦操课的组织工作是根据教学的具体任务、内容、学生的特点等所采取的各种组织措施，包括场地器材的布置、教学与练习组织形式、学生队伍调动等。

1. 场地器械的布置

舞蹈啦啦操课的教学过程当中要保证场地空间够大，地面平整，铺有地胶或者地垫，有练习对照镜、把杆等舞蹈啦啦操训练辅助器材。技巧啦啦操是一项技术性、配合性和危险性较高的项目，对场地、器械的布置要求较高。器械布置要相对集中，留有足够的空间给学生进行练习，每组练习场地还要配备保护垫。在进行素质练习时可充分利用瑜伽垫、哑铃、杠铃和组合器械进行教学和练习。教师在课前要检查器械是否牢固，垫子是否平整，器械的位置是否适宜。此外，室外的场地要注意风向和日光，避免在阳光直射下练习。

2. 教学与练习组织形式

啦啦操课的教学与练习根据教材的内容及任务一般采用集体组织、分组组织和个人组织，分组组织是课堂组织的重点。

①不分组同时练习。学习操化动作及新教授内容时可以采用。

②分组同时练习。技巧啦啦操托举动作的练习时可以用多块垫子，分成若干组同时练习，这种组织形式便于科学地安排教材内容，但对器材数量及学生的保护意识有较高要求。

③分组轮换练习。教师将学生分成若干小组，每个小组布置不同的教材内容，然后进行轮换。分组轮换有两种，一种是等时轮换，即各组的练习时间相同，到时一起轮换，在利用有限的训练器材进行素质练习时可采用此方法

（图 5-6-1）。还有一种不等时轮换，即有的教材所用时间较长，其他若干组先轮换，然后再由这组与其他组轮换（图 5-6-2）。

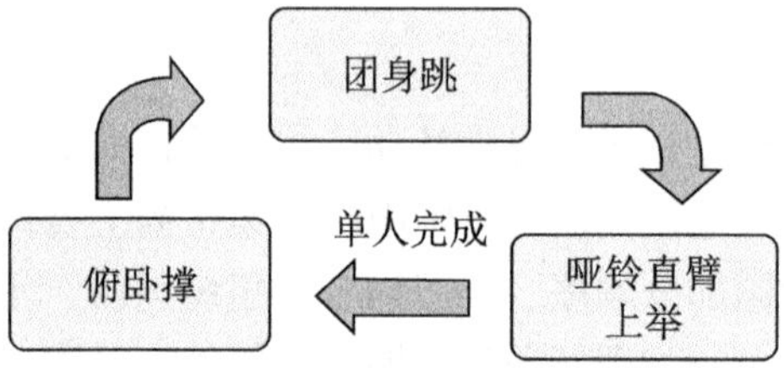

图 5-6-1

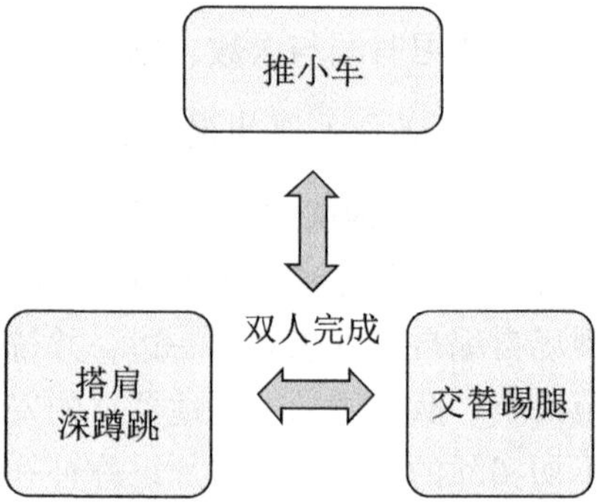

图 5-6-2

3. 队伍的调动

在进行舞蹈动作练习时多为疏散行队列，教师应根据场地空间大小来分配几列横队（图 5-6-3）。在进行技巧、难度动作示范时，学生站在教师两侧，便于观看示范（图 5-6-4）。调动队伍时教师应注意口令的运用。口令应响亮有力，预令和动令分清，具有号召力。

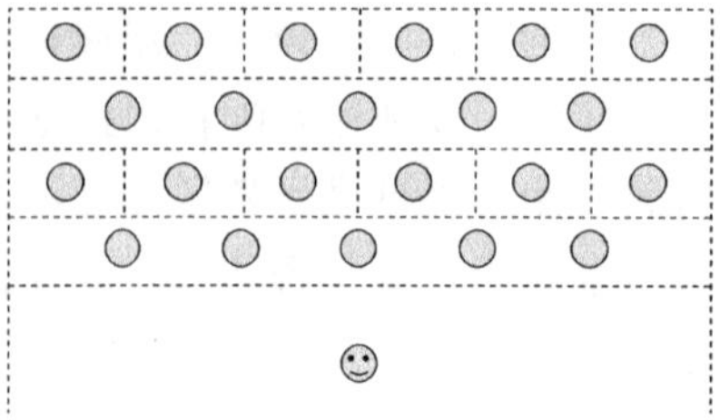

图 5-6-3

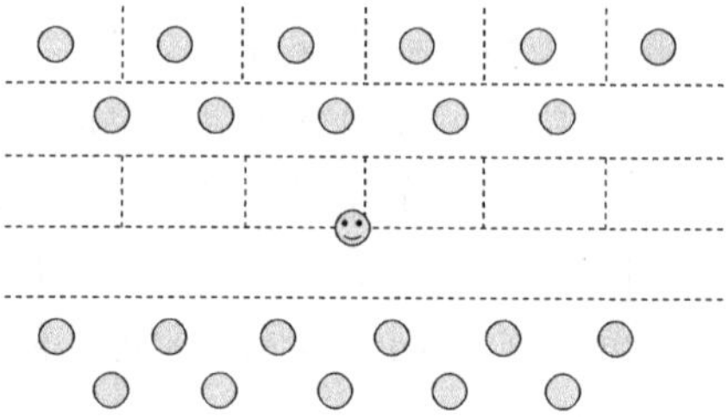

图 5-6-4

四、啦啦操课的实施

1. 学习动机的培养和激发

学习动机是直接推动学生学习的内部动力，正确的学习动机不是自发产生的，而是有目的地培养和激发的。虽然啦啦操具有高度的艺术性和观赏性，但在教学和练习过程中需要学生付出很大的努力和艰辛，一些难度动作存在危险性，这些都会削弱学习动机，因而在课中应该采取多种方法来激发。

丰富课的内容，采用多种教法。单调的教学内容和方法很容易让人产生乏味感。相反在课中加入丰富多样的舞蹈类风格动作训练，能够让学生在学习中产生愉快的情绪体验。此外，教师也可以通过改变练习的动作连接、节奏、练习的组织形式，定期更换练习音乐等以唤起练习的兴趣和动机。

根据学生的能力和水平恰当地制定课的任务。啦啦操中有很多难度动作并不是通过一次或者两次训练就能够完成的，教师要充分把握学生的能力及学习水平，有步骤地制定出每节课所能完成的任务，使学生树立完成动作的信心，提高练习积极性。另外，在提高课程的教学中不要忽视基础性的练习。

启发学生思维，激发学生的求知欲。啦啦操中的舞蹈动作、难度动作都有其复杂性及规律性。在教学中不但要告诉学生怎样做，而且说明为什么要这样做，同时通过启发思维，让学生掌握规律，举一反三，培养创新创编能力。

2. 运动负荷的安排和调节

在安排啦啦操课的运动负荷时，要注意练习的强度、数量、难度、密度及时间等几个因素。这几个因素密切相关，又相互制约。强度大、数量多、密度大、时间长，运动负荷就大，反之则小。在啦啦操教学中音乐节奏的快慢也影响运动的强度，节奏快具有强劲的感染力，能使学生或运动员在成套完成中激发情绪，产生兴奋，发挥最大潜能。在安排啦啦操课运动负荷时，应注意以下五点。

①根据人体生理机能活动变化的规律，从小到大；在基本部分后半段达到最高水平，然后逐渐下降，由大到小。

②根据性别差异、体质强弱和训练水平高低来分配不同的运动负荷，一堂课的运动负荷应以大多数学生的可接受性为准，同时注意区别对待，提出不同要求。

③根据各教学阶段的不同任务，合理安排运动负荷。在教学开始阶段，新授课的开始几节或考核阶段，运动负荷要适当小一些，以后再逐渐加大。复习课时学生已初步掌握了基本技术，为了进一步巩固和提高技能、素质，就需要反复练习，因此课的运动负荷就要大一些。

④教师的组织教法也会直接影响负荷量。一堂课的组织工作严密科学与否会影响学生的练习密度。在教学中适当采用游戏和竞赛的方法，不但可以提高运动负荷，而且还会增加学生的心理负荷量。

⑤教师可以根据学生脉搏频率来监测和控制学生的运动负荷。一般来说，准备部分的脉搏频率在 120~130 次/分钟，基本部分的脉搏频率在 140~180 次/分钟，结束部分脉搏频率逐渐下降，到课后 5~8 分钟恢复正常。但这一脉搏控制的模式不是绝对的，可根据具体情况有所改变。

3. 德育美育的实施

啦啦操课是学校体育的一部分，也是全面贯彻教育方针的重要环节。啦啦操教学课中除了学习、掌握动作技术及有关知识、发展智力和身体能力外，还应不失时机地实施德育和美育教育。

（1）德育的实施

通过课堂常规教育及队列队形的练习，培养学生良好的组织纪律性；通过集体练习时的配合、保护及技术上的指点，进行团队观念的教育，培养集体主义、团结友爱、互帮互助的良好品德；通过练习，培养学生正确的学习动机及吃苦耐劳、勇敢拼搏的意志品质。

（2）美育的实施

通过有计划、有针对性的身体素质练习，使学生具有匀称的体形和正确、优美的体态；在练习时，按照动作技术的要求，高质量完成每一个动作，在动作的速度、力度、幅度、节奏和身体姿态的控制上要尽善尽美，以培养动态和静态的动作美；通过组织表演和竞赛，给学生创造表现及欣赏美的机会，提高学生的审美能力；通过动作编排、队形设计、服饰道具及音乐的制作等培养学生欣赏美、创造美的能力。

4. 课中人际关系的协调

融洽的人际关系、良好的课堂气氛是教学过程正常进行的必要条件。在啦啦操课上教师应充分发挥主导作用，根据专项特点，调节人际关系，建立良好的课堂气氛。

充分发挥队长的作用。啦啦操是一个团体项目，着重突出团队合作能力，其中啦啦队队长有着特殊的作用。好的啦啦队队长能够集聚团队力量，辅助教师组织练习，进行保护与帮助，并能组织同学布置场地器械。因此，队长是教师与学生之间的纽带，培养和选拔啦啦队队长，充分发挥其辅助带头作用，能够保证课程的顺利进行。

师生要统一教学目标。个体和集体的目标要统一，这是上好一节啦啦操课的思想基础。教师应采用各种方式，说明啦啦操课的目的、任务及相应的作用，启发和引导学生积极努力的学习和锻炼。同时教师应该加强责任感，认真负责地上好课，做好表率的作用。

重视课内练习时的相互观摩和保护帮助。教师尽量在本学期的课程初期进行分组，不定期地以小组形式进行展示观摩和学习，建议在学习一部分成套动作后按照分组进行集体展示，教师给予点评和鼓励。各组同学在观摩过程中学他人之长补己之短，有助于技术技能的提高，更能活跃课堂气氛。除此之外，在课程的练习阶段教师也要增强学生的保护帮助意识，在他人完成托举等动作时主动进行保护帮助，以此来提高学生的集体主义观念，培养助人为乐、团结互助的良好品质。

处理好遵守纪律、严格要求与生动活泼、发展个性的关系。教师要保证必要的组织纪律和基本要求，又不可以过于严肃、沉闷。啦啦操是一个积极向上、热情奔放的项目，需要运动员拿出最大的热情去激励和感染他人，所以教师要学会调动学生的积极性及表演欲望，以表扬为主，因势利导，切忌强制、压服。在保证组织纪律的前提下，尽可能最大限度地发展学生个性，营造一个良好的教学氛围。

第七节　啦啦操教学与评价的相关建议

一、教学建议

啦啦操课程的教学质量和效果主要体现在学生对啦啦操教学内容、各方面技能的掌握、体能素质的增强和思想意识的变化等方面。教师要认真制定学习目标、教学内容、教学方法、学习评价等问题，保证教学的有效实施。

1. 设置学习目标的建议

第一，要注意在目标多元的基础上有所侧重，啦啦操课程的学习目标应充分体现技能、过程、情感三维目标，充分体现啦啦操课程的多种功能和价值。第二，要注意细化课程目标，教师应结合实际，将课程目标具体化，用以提高目标的可操作性。第三，要注意目标难度适宜，教师应根据学生的基础和体能，设置能激发学生学习动机和愿望的目标。

2. 课的内容、教材要科学安排

啦啦操是一门新兴的艺术体育课程，在教学内容的安排上要注意知识量的把握，既能让整节课饱满丰富，又不能一节课教授太多，使学生掌握起来有困难。教学进度的安排也要遵循循序渐进的原则。教学内容要根据不同年龄学生的生理特点来安排，要能全面激发学生的学习积极性，应注意教学内容和练习手段的选择要符合年龄特征。在教学内容和练习安排的要求上，要遵循动作技术形成的规律，对每一个技术都要遵循由浅入深、由低到高、由易入难的要求。

3. 要注意做好课前准备及课后整理活动

准备活动是为了预先提高身体各器官的生理机能和神经指挥系统的协调能

力，加速血液循环，提升肌肉温度，调动学生的积极性，使得正式锻炼时身体更容易适应。啦啦操课结束后的整理活动，能加速疲劳的消除，保证紧张的肌肉得到充分的放松和抻拉，促进体力的恢复。

4. 课的运动量要合理

根据学生的身心发育水平与课的类型安排运动负荷，通过合理的组织教学，采用适宜的教学手段调节学生的运动负荷；还可以通过改变练习次数、练习时间、动作幅度、冲击力等方法对运动负荷进行调节。

5. 要注意课的组织

教学课组织的好坏，直接关系到教学效果，教师一定要提前预测课上可能出现的情况。如教授难度动作时要做好热身和保护，以免受伤；在练习舞蹈啦啦操滚翻或技巧啦啦操托举、抛接等动作时，一定要在合适的场地或有垫子保护的情况下进行。

6. 啦啦操课的服装一定要合理、合体

啦啦操课的着装要求有弹力，面料舒适透气。不要穿硬底鞋、塑料底鞋和皮鞋，应穿适合教学内容的鞋（舞蹈啦啦操课可穿软底鞋、艺术体操鞋、爵士鞋等，技巧啦啦操要穿运动鞋或专业的啦啦操训练鞋）。口袋中也不要装有钥匙、小刀等硬物，以免出现意外。

二、评价建议

啦啦操学习评价是促进学生达成学习目标的重要手段。本书倡导以多元的内容、多样的方法、多维的评价标准构成科学的啦啦操学习评价体系，充分发挥评价的诊断、反馈、激励与发展功能，更有效地调动学生啦啦操学习的积极性。

1. 合理选择啦啦操学习评价内容

各地、各校可根据教学的实际情况和学生的学习需求，自行确定各个水平学生的不同啦啦操学习评价内容。总的来说共四个方面：第一是体能，这是根据教学的实际情况确定体能测试的指标，评价学生的体能水平；第二是动作技能，这是最为重要的一项评价标准，评价学生掌握啦啦操技能的程度；第三是态度与参与，这主要是针对学生啦啦操课的出勤率、课堂表现、学习兴趣等进行评价；第四是团队与协作，这是啦啦操这个项目特有的项目特征，它包括团队整体运动能力、表演的激情、自信心、感染力、号召力、表演能力、默契配合等因素。

2. 采用多方面评价主体的作用

为了更好地发挥学习评价的作用，既要采用教师评价，也要关注学生的自我评价和相互评价，并努力发挥其他相关人员的评价作用。其中要以教师评价为主，教师的评价应具有很强的权威性，须尽力做到全面和准确；学生评价为辅，教师应充分调动学生参与学习评价的主动性和积极性。教师应加强学生自评、互评的能力。

【作业题】

1. 阐述啦啦操教学的特点。
2. 啦啦操教学的循序渐进原则如何体现？
3. 结合实际应用详细论述啦啦操教学的完整与分解法。
4. 啦啦操初级课教学内容包含哪些方面？
5. 请列举三个啦啦操课实施过程中会出现的问题，并提出合理化解决办法。

第六章
CHAPTER 06

技巧啦啦操教学与训练

【学习目标】

1. 了解技巧啦啦操安全准则及要求，体会技巧啦啦操保护与帮助方法。

2. 掌握技巧啦啦操口号、托举、金字塔、抛接、翻腾等各内容的动作特点、方法与手段。

【章前导言】

在这一章中，首先突出强调了技巧啦啦操教学与训练的安全性问题，包括安全准则、安全要点及保护帮助方法。安全准则是技巧啦啦操教学与训练中的原则性要求。安全要点是技巧啦啦操教学与训练中的具体操作要求。保护与帮助方法是技巧啦啦操教学与训练中保障安全的常用方式方法。

本章的主体是对技巧啦啦操的口号、托举、金字塔、抛接、翻腾等内容进行具体的技术特点分析，设计相应的教学步骤，提供具体的保护与帮助方法，指出动作的易犯错误点。对技巧啦啦操动作技术特点的认知程度、教学方法的掌握程度、保护与帮助的熟悉程度、易犯错误点的预判程度，都直接影响技巧啦啦操教学与训练的质量，甚至关乎教学主体的人身安全。

第一节　技巧啦啦操运动安全防范

一、技巧啦啦操运动安全的重要性与特殊性

根据项群理论，技巧啦啦操属于“技能类表现难美项群”，是一项具有观赏性与危险性的集体性项目，安全是技巧啦啦操项目生存和发展的必要条件之一。技巧啦啦操安全守则是对技巧啦啦操相关行为的安全性规范，具有指导实践的重要意义。在技巧啦啦操教学、训练、比赛过程中，首要条件是确保人身安全，避

免或减少运动损伤的发生，所以必须遵守技巧啦啦操安全守则相关规定，教练员和运动员都应依安全守则规范自身行为。

技巧啦啦操因动作具有活力、号召力而极具感染力，又因动作具有惊险性而极具观赏性。同时高难度的翻腾、抛接、托举等动作也给运动员带来了一定的危险。因此，提高运动员的安全意识，了解并掌握各种防范措施，是保证运动员身心健康、提高运动技术水平的前提。

二、技巧啦啦操运动安全准则与要求

（一）技巧啦啦操运动安全准则

1. 严格遵守技巧啦啦操安全规则

健康、安全是技巧啦啦操项目发展的首要前提，在教学、训练、比赛及表演的过程中，必须时刻强调安全的重要性。因此安全规则作为技巧啦啦操竞赛规则中不可或缺的部分，是每一位技巧啦啦操教练员、运动员必须了解和掌握的。根据啦啦操竞赛规则，技巧啦啦操安全规则分为常规安全规则和技术安全规则。

常规安全规则包括装束及道具使用的安全性要求、训练环境及辅助器械使用的安全性规定、训练和比赛过程中的行为规范要求，以及救护应急要求等。

技术安全规则包括翻腾总则、原地与行进间翻腾、托举、金字塔、下法和篮抛共6个板块的技术安全规定，并分为6个等级，每个等级的各板块技术安全要求各有差异。教练员和运动员不仅需要熟知安全准则中的每一条款，更应当清楚因违反安全准则可能导致的严重后果，同时还要求每位参与啦啦操运动的运动员必须办理“人身意外伤害”保险。

2. 例行准备热身与整理放松

准备活动的意义在于通过有效的身体练习，预先动员身体各个部位的机能，提高中枢神经系统的兴奋性，提高大脑的分析与判断能力，加强中枢神经系统对周围器官的调节能力，以使技术动作更准确、协调、灵敏。如果技巧啦啦操运动员不进行充分的准备活动直接进行教学、训练、比赛，极容易因为肌肉的弹性不足、韧带的伸展性不够而造成运动损伤。准备活动的负荷过大容易导致身体疲劳，使技巧啦啦操运动员在正式训练与比赛时身体机能下降，从而导致动作失误带来的损伤。另外，准备活动的时间如不能与正式训练或比赛时间调节好，造成间歇时间过长，也会削弱运动员身体肌肉和神经的兴奋性，从而导致运动损伤。

所谓整理放松活动是指人体由紧张的运动状态逐步转入相对安静状态的各种缓和运动。在技巧啦啦操教学、训练、比赛过程中，人体会因为紧张、剧烈地运动而出现身体疲劳，同时还伴有一定程度的精神疲劳。如果在疲劳尚未消除之前，继续进行身体练习就可能使疲劳累积，形成慢性疲劳。当疲劳积累至一定程度则可能导致过度疲劳，属于病理性疲劳，这种较严重的运动性疲劳会使运动员身体机能下降，肌肉僵硬疼痛，动作不协调，反应迟钝，注意力不集中，呼吸不稳定，同时还容易出现厌倦、烦躁的不良状态。生理学研究证明：运动后充分做好整理放松活动，对促进疲劳消除、调整内脏器官及心理放松有很好的功效。所以整理放松活动的质量直接关系到技巧啦啦操运动员的竞技水平、学习效率及身体和心理健康。

3. 科学合理安排运动负荷

运动负荷是指人体在运动时身体所承受的生理负荷，包括负荷量和负荷强度两个方面。科学合理安排运动负荷原则，是指根据运动员自身的情况，合理地安排运动负荷，可以使身体产生一定的疲劳，且能够承受。在技巧啦啦操教学与训练中，运动负荷过小，引起机体的反应也小，不能起到很好的训练效果；反之运动负荷过大，超过了机体适应能力，会对身体健康造成不利影响，形成运动损伤的隐患。另外，适宜的运动负荷可以使机体产生超量恢复，有助于提高运动员的运动水平。因此，在技巧啦啦操教学与训练中，应当注意循序渐进，由易到难，合理安排教学与训练内容，适当调整运动负荷。

4. 根据实际情况量力而行

技巧啦啦操是一项剧烈运动项目，所以在从事该运动项目的教学和训练之前，首先应当对运动员进行必要的体检，了解运动员的身体健康状况。切忌患有心脏病或其他疾病而隐瞒或无视病情，勉强从事技巧啦啦操教学、训练及比赛。其次，应当切实注意场地、器材的情况，了解是否存在安全隐患，确保不冒险，进行任何技巧啦啦操练习时必须以保证自身安全为第一要务。最后，教练员应当根据地理环境、季节更替等各方面的条件，因地制宜、因时应变地进行技巧啦啦操教学与训练。如在高原地区进行赛事活动，应当做好高原反应症状的应对措施；夏季进行训练应当避开高温时段，避免中暑。

5. 重视保护与帮助

技巧啦啦操运动的保护与帮助是技巧啦啦操教练员与运动员都必须熟悉和掌握的基本技能之一，也是教学与训练过程中不可缺少的方法手段。技巧啦啦操的动作主要分为四个板块，即翻腾、抛接、托举、金字塔，每个板块的动作都是非常态的，存在一定的危险性，所以在技巧啦啦操教学与训练中，运动员普遍会对这种高难复杂动作产生恐惧心理，增加身心负担，不利于建立正确的动作概念，容易因动作失误或错误动作导致运动损伤。

在技巧啦啦操练习过程中，通过教练员正确、及时的保护与帮助，可以避免运动员错误动作的产生，降低动作失误概率，加速形成正确动作的条件反射，从而加速动作技术的掌握，提高动作质量，同时还可以保护运动员的安全，达到预防运动损伤的目的。

6. 加强医务监督

医务监督是指用医学的知识和方法，对体育参加者的健康和机能进行监护，预防锻炼中各种有害因素可能对身体造成的危害，督导和协助科学的锻炼和训练，使之符合人体生理和机能发展规律。医务监督内容包括一般史、运动史、体表检查、一般临床物理检查、形态测量、功能检查、化验检查、身体素质测试及特殊检查。

医务监督主要有初查、复查、补充检查三个阶段。初查针对准备进行技巧啦啦操练习的运动员，了解运动员的健康状况，以及器官系统功能的情况，依此强调应遵守的注意事项，为制订训练计划和选择训练方法提供依据。复查针对进行了一段时间技巧啦啦操学习与训练的运动员，了解运动员的健康和各器官系统功能的变化，为评定教学与训练的效果，调整健康分组，制订新的训练计划及选用训练方法提供依据。补充检查主要针对健康分组进行调整的运动员，或者因伤病长期停训后又重新参与练习及准备参加重大比赛的运动员，重点对练习者心血管系统和原有伤病的组织器官进行监控。

医务监督可以促进技巧啦啦操运动员的身体发育，增进健康和提高运动技术水平，培养科学的教学与训练方法，形成良好的卫生习惯，避免与减少运动伤病的发生，保证技巧啦啦操教学与训练的顺利进行，提高练习效率。

（二）技巧啦啦操安全要求

1. 教练员安全要求

教练员必须熟练掌握难度技术动作，根据运动员和整体队伍的难度水平，安排适合的套路级别。所有技巧动作必须符合相应级别，不得超过本级别难度规定范围。所有技巧动作的保护员必须是受过正规保护技能训练的本队队员。

在训练和比赛中，教练员不能服用含酒精、麻醉药物、运动表现增强物质的药品或非处方药，以免影响其日常监督能力。所有队伍、俱乐部、教练员、领队必须制订赛事意外伤害事故的应急方案。

2. 运动员安全要求

所有运动员必须在已获得啦啦操教练资格的领队或教练员的监管指导下进行训练和比赛。在训练和比赛中，运动员不能服用含酒精、麻醉药物、运动表现增强物质的药品或非处方药，以免影响其完成套路的能力。

练习和比赛时，运动员必须在啦啦操专用地垫上进行技巧动作（托举、金字塔、篮抛或翻腾）。禁止在混凝土、沥青、湿滑或不平坦的地面上练习动作，且地面上不得有障碍物。比赛时必须穿着软底运动鞋，不允许穿着舞蹈鞋/靴、体操鞋（或类似款式），鞋必须有牢固的鞋底。不允许佩戴任何种类的珠宝饰品，包括耳环、鼻环、舌环、脐环、面环、透明塑胶饰物、手镯、项链和服装上的别针等。所有饰物必须被摘下，不允许绑贴于任何表面。例外：医疗用的身份标签/手环。特别说明：第一，允许将水钻附着在比赛服或皮肤上，但要保持不能脱落；第二，运动员不能佩戴眼镜（隐形眼镜除外），如因生理原因不能戴隐形眼镜，需要由二级甲等以上级别医院开具医学证明，交于裁判组，研究同意后方可佩戴有加固装置的运动眼镜。练习和比赛过程中，运动员的口中不得有口香糖、糖果、止咳药片或其他可能造成窒息的食品或非食用物品。

成套中道具不是必备品。如果在成套中使用道具，在使用前需获得赛事组委会的同意，确保运动员的安全。旗帜、横幅标语、标志牌、花球、扩音器和布条是仅被允许使用的道具。附有杆状或类似支撑装置的道具不得使用于托举和翻腾的连接动作中。所有道具必须以安全且不会造成伤害的方式传递（如在做托举时，投掷/掉落坚硬的标志牌等道具是违反规则的）。为了视觉效果，有意地移除任何位于比赛服上的物件（物件一旦离开身体），将被视为道具。不允许出现任何辅助运动员增加高度的设施，弹簧地板除外。坚硬或边缘非常粗糙的辅助训练器材必须完整包覆缓冲垫或其他合适的防护填充物。适当的防护填充物必须保护在场的所有运动员免受伤害。

比赛成套时间不得超过 2 分 30 秒。当比赛成套开始时，运动员必须至少有一只脚、手或身体的任何一部分（除了头发）接触地面（如当底座的手接触地面时，运动员可以站在底座的手上）。比赛成套开始后，场上运动员必须自始至终保持一致，不允许在成套比赛中更换运动员。从跳跃、托举或倒立姿势下落着地，不允许膝关节、臀部、大腿、前胸、后背着地和呈劈叉式着地，除非身体主要重量由手或脚承担，使其得到缓冲。允许舒舒诺娃。特别说明：下落过程中，主要重量承担于他人手和脚的状态，不会明确违反这条规则。

三、保护与帮助

技巧啦啦操作为一项团体性竞技项目，保护与帮助是主要教学与训练手段，要求运动员之间密切配合，并对彼此安全负责。通常情况下，运动员本身就得承担保护帮助者的角色，因此对于保护帮助者即运动员，要求必须注意力高度集中，在技术动作练习的同时还应时刻谨记对其他运动员予以保护与帮助，确保他人安全。

（一）保护帮助的方法

在技巧啦啦操教学与训练实践中，保护与帮助二者相辅相成，保护的主要任务是为运动员在练习过程中提供安全保障，帮助的主要任务是使运动员顺利掌握动作技术。根据不同的形式，保护分为他人保护、自我保护、利用器械保护；帮助分为直接帮助、间接帮助、运用器械帮助。

1. 保护方法

（1）他人保护法

他人保护是指当练习者因技术动作不熟练或因意外而发生危险时，保护者应及时采取措施使练习者摆脱危险状态。常用方法有接、抱、挡、拦、拨等，主要是改变运动员的动作轨迹、顺势缓解或加快练习者的动作速度，从而避免运动损伤。如在抛接动作中，当尖子失去身体平衡，从高空无控制下落时，保护者应当迅速采用接、抱的方法避免尖子摔落地面。在翻腾动作中，运动员的翻速不够，可能出现头部或胸部着地时，保护者通常用拨其腿部的方法加快翻转，而翻速过快，保护者通常用手接手或者挡、拦其背部，减小翻转冲击力。保护帮助者应具备判断运动员动作技术正确与否的能力，并对运动员可能出现的各种情况进行提前预判，寻找合适站位和恰当时机予以保护和帮助。技巧啦啦操难度动作多种多样，所出现的动作技术不稳定情况更是变化不一，要求保护帮助者应当熟练掌握不同难度类别的各种保护与帮助的方法，对保护帮助的部位、力度、方向及手法都应当把握适当。

（2）自我保护法

自我保护是指运动员由于技术上的失误而发生意外时，独立运用特定的技巧和自救动作摆脱危险的方法。技巧啦啦操教学、训练或者比赛中的自我保护主要体现在高空与落地两个方面。在高空状态下，如抛接、托举及金字塔动作，当尖子失去身体平衡时，应当依然保持身体紧绷。在落地时，如跳步、翻腾动作，当身体失去平衡时，运动员应当顺势改变动作性质和身体姿态，以减少地面对身体及重要部位的冲击力。另外，保护帮助者还应当督促运动员加强自我保护能力，帮助运动员调整状态，纠正不良习惯，提前告知运动员当意外发生时应如何进行自我保护。

（3）利用器械保护法

在技巧啦啦操的教学与训练过程中，通常会采用海绵坑、海绵包、海绵垫、保护带等器械，以缓解运动员心理压力，加强落地时的缓冲，避免或减少动作失误或意外造成的运动损伤，给运动员提供有效的保护。

2. 帮助方法

（1）直接帮助法

技巧啦啦操教学与训练中的直接帮助法是指帮助者为了使运动员快速建立动作概念，更好更快地掌握、改进和提高动作技术质量而直接助力于运动员的措施。直接帮助的方法有很多种，如托、顶、送、挡、拨、搓、提、推等，在教学与训练实践中，应当有针对性地灵活运用。如在托举或金字塔动作中，底座力量不足或技术不准确，导致尖子上法的腾空高度不够，可用托送尖子足部的方法加大腾空高度。在翻腾动作中，运动员的转速不足，可用搓运动员腰部加快转速。

（2）间接帮助法

技巧啦啦操教学与训练中的间接帮助法是指帮助者不直接助力于运动员身上，而是通过信号、标志物和限制物等，帮助运动员正确掌握动作的发力时机、节奏和所在的空间、方位，尽快地掌握和完成动作的一种手段。

信号：运用语言、呼声和掌声及节拍器等，提示用力的时机、加快或减慢动作的节奏。在实际运用时，要注意根据运动员的能力和水平，提前做出提示，便于运动员有效地接收并做出正确反应。

标志物：通过放置一些安全醒目的物品，指示动作方向、幅度和范围，帮助运动员建立正确的本体感觉，掌握正确的技术动作。

限制物：通过设置一些安全的醒目的物品，提示动作位置、高度和远度，帮助运动员改进动作，提高动作质量。

（3）运用器械帮助法

在技巧啦啦操教学与训练中，通常会采用保护腰带、轴承保护带等专门的器械。这些专门的器械都具有统一的规格和标准，安全可靠。使用专门的器械进行帮助可以有效消除运动员的恐惧心理，正确体会动作要领，缩短教学时间，提高教学效果。

技巧啦啦操运动注重运动员之间的默契配合，强调团队合作，而每一位运动员的情况各有不同，如运动员对动作技术的掌握情况，动作发力习惯，身体素质能力，甚至包括情绪心态，所以要求保护帮助者了解运动员，依据运动员的特点和实际情况区别对待。

（二）保护帮助的运用

1. 托举与金字塔动作的保护与帮助

托举是由一人或多人组成的底座把尖子托离地面，在不同的高度空间完成不同姿态的动作造型的过程。金字塔动作是一个或多个尖子由一人或多人底座支撑而形成的金字塔形的托举造型。托举与金字塔包括上法、空中姿态、下法三个步骤。

托举与金字塔的保护主要是保护尖子或者二节（金字塔动作中层底座）的下法。练习托举与金字塔动作的自我保护就是保持身体紧绷，尽可能被动。保护人员必须始终保持高度注意力，随时对处于危险的运动员进行保护。练习托举与金字塔动作的他人保护主要运用手接脚（图 6–1–1）、手接手（图 6–1–2）、手臂熊抱（图 6–1–3）、摇篮接（图 6–1–4）方法进行保护，依据尖子下落时的形态选择保护方法。当尖子控制平衡且底座扶腰下落时，即正常的下法练习，保护者可采用手托扶尖子脚掌，减小落地冲击力。当尖子失去平衡但底座支撑依然作用于尖子，保护者可采用手支撑手、摇篮接进行保护。当尖子控制平衡而无底座支撑力作用，如底座脱手情况，保护者可采用手臂熊抱进行保护。当尖子失去平衡且无底座支撑力作用，保护者应采用摇篮接进行保护。利用器械保护，主要是通过合理放置海绵垫等缓冲物进行保护。海绵垫等缓冲物放置的具体位置需要与运动员保持一定的距离，通常以运动员为圆心，在一步至两步距离为半径的范围区域放置海绵垫等缓冲物。

图 6–1–1

图 6–1–2

图 6–1–3

图 6–1–4

托举与金字塔的帮助主要是帮助尖子或者二节的上法。托举与金字塔动作的直接帮助方法应当依据不同难度的托举动作而定，主要分为垂直轨迹上法与翻转轨迹上法。垂直轨迹上法，帮助者通常运用扶、托、送的帮助方法。如单底座高位双脚站动作，帮助者可托扶尖子的脚掌与脚踝（图 6–1–5），垂直向上发力，帮助托送高度。翻转轨迹上法，帮助者通常运用托、送、拨、搓的帮助方法。如后手翻上法，帮助者一手托尖子腹部，一手拨尖子肩部（图 6-1-6），提高托送高度并且帮助加快翻转。金字塔动作的上法的帮助方法不仅包括托举上法的帮助方法，还有包括抛送、提拉等方法，帮助尖子有足够的高度和正确发力轨迹以完成动作。托举与金字塔动作的间接帮助法主要是指帮助者设置发力点位标记帮助尖子发力轨迹正确。如后空翻上法，帮助者可以在尖子身后设置标记，要求尖子摆臂倒上体至标记点再做翻转，帮助运动员体会正确的发力时机。运用器械帮助法，主要是利用保护带提拉尖子，使尖子处于一定高度帮助完成动作，并使尖子缓慢落地，确保安全。

图 6-1-5

图 6-1-6

2. 翻腾动作的保护与帮助

翻腾动作是在地面完成的各类体操项目中的翻转和腾空类动作。在技巧啦啦操项目中，翻腾动作主要分为原地翻腾和行进间翻腾两种，包括各类滚翻、软翻、手翻、空翻及转体动作，可分为起始动作、翻转（或附加转体）动作、落地动作三个步骤。

翻腾动作的保护主要是保护运动员的落地动作。翻腾动作的自我保护关键在于练习者保持身体紧张状态，尤其是在空翻动作中，不能犹豫。当重心偏移过大可顺势继续滚翻动作进行缓冲。翻腾动作的他人保护可采用扶、挡、托、接的保护方法。保护者通常站于运动员落地点的一侧，一手扶挡背部，一手扶挡腹部，帮助运动员落地时控制重心（图 6-1-7）。当运动员重心偏移过大，应当采用手臂托、接练习者的保护方法，防止运动员头部撞击地面。利用器械保护，一般在运动员落地点处放置海绵垫，保护运动员缓冲落地。

翻腾动作的帮助主要是帮助运动员的翻转或附加转体动作。翻腾动作的直接帮助方法应当依据不同类型的翻腾动作而采用具体帮助方法，主要滚翻、软翻、手翻、空翻及转体动作。滚翻类动作，帮助者通常采用提、拉的帮助方法。如后滚翻动作，帮助者双手提、拉运动员腰部（图 6-1-8），帮助其加快翻转速度，减少地面的反作用力。软翻与手翻类动作，帮助者通常采用托、拨的帮助方法。

如前手翻动作，帮助者一手拨腿，加快蹬摆速度，一手托腰部（图 6-1-9），加大腾空高度。空翻及附加转体类动作，帮助者通常采用托、拨、搓的帮助方法。如后空翻，帮助者一手托其腰部，一手拨腿部（图 6-1-10），帮助提高腾空高度及翻转速度。翻腾动作的间接帮助主要是帮助运动员掌握准确的发力时机和发力位置。如原地团身后空翻，保护帮助者可以设置一个标记点，要求运动员蹬腿摆臂至标记点后再屈腿团身翻转。

运用器械帮助主要是帮助运动员掌握翻转及旋转技术动作，如练习翻转加转体的翻腾动作，可以运用蹦床进行配合练习，蹦床可以提供充足的腾空高度，帮助运动员理解技术动作，加强空中本体感觉。

图 6-1-7

图 6-1-8

图 6-1-9

图 6-1-10

3. 抛接动作的保护与帮助

抛接动作是尖子由底座从髋位开始抛至空中，在空中完成不同姿态的造型或翻转、转体动作后，再由底座接住的动作过程。抛接过程由抛、空中姿态、下落、接四个步骤组成。

抛接动作的保护主要是保护运动员接的动作。抛接动作的自我保护要求尖子保持身体紧绷状态，有利于底座完成接的动作。抛接动作的他人保护可采用托、扶、抱、接的保护方法，根据尖子的下落姿态选择适当的保护方法。正常情况下，抛接动作下落时尖子是水平下落，双底座完成摇篮接动作，保护者站于尖子后方，当完成接的动作时，双手托、扶尖子肩部及背部（图 6-1-11），帮助缓冲。当尖子垂直下落时，应采用手臂熊抱。当尖子下落发生水平位移时应采用摇篮接。

抛接动作的帮助主要是帮助运动员抛的动作。抛接动作的直接帮助可采用托、扶的帮助方法。在抛接准备姿势时，帮助者可站于尖子的前方或者后方，双手托、扶底座的双手（图 6-1-12、图 6-1-13），帮助底座双手支撑平稳，并垂直向上发力，加大抛动作的腾空高度。抛接动作的间接帮助主要是帮助运动员掌握准确的发力时机，帮助者可以设置一个标记点，要求尖子腾空至标记点高度后再发力完成空中动作。

图 6-1-11

图 6-1-12

图 6-1-13

第二节 口号的设计与训练

一、啦啦操口号的概念与作用

（一）啦啦操口号的概念

啦啦操口号是啦啦操项目的一种文化，指在成套开始前，参赛队伍全体队员集体上场，在规定时间内通过口号、道具，配合基本动作、难度动作等内容来展现自己的热情，鼓舞赛场上同伴们的斗志，带动观众，为比赛的队员加油呐喊，渲染赛场气氛。啦啦操口号通常配合、组合基本动作、技巧动作、舞蹈动作出现，并通过语言、道具来展示特殊含义的字、词、句组合，体现啦啦操团队的整体套路与团队精神，象征团队的目标与理念。

（二）啦啦操口号的作用

啦啦操口号可以体现团队激情，加强团队意识，促进团队高效地完成目标。同时，啦啦操口号也可以反映一支啦啦操团队的风格特点、编排水平、目标、士气。啦啦操口号作为啦啦操运动的项目特征之一，充分体现了啦啦操运动青春活力、积极向上的团队精神，展现啦啦操团队所有成员努力追求最高团队荣誉感的团队凝聚力。

二、啦啦操口号的设计原则

（一）简单化原则

啦啦操口号的最佳效果是让裁判和观众感到振奋，在设计创编上应当简单易记，有震撼力，朗朗上口，不可设计过于繁杂的字、词、句。

（二）新颖性原则

啦啦操口号应当展现团队特色，口号的设计主要来源于团队的名字、吉祥物，以及标识物的颜色等。

（三）韵律性原则

啦啦操口号要有冲击力，口号的节奏应当强劲有力、韵律明快、充满激情。同时伴随口号的动作也应当有一致的节奏感。

（四）主题性原则

啦啦操口号应当突出整个团队的主题思想，设计的口号具有特殊意义，反映整个团队的精神面貌，象征团队的目标和理念。

三、啦啦操口号的设计方法与步骤

（一）啦啦操口号设计方法

1. 配合法

根据口号的部分动作进行编排设计，动作节奏应当与口号的节奏相一致。运动员先进行简单的字句与节奏的配合练习，节奏通常用击掌来表示，再附加过渡、托举及基本手位等动作，甚至可以通过象形动作来表达口号内容，最后演示完整口号并配合动作。

2. 道具法

口号的呐喊应当简单明了，并符合成套动作的总体思路和音乐特点，口号中重要关键字词可以通过标记牌、队旗等传达，让观众感受到激情，一起呐喊。

3. 反复法

创编设计的口号可以将突出团队特色、体现运动精神的字词反复表达，突出口号的中心字词，同时更容易让裁判和观众记忆。

（二）啦啦操口号设计步骤

首先，寻找一个合适的节拍和音调，创作出新颖的、流畅的韵律。

其次，根据节拍、韵律，添加文字。

再次，根据文字编排基本动作，重复的文字可以使用重复的动作。

最后，配合技巧动作的使用，包括过渡连接、托举、金字塔及技巧下法等动作。

四、啦啦操口号的训练

（一）发声练习

作为一支啦啦操团队，口号一定要一致统一，展现团队的凝聚力。共同发声练习可以使啦啦操运动员熟记口号的节拍和韵律，防止呐喊口号时出现忘词、节奏不齐等问题。另外，指派一名运动员带领全队呐喊。技巧啦啦操口号声音应当清晰响亮，让观众听清每一个字，积极与观众互动，尽可能降低口号的速率，使观众可以跟着节拍一起呐喊。口号的发声训练应当练习腹部发声，而不是通过喉咙发声。

（二）动作练习

技巧啦啦操的口号部分需要通过运动的声音，并配合肢体动作，充分发挥表现力，以加强口号呐喊的气势，提高视觉冲击力。首先，创编短促有力的基本动作，如此可以吸引观众的眼球。其次，根据口号的文字创编基本动作，生动有趣地展示文字内涵，重复的文字可以使用重复的基本动作。再次，添加跳步、托举、金字塔等技巧动作。最后，当口号结束时，应当将动作定位 1~2 秒。

第三节　托举教学与训练

一、托举的概念与分类

（一）概念

托举是由一人或多人组成的底座把尖子托离地面，并在不同的高度空间完成不同姿态的动作造型过程。

（二）分类

膝位托举：一种托举准备姿势，尖子脚的高度与底座膝关节位置平行。

髋位托举：尖子的脚位平行于底座髋部高度的托举，一般是指底座呈弓步，尖子在底座与地面平行的大腿上完成各种动作造型。

肩位托举：尖子被底座托举到肩部上方或肩部平行的高度来完成各种动作造型的托举。

高位托举：底座伸直手臂将尖子整个身体托起至底座头上方垂直位置的托举动作。

二、托举教学与训练

（一）托举的组成

上法：尖子进入托举的动作。
托举造型：一个或多个底座支撑一个或多个尖子离开地面。
下法：尖子回到地面或者离开托举的动作。

（二）技术要求

托举技术分为准备姿势、托举过程、托举造型和动作释放四个阶段。托举动作练习必须遵循的训练原则是循序渐进、由低到高、动静结合。底座与尖子配合时，底座用力顺序由腿、腰协同发力，手上托、抛、举技术与尖子身体适度紧张且保持直立形成的合力。托举方向影响动作运行轨迹。

（三）案例分析

1. 动作名称：多底座跪髋

<table>
<tr><td>动作图示</td><td>
图 6-3-1

图 6-3-2

图 6-3-3

图 6-3-4

图 6-3-5

图 6-3-6

图 6-3-7

图 6-3-8

图 6-3-9</td></tr>
</table>

续表

动作描述	准备位置：底座站于尖子两侧，后点站于尖子身后。 准备拍 第 1~2 拍：所有人同时击掌（图 6-3-1）。 第 3~4 拍：尖子双手扶住底座肩部；底座面对面跳成侧弓步；后点扶腰（图 6-3-2）。 第一八拍 第 1~4 拍：尖子两条腿依次跪在底座髋部；底座内侧手抱住尖子大腿，外侧手扶住尖子膝盖；后点扶住尖子的腰部（图 6-3-3）。 第 5~6 拍：尖子胸前击掌（图 6-3-4）。 第 7~8 拍：尖子双手上 V 姿势（图 6-3-5）。 第二八拍 第 1~4 拍：前两拍尖子击掌两次，后两拍尖子右侧侧上举（图 6-3-6）。 第 5~8 拍：重复 1~4 拍动作，侧上举方向相反（图 6-3-7）。 第三八拍 第 1~4 拍：底座依次放下尖子的腿；尖子扶底座的肩部，双腿依次落地站稳直立；后点扶腰（图 6-3-8）。 第 5~8 拍：动作结束呈准备位（图 6-3-9）。
动作要领	①尖子跪髋身体绷直。 ②底座要揽住尖子的大腿、膝盖。 ③后点扶住尖子的腰，控制平衡。
练习步骤	①上法练习：尖子双手扶住底座的肩，左右两腿跪在底座的髋部，腰腹收紧。底座相对的两条腿跳成侧弓步，双手揽住尖子的大腿和膝盖，后点扶腰控制平衡。尖子左右手依次做加油手位。 ②下法练习：底座依次放下尖子的腿，尖子扶底座的肩，双腿依次落地站稳直立，底座跳成直立状态。 ③动作组合练习：在有保护的环境中按照节拍进行系统训练检查反馈，及时发现问题，解决问题。
易犯错误	跪髋时，尖子容易腹部不收紧，重心不稳，前后移动。
保护帮助	在动作过程中运动员要时刻保持注意力，底座要抓好尖子的大腿和膝盖，控制好尖子的平衡，以防止尖子重心前后移动，造成动作失败。

2. 动作名称：多底座坐髋

动作图示	 **图 6-3-10**	 **图 6-3-11**	 **图 6-3-12**

续表

动作描述	准备位置：底座站于尖子两侧，后点站于尖子身后。 第一八拍 第 1 ~ 6 拍：底座面对面跪地弓步；尖子站于底座前方，手臂上 V（图 6–3–10）。 第 7~8 拍：尖子后坐底座的髋部；底座扶尖子的腰部（图 6–3–11）。 第二八拍 第 1~4 拍：托举造型展示（图 6–3–12）。 第 5~8 拍：动作结呈成准备位。
动作要领	①底座弓步的那条腿尽量垂直地面。 ②尖子腰腹收紧。
练习步骤	①上法练习：底座相对而立，内侧腿弓步、外侧腿跪地姿态。尖子站在前面，手臂呈斜前 45°举起。尖子坐在底座的髋部，身体绷直，收紧腰腹。底座扶尖子的腰，后点扶尖子的肩。做好动作，亮相。 ②下法练习：尖子收手站立，底座收手，收脚，站稳直立。 ③动作组合练习：在有保护的环境中按节拍进行系统训练检查反馈，及时发现问题，解决问题。
易犯错误	底座弓步的那条腿没有垂直地面，尖子不稳定。
保护帮助	在动作过程中运动员要时刻保持注意力，底座扶尖子的腰，后点扶尖子的肩。

3. 动作名称：单底座坐髋

动作图示	 **图 6–3–13**  **图 6–3–14**  **图 6–3–15**  **图 6–3–16**  **图 6–3–17**
动作描述	准备位置：底座和尖子直立面向前方。 第一八拍 第 1~4 拍：原地踏步（图 6–3–13）。

续表

动作描述	第 5~8 拍：前两拍同时击掌；后两拍底座跳成侧弓步（图 6-3-14）。 第二八拍 第 1~2 拍：尖子坐底座髋部，内侧手抱住底座的肩；底座内侧手抱住尖子腰部（图 6-3-15）。 第 3~4 拍：尖子上 V 姿势；底座外侧手叉腰（图 6-3-16）。 第 5~8 拍：动作结束呈准备位（图 6-3-17）。
动作要领	①底座侧弓步要稳住。 ②尖子腰腹收紧，坐在底座髋部。
练习步骤	①动作练习：底座跳成侧弓步，尖子坐在底座髋部，手揽住底座的肩，底座揽住尖子的腰。底座跳并步，尖子站起。 ②动作组合练习：在有保护的环境中按节拍进行系统训练检查反馈，及时发现问题，解决问题。
易犯错误	尖子容易塌腰。
保护帮助	在动作过程中运动员要时刻保持注意力。

4. 动作名称：多底座斜站髋

动作图示	 **图 6-3-18**  **图 6-3-19**  **图 6-3-20**  **图 6-3-21**  **图 6-3-22**  **图 6-3-23**
动作描述	准备位置：底座站于尖子身后两侧，后点面对尖子站立。 第一八拍 第 1~4 拍：集体踏步（图 6-3-18）。 第 5~8 拍：前两拍击掌，后两拍后点前弓步；尖子双臂平举；底座双腿开立，双手抓尖子的手臂（图 6-3-19）。

续表

动作描述	第二八拍 第1～2拍：尖子单脚踩在后点髋部；后点用双手抓住尖子脚掌（图6-3-20）。 第3~8拍：底座将尖子向上举起；尖子蹬地后吸腿（图6-3-21）。 第三八拍 第1~4拍：动作造型保持不动。 第5~6拍：尖子向后踩地；底座扶尖子胳膊放下（图6-3-22）。 第7~8拍：动作结束呈准备位（图6-3-23）。
动作要领	①尖子身体要时刻紧绷，吸腿时，用力贴紧大腿，尖子把脚放在前点的髋部。 ②后面两个底座一只手抓手腕，一只手托尖子的肩部。
练习步骤	①上法练习：前点与尖子和两个底座相对而立。前点跳成弓步，尖子双手平举，两个底座双腿前后分开，双手抓住尖子的手臂。尖子右脚踩在前点髋部，左腿微屈，前点用双手抓住尖子的脚控制平衡。两个底座把尖子举起，尖子左腿蹬地后吸腿。 ②下法练习：尖子把左腿放下。前点松开尖子的右脚前点跳成直立，两个底座松开尖子的手臂，同时站稳直立。 ③动作组合练习：在有保护的环境中按节拍进行系统训练检查反馈，及时发现问题，解决问题。
易犯错误	尖子容易塌腰，容易把脚踩在前点大腿部。
保护帮助	在动作过程中运动员要时刻保持注意力，前点要抓紧尖子的脚控制尖子的平衡，后面两个底座抓紧尖子手臂用力托起。

5. 动作名称：多底座单脚转体站髋

动作图示	 图6-3-24  图6-3-25  图6-3-26  图6-3-27  图6-3-28  图6-3-29

续表

动作描述	准备位置：底座站于尖子两侧，后点站于尖子身后。 第一八拍 第 1~4 拍：底座与尖子由准备位转向相对站立（图 6-3-24）。 第 5~8 拍：尖子单脚踩到底座髋部，双手紧握底座手腕；底座前后弓步，双手握住尖子脚掌，另一名底座扶住尖子腰部（图 6-3-25）。 第二八拍 第 1~4 拍：尖子蹬地向上转体站髋；底座内侧手抱住尖子大腿，外侧手扶住尖子脚掌；后点扶住尖子腰部（图 6-3-26）。 第 5~8 拍：动作造型保持不动。 第三八拍 第 1~2 拍：尖子上 V 姿势（图 6-3-27）。 第 3~8 拍：动作造型保持不动。 第四八拍 第 1~4 拍：尖子扶住底座肩部跳下（图 6-3-28）。 第 5~8 拍：动作结束呈准备位（图 6-3-29）。
动作要领	①尖子主动蹬地，身体保持直立。 ②底座找准抓脚时机。
练习步骤	①配力练习：尖子与底座进行空做动作，练习底座之间的一致性及与尖子的配合。 ②动作练习：底座练习弓步的稳定，尖子在辅助的保护下进行动作练习。尖子在地面上练习托举亮相的手位，底座空做动作保持稳定性。 ③动作组合练习：按照节拍在有保护的环境中进行分解动作练习，系统训练检查反馈，及时发现问题，解决问题。
易犯错误	底座向上发力，抓脚时注意位置。
保护帮助	在上髋位时后点注意扶好尖子腰，保持平衡。

6. 动作名称：多底座躺肩

动作图示	 图 6-3-30	 图 6-3-31	 图 6-3-32

续表

动作图示	 图 6-3-33  图 6-3-34
动作描述	准备位置：底座站于尖子身后两侧，后点站于尖子一侧。 第一八拍 第 1~4 拍：准备位置站好准备托举（图 6-3-30）。 第 5~8 拍：尖子抬一条腿呈直角，双手侧平举；底座开立同时双手反握尖子的腋下和手腕；后点开立微蹲托住尖子的大腿和小腿（图 6-3-31）。 第二八拍 第 1~4 拍：底座托尖子手臂至肩位；后点托尖子腿部至肩部，尖子主动蹬地并脚后躺至肩位，腰部收紧（图 6-3-32）。 第 5~8 拍：动作造型保持不动。 第三八拍 第 1~4 拍：尖子抬腿呈直角（图 6-3-33）。 第 5~8 拍：动作造型保持不动。 第四八拍 第 1~4 拍：尖子并腿准备下法。 第 5~6 拍：后点托尖子腿送至地面（图 6-3-34）。 第 7~8 拍：动作结束呈准备位。
动作要领	①注意开始姿势要站好，尖子在空中要注意保持姿态，要紧绷。 ②底座在转动时注意发力。
练习步骤	①配力练习：开始位置两底座并排站面向尖子，尖子面向左，左边底座面向前站。底座空做动作练习底座之间的一致性、抓手的准确性，以及与尖子的配合。 ②动作练习：尖子在地面练习平躺举腿，底座练习动作的稳定及对节拍的把控。 ③动作组合练习：按照节拍在有保护的环境中进行分解动作练习，系统训练检查反馈，及时发现问题，解决问题。
易犯错误	注意底座扶手位置跟尖子的空中姿态。
保护帮助	后点在扶胳膊时要扶在上臂与前臂处。

7. 动作名称：多底座肩位纵叉托举接坐肩

动作图示	 图 6-3-35  图 6-3-36  图 6-3-37  图 6-3-38  图 6-3-39  图 6-3-40  图 6-3-41  图 6-3-42  图 6-3-43
动作描述	准备位置：底座站于尖子两侧，后点站于尖子身后。 准备拍 第 1~2 拍：尖子双手扶后点手腕；底座开立；后点扶住尖子的腰。 第 3~4 拍：后点扶住尖子的腰进行预跳（图 6-3-35）。 第一八拍 第 1~2 拍：尖子主动发力向上跳起；后点扶腰将尖子抛起。 第 3~6 拍：尖子前后分腿呈纵叉，身体冲前上身直立；底座双臂夹住尖子的大腿和小腿于肩位；后点托住尖子腰部（图 6-3-36）。 第 7~8 拍：尖子叉腰侧上举（图 6-3-37）。 第二八拍 第 1~4 拍：动作造型展示。 第 5~8 拍：尖子扶后点手腕，底座外侧手抓住尖子脚掌（图 6-3-38）。 第三八拍 第 1~4 拍：底座握住尖子双脚上托；后点扶住尖子腰部上托低头，抱住尖子大腿；尖子双腿盘坐在后点肩膀，上身直立（图 6-3-39）。 第 5~8 拍：动作造型展示。 第四八拍 第 1~2 拍：尖子上 V 姿势（图 6-3-40）。

续表

	第五八拍 第 1~2 拍：尖子腿伸直，双手下举；后点从尖子腿下方接住尖子双手（图 6-3-41）。 第 3~8 拍：动作造型展示。 第 5~6 拍：后点将尖子向上顶起，同时双手上推；尖子撑手双腿后摆撑平稳落地（图 6-3-42）。 第 7~8 拍：动作结束，直立站好（图 6-3-43）。
动作要领	尖子上肩位时注意保护，尖子在肩位时底座要抓住尖子的大腿根与小腿，尖子保持好在肩位上的姿态。
练习步骤	①配力练习：底座空做动作练习底座之间的一致性、抓手的准确性，以及与尖子的配合。 ②动作练习：底座练习坐肩保持稳定，尖子拉伸柔韧。在动作过程中底座及时变换抓手的位置。 ③动作组合练习：按照节拍在有保护的环境中进行分解动作练习，系统训练检查反馈，及时发现问题，解决问题。
易犯错误	尖子坐到底座肩膀时容易后倒。
保护帮助	后点注意扶腰的保护。

8. 动作名称：双底座站髋（架臂摆腿下）

动作图示	 图 6-3-44  图 6-3-45  图 6-3-46  图 6-3-47  图 6-3-48
动作描述	准备位置：站髋位置。 第一八拍 第 1~4 拍：准备位置保持不动（图 6-3-44）。 第 5~6 拍：底座外侧手抓住尖子手腕（图 6-3-45）。 第 7~8 拍：底座内侧手抓住尖子腋下同时向上托起（图 6-3-46）。

续表

动作描述	第二八拍 第1~2拍：尖子空中交换踢腿（图6-3-47）。 第3~4拍：底座托住尖子手臂将尖子送至地面；尖子并脚缓冲落地（图6-3-48）。 第5~8拍：动作结束，直立站好。
动作要领	①尖子站髋时上身直立腰部收紧。 ②尖子悬空交换踢腿膝盖脚背绷紧。 ③底座环抱手紧贴身体，踩地要稳。 ④底座托尖子手臂时反握尖子腋下和手腕。
练习步骤	①配力练习：底座尖子空做动作，保证底座动作一致及手位的正确。 ②分解动作练习： 亮相练习：尖子在地面上练习托举亮相的手位，底座空做动作保持稳定性。 下法练习：首先练习原地架臂踢腿保持尖子的身体协调。 ③动作组合练习：在有保护的环境中进行分解动作练习，系统训练检查反馈，及时发现问题，解决问题。
易犯错误	站髋时，尖子容易站在底座大腿处，腹部松弛，重心不稳，前后移动，脚踝松，不够稳定；底座容易抓尖子的肘关节，对尖子身体造成伤害；落地不缓冲，会造成膝盖的损伤。
保护帮助	在动作过程中运动员要时刻保持注意力，底座要抓好尖子的手腕和肩部，控制好尖子的平衡，以防止尖子重心前后移动，造成动作失败。

9. 动作名称：多底座肩位单脚后控腿

动作图示	 图6-3-49  图6-3-50  图6-3-51  图6-3-52  图6-3-53  图6-3-54

续表

动作图示	 图 6-3-55  图 6-3-56  图 6-3-57  图 6-3-58  图 6-3-59  图 6-3-60  图 6-3-61
动作描述	准备位置：底座面对面站于尖子两侧，后点站于尖子身后。 第一八拍 第 1~4 拍：底座握住尖子的脚腕和脚掌；尖子双手扶住底座的肩部；后点扶住尖子腰部（图 6-3-49）。 第 5~8 拍：底座缓冲上托至肩部；尖子主动蹬地直膝盖立上身；后点扶腰上托后握住脚踝（图 6-3-50）。 第二八拍 第 1~4 拍：尖子上 V 姿势（图 6-3-51）。 第 5~6 拍：尖子变换造型（图 6-3-52）。 第 7~8 拍：还原上 V 姿势（图 6-3-53）。 第三八拍 第 1~4 拍：位置变换转体 90°；尖子身体面向前方（图 6-3-54）。 第 5~8 拍：尖子变换造型（图 6-3-55）。 第四八拍 第 1~8 拍：尖子后控腿（图 6-3-56）。 第五八拍 第 1~4 拍：尖子上 V 单脚吸腿（图 6-3-57）。 第 5~8 拍：摇篮接下法（图 6-3-58）。 第六八拍 第 1~4 拍：尖子落地站立。

续表

动作描述	第5~8拍：变换位置准备托举（图6-3-59）。 第七八拍 第1~4拍：尖子双臂侧平举，底座正握尖子双臂，后点扶住尖子腰（图6-3-60）。 第5~8拍：底座将尖子上举高位，尖子蹬地呈单脚吸腿，后点扶住尖子腰（图6-3-61）。 第八八拍 第1~6拍：位置移动。 第7~8拍：将尖子托下至地面缓冲站稳直立。
动作要领	①第一个动作底座注意尖子的抓脚位置。 ②后点注意扶脚位置。 ③后举腿时尖子注意空中姿态。 ④托举尖子时底座注意抓手的位置。
练习步骤	①配力练习：底座尖子空做动作，保证底座动作一致及手位的正确。 ②分解练习： 上法练习：底座抓脚，尖子扶底座肩膀，后点扶尖子腰，尖子反复踩上，练习尖子的重心转换及提高抓手的牢固性。 亮相练习：尖子在地面练习单脚的稳定与后举腿的稳定与柔韧。尖子的单脚肩位底座要分配好抓脚的位置，后点注意扶腿，尖子在肩位手位要清晰。 下法练习：尖子首先在海绵垫上练习落体，之后在相对安全的高度进行摇篮接练习及原地架臂踢腿，保持尖子的身体协调。
易犯错误	扶脚的位置，托脚的位置，尖子在空中做燕式平衡时的空中姿态，摇篮接时底座注意缓冲。
保护帮助	后点在上肩位时应该扶住尖子的腿和脚跟，注意保护，摇篮接时注意缓冲，后退时注意托住尖子的腰。

10. 动作名称：单底座站肩

动作图示	 图6-3-62	 图6-3-63	 图6-3-64

续表

动作图示	 图 6-3-65  图 6-3-66  图 6-3-67  图 6-3-68  图 6-3-69
动作描述	准备位置：底座站于尖子前方；后点站于尖子后方。 第一八拍 第 1~6 拍：站立准备托举（图 6-3-62）。 第 7~8 拍：底座开立下蹲双手上举；尖子握住底座的双手（图 6-3-63）。 第二八拍 第 1~2 拍：尖子单脚踩底座的髋部（图 6-3-64）。 第 3~4 拍：尖子另一只脚踩底座的肩部（图 6-3-65）。 第 5~8 拍：底座扶手上推直立；尖子主动踩肩呈站立；后点扶腰上托（图 6-3-66）。 第三八拍 第 1~6 拍：尖子上 V 姿势（图 6-3-67）。 第 7~8 拍：尖子弯腰扶手准备下法（图 6-3-68）。 第四八拍 第 1~4 拍：底座扶尖子手缓冲上托将尖子推送至地面；尖子主动跳下缓冲落地（图 6-3-69）。 第 5~8 拍：动作结束，直立站好。
动作要领	①尖子在上肩位时要踩稳，在站上肩位以后脚扣住底座。 ②后点在尖子上肩位时要用力向上不要向前。
练习步骤	①上法练习：尖子借助肋木上底座的肩位，底座感受尖子的发力及保持稳定平衡，底座练习半蹲稳定性，尖子在后点的辅助下进行上肩位。 ②亮相练习：尖子在地面上练习托举亮相的手位，底座空做动作保持稳定性。 ③下法练习：尖子练习在底座的辅助下向海绵垫跳下。 ④动作组合练习：在有保护的环境中进行分解动作练习，系统训练检查反馈，及时发现问题，解决问题。

续表

易犯错误	底座抓手距离大，尖子在肩位时双脚要夹紧，后点向上送尖子时要向上发力。
保护帮助	后点在尖子上肩位时注意扶腰保护，尖子在肩位时要用力扶住尖子的脚腕注意保护。

11. 动作名称：多底座肩位托举

动作图示	 图 6-3-70  图 6-3-71  图 6-3-72  图 6-3-73  图 6-3-74
动作描述	准备位置：底座站于尖子两侧；后点站于尖子后方。 第一八拍 第 1~4 拍：直立站好准备托举（图 6-3-70）。 第 5~8 拍：底座面对面下蹲，后背直立，双手放于膝盖上方；尖子双手扶住底座肩膀；后点扶住尖子腰部（图 6-3-71）。 第二八拍 第 1~6 拍：底座缓冲上托至肩部；尖子主动直腿立上身；后点扶腰上托后扶脚腕（图 6-3-72）。 第 7~8 拍：尖子上 V 姿势（图 6-3-73）。 第三八拍 第 1~4 拍：动作保持不动。 第 5~8 拍：缓冲将尖子托下至准备位（图 6-3-74）。 第四八拍 第 1~8 拍：动作结束，直立站好。
动作要领	①底座上举或落下一定要注意缓冲。 ②尖子站在肩位要绷紧身体。 ③底座抓脚要抓住整个脚，要抓紧，上举时一定要同时举上。

续表

练习步骤	①配力练习：底座空做动作，尖子施加力量保证底座动作的一致性及底座手位的准确性。 ②分解练习： 上法练习：后点扶尖子的腰帮助尖子发力，尖子双手撑底座肩膀跳到底座的手上，底座双手迎接尖子的脚放于膝盖。底座缓冲双手紧抓尖子的脚顺着身体的中心线向上托至锁骨，双手变换紧包尖子的脚后跟与脚掌卡住双腿分开站立。 托举亮相练习：尖子在地面练习托举时需要的手位。直接托至肩位托举进行动作练习。 下法练习：尖子首先在海绵垫上进行落体练习，之后在相对安全的高度向后平躺底座练习摇篮接。 ③动作组合练习：在有保护的环境中进行分解动作练习，系统训练检查反馈，及时发现问题，解决问题。
易犯错误	尖子在上举时容易腿弯曲，腰腹松弛，容易左右摇晃。两底座在上举时容易动作不一致，导致动作失败。不缓冲，造成动作僵硬。
保护帮助	后点在尖子上跳时扶住尖子的腰部往上举，控制尖子的平衡。在尖子上肩位后辅助底座抓好尖子的脚，眼睛时刻盯着尖子，以防尖子掉下，及时去接，给予保护。

12. 动作名称：摇篮接回拢接多底座高位单脚侧扳腿

动作图示	 图 6-3-75  图 6-3-76  图 6-3-77  图 6-3-78  图 6-3-79  图 6-3-80  图 6-3-81

续表

动作描述	准备位置：摇篮接准备。 第一八拍 第 1~4 拍：摇篮接准备托举（图 6-3-75）。 第 5~8 拍：缓冲回拢准备单脚托举（图 6-3-76）。 第二八拍 第 1~4 拍：底座下蹲握住尖子的脚腕和脚掌缓冲上托至高位；尖子缓冲蹬地直腿立上身吸腿；后点扶腰上托后抓脚腕（图 6-3-77）。 第 5~8 拍：动作保持。 第三八拍 第 1~4 拍：尖子上 V 单脚吸腿姿势（图 6-3-78）。 第 5~8 拍：尖子侧扳腿姿势（图 6-3-79）。 第四八拍 第 1~4 拍：尖子回到上 V 单脚吸腿姿势。 第 5~8 拍：摇篮接下法（图 6-3-80）。 第五八拍 第 1~4 拍：将尖子放至地面（图 6-3-81）。 第 5~8 拍：动作结束，直立站好。
动作要领	①摇篮接回拢缓冲到单脚抓脚时底座要迅速找点。 ②缓冲托至高位时尖子与底座要配合好发力点。 ③托至高位时底座保持尖子稳定，尖子侧扳腿时注意支撑腿的直立不要弯曲。
练习步骤	①配力练习：底座空做动作练习变换位置及副点练习扶腰抛后快速抓脚。底座扶腰抛尖子不接脚，让尖子感受空中感觉。在有保护的情况下分别完成尖子后躺底座摇篮接。 ②分解练习： 上法练习：摇篮接回拢抓脚练习及抓脚后连接单脚托举动作练习。 亮相动作练习：尖子在地面进行吸腿与侧扳腿的转变及尖子的稳定性练习。底座练习高位的换手与抓脚。 下法练习：尖子首先在海绵垫上进行落体练习，之后在相对安全的高度向后平躺底座练习摇篮接。 ③动作组合练习：根据节拍来进行动作练习，系统训练检查反馈。在有保护的环境中进行分解动作的串联，及时发现问题，解决问题。
易犯错误	回拢单脚时注意配合，抓脚时手位要明确。高位时尖子注意重心不要偏移，膝盖不要弯曲，脚踝松，不够稳定，摇篮接时底座不主动迎接尖子，落地不缓冲或者间距过大。
保护帮助	在动作过程之中运动员要时刻保持注意力，在尖子后躺时刻把控落脚点，底座要注意尖子的距离，随时准备向尖子的方向移动。在托举时要时刻注意尖子的动态，以防尖子重心偏移动作失败，前点在动作中注意辅助尖子的稳定。

13. 动作名称：前手翻上多底座高位托举

动作图示	 图 6-3-82  图 6-3-83  图 6-3-84  图 6-3-85  图 6-3-86  图 6-3-87
动作描述	准备位置：前点与后点面对尖子站立；底座面对面站于前点与后点之间。 第一八拍 第 1~4 拍：尖子面对前点助跑进行前手翻（图 6-3-82）。 第 5~8 拍：后点双手握住尖子的腰部，肩膀扛在尖子腰部上托后转身扶脚腕；尖子主动推地跟紧上身，缓冲直腿立上身；底座接脚缓冲上托至肩部；前点握住尖子脚腕上提（图 6-3-83）。 第二八拍 第 1~4 拍：肩位托举动作保持（图 6-3-84）。 第 5~8 拍：缓冲上推至高位；尖子上 V 姿势（图 6-3-85）。 第三八拍 第 1~4 拍：高位托举动作保持。 第 5~8 拍：回到肩位；尖子上 V 姿势（图 6-3-86）。 第四八拍 第 1~6 拍：尖子 360°转体下至摇篮接（图 6-3-87）。 第 7~8 拍：动作结束，直立站好。
动作要领	①尖子前手翻要流畅，与后点配合缓冲，主底及时去抓尖子的双脚缓冲呈肩位托举保持稳定。 ②过程中尖子时刻保持身体紧张，以免给底座造成压力。 ③做下法时，底座缓冲向高处推手给尖子更大的转体空间。
练习步骤	①配力练习：尖子在海绵垫上练习前手翻，要做到前手翻动作过程流畅，尖子与底座空做动作练习与底座动作的一致性。 ②分解练习： 上法练习：尖子先进行倒立，后点半蹲双手扶尖子的腰部，将之放于肩侧扛起，随着向上发力迅速转身扶尖子腰。两主底迅速抓尖子的双脚缓冲呈髋位，前点注意保护尖子，以免尖子重心向前倾斜。

续表

练习步骤	亮相动作练习：尖子在地面练习托举时需要的手位。直接托至高位托举进行动作练习。 下法练习：尖子首先在海绵垫上进行落体练习，之后在相对安全的高度向后平躺底座练习摇篮接。 ③动作组合练习：根据节拍来进行动作练习，系统训练检查反馈。在有保护的环境中进行分解动作的串联，及时发现问题，解决问题。
易犯错误	尖子前手翻发力不当，使底座接手失败，前手翻退至肩位时后点要向上发力。升高位时尖子注意膝盖不要弯曲，转体过程中底座缓冲不一致或者推的高度不够，尖子身体松懈没有带臂。
保护帮助	尖子在进行前手翻时后点及时去帮助尖子完成前手翻并帮助尖子上身直立。前点在托举至肩位时着手帮助尖子稳定重心以免尖子重心前倾。呈高位托举时，前后点帮助固定稳定，后点盯尖子动态，后点抓尖子脚踝或者底座手腕帮助尖子稳定。

14. 动作名称：多底座单脚转体90°托举

动作图示	 图 6-3-88  图 6-3-89  图 6-3-90  图 6-3-91  图 6-3-92  图 6-3-93  图 6-3-94
动作描述	准备位置：底座站于尖子身前和身后；前点和后点站于尖子两侧。 第一八拍 第 1~4 拍：直立站好托举准备（图 6-3-88）。

续表

动作描述	第 5~8 拍：一名底座扶尖子腰部，另一名底座握住尖子的大腿和脚掌；尖子握住底座手腕抬腿至 90°；前点和后点握住尖子脚腕（图 6-3-89）。 第二八拍 第 1~4 拍：缓冲，底座上托；尖子主动蹬地；前点和后点握住脚腕上提。 第 5~8 拍：尖子蹬地转体 90°呈肩位（图 6-3-90）。 第三八拍 第 1~2 拍：动作保持。 第 3~4 拍：上托至高位。 第 5~8 拍：尖子上 V 姿势（图 6-3-91）。 第四八拍 第 1~4 拍：回到肩位（图 6-3-92）。 第 5~8 拍：摇篮接下法（图 6-3-93）。 第五八拍 第 1~4 拍：底座将尖子上抛；尖子做滚筒动作后回到摇篮接（图 6-3-94）。 第 5~8 拍：动作结束，直立站好。
动作要领	①副点在进行扶腰抛时注意发力点顺着身体垂直向上抛，主底在抛上时身体跟进，手位转换双手托尖子脚保持尖子单腿滞空，给副点抓脚的时间，副点在抛上后要快速反应去抓脚。 ②缓冲托至高位时尖子与底座要配合好发力点。托至高位时底座保持尖子稳定，尖子侧扳腿时注意支撑腿的直立不要弯曲。 ③摇篮抛转体底座下沉聚力，手臂配合大腿发力，最高点手臂手腕向上拨，手臂在最高点手心向上等尖子降落，后点在抛至高点时扶尖子肩膀协助尖子转体，尖子身体夹紧肩臂带力，双腿夹紧，随后点发力转体 360°。
练习步骤	①配力练习：底座空做动作练习变换位置及副点练习扶腰抛后快速抓脚。底座扶腰抛尖子不接脚，让尖子感受空中感觉。 ②分解练习： 上法练习：尖子伸右脚给副点，副点一只手抓尖子脚掌另一只手托尖子大腿，同时另一侧底座扶尖子腰。缓冲副点做抛上将尖子抛起并帮助尖子转体，尖子以主底托举腿为轴转体 90°，副点迅速去抓尖子另一侧脚掌，后点及时抓尖子双脚帮助尖子稳定控制双腿距离，主底迅速抓尖子双脚。 托举亮相练习：尖子在地面练习托举时需要的手位。直接托至高位托举进行动作练习。 下法练习：底座与尖子先进行摇篮抛练习。手臂在最高点手心向上等尖子降落，尖子身体夹紧双腿夹紧，随底座发力到最高点展身下落，后点配合底座发力托尖子腋下到最高位等住尖子。 ③动作组合练习：在有保护的环境中进行分解动作练习，系统训练检查反馈，及时发现问题，解决问题。

续表

易犯错误	尖子在动作过程中身体松懈，底座在托举中没有集中注意力。在扶腰抛时底座发力偏移。尖子重心前后倾斜，在摇篮抛转体时后点没有明显转体发力。尖子转体过程中身体松懈不能转体到位，底座在摇篮抛时没有到制高点向上拨手。
保护帮助	在动作中副点抛上时帮助尖子转体，抛上后反应要迅速，抛上及时抓尖子的脚分担主底的重量。前后点时刻注意尖子的动态，动作时及时去抓尖子的脚踝或者底座的手腕，帮助尖子稳定。摇篮抛转体时后点帮助尖子转体。

15. 动作名称：多底座肩位接高位

动作图示	 图 6-3-95  图 6-3-96  图 6-3-97  图 6-3-98  图 6-3-99
动作描述	准备位置：底座站于尖子两侧面对面下蹲，双手放于膝盖上方，后点站于尖子身后扶腰；尖子双手扶住底座肩膀（图 6-3-95）。 第一八拍 第 1~4 拍：尖子缓冲双脚跳于底座手上；底座主动抓脚；后点扶腰稳定（图 6-3-96）。 第 5~8 拍：底座主动上托至肩位；尖子直腿立上身；后点扶腰上托后抓脚腕（图 6-3-97）。 第二八拍 第 1~4 拍：动作保持。 第 5~8 拍：上托至高位，尖子上 V 姿势（图 6-3-98）。 第三八拍 第 1~4 拍：动作保持。 第 5~8 拍：摇篮接下法（图 6-3-99）。 第四八拍 第 1~4 拍：动作结束，直立站好。

续表

动作要领	①底座在髋位时在尖子跳起后脚踝紧勾，主动去抓尖子的脚。 ②尖子双手撑底座肩膀上髋位。 ③后点扶尖子的腰帮助尖子发力。 ④底座托至肩位时顺着身体的中心线向上托至锁骨，双手变换紧包尖子的脚后跟与脚掌卡住双腿分开站立，摇篮接时回到肩位摇篮接。
练习步骤	①配力练习：底座空做动作，尖子施加力量保证底座动作的一致性及底座手位的准确性。 ②分解练习： 上法练习：a.髋位上：后点扶尖子的腰帮助尖子发力，尖子双手撑底座肩膀跳到底座的手上，底座双手迎接尖子的脚放于膝盖。底座缓冲双手紧抓尖子的脚顺着身体的中心线向上托至锁骨，双手变换紧包尖子的脚后跟与脚掌卡住双腿分开站立。b.旋上：尖子与副点并齐，主底站尖子身后，开始站立拍尖子转身抬左/右腿，副点扶腰做抛上准备，主底半蹲双手抓尖子脚掌。尖子预跳，副点缓冲。副点抛上尖子向上时转体开腿，副点抛上后去抓另一只脚，后点抓尖子脚踝稳定尖子，呈三人肩位托举。 托举亮相练习：尖子在地面练习托举时需要的手位。直接托至高位托举进行动作练习。 下法练习：尖子首先在海绵垫上进行落体练习，之后在相对安全的高度向后平躺底座练习摇篮接。 ③动作组合练习：根据节拍来进行动作练习，系统训练检查反馈。在有保护的环境中进行分解动作的串联，及时发现问题，解决问题。
易犯错误	尖子在动作过程中身体松懈，底座在托举中没有集中注意力。尖子重心前后倾斜，底座配合不一致，托举时高低不一。
保护帮助	后点在动作开始时扶尖子腰部帮助尖子跳上髋位，托至肩位后抓尖子的脚踝或者底座的手腕，抛上及时抓尖子的脚保持重心分担主底的重量，时刻注意尖子的动态。摇篮接时手臂在最高点手心向上等住尖子降落，后点配合底座发力托尖子腋下到最高位等住尖子。

16. 动作名称：多底座单脚转体540°托举接直升飞机

动作图示	 图 6-3-100	 图 6-3-101	 图 6-3-102

续表

动作图示	 图 6-3-103  图 6-3-104  图 6-3-105  图 6-3-106
动作描述	准备位置：底座站于尖子前方和身后，分别扶腰和握住尖子大腿和脚掌；后点站于尖子一侧；尖子扶底座手腕，抬腿至 90°（图 6-3-100）。 第一八拍 第 1~4 拍：底座缓冲上托；尖子主动蹬地（图 6-3-101）。 第 5~8 拍：尖子蹬地后转体 270°呈肩位；底座上托后主动抓脚；后点扶腰上托后抓脚腕（图 6-3-102）。 第二八拍 第 1~4 拍：动作保持。 第 5~8 拍：上托至高位，尖子上 V 姿势（图 6-3-103）。 第三八拍 第 1~4 拍：动作保持。 第 5~8 拍：摇篮接下法（图 6-3-104）。 第四八拍 第 1~8 拍：底座缓冲上抛变换位置后摇篮接接住尖子；尖子主动平转后落入摇篮接（图 6-3-105）。 第五八拍 第 1~4 拍：将尖子放至地面（图 6-3-106）。 第 5~8 拍：动作结束，直立站好。
动作要领	①副点在进行扶腰抛时注意发力点顺着身体垂直向上抛并帮助尖子转体。 ②主底在抛上时身体跟进，手位转换双手托尖子脚，保持尖子单腿滞空，给副点抓脚的时间。 ③副点在抛上后要快速反应去抓脚。缓冲托至高位时尖子与底座要配合好发力点。托至高位时底座保持尖子稳定。 ④直升飞机 180°，尖子注意身体夹紧，底座在进行动作时要及时转换位置。

续表

练习步骤	①配力练习：底座空做动作练习变换位置及副点练习扶腰抛后快速抓脚。底座扶腰抛尖子不接脚，让尖子感受空中感觉。 ②分解练习： 上法练习：尖子伸右脚给副点，副点一只手抓尖子脚掌另一只手托尖子大腿，同时另一侧底座扶尖子腰。缓冲副点做抛上将尖子抛起并帮助尖子转体，尖子以主底托举腿为轴转体540°，副点迅速去抓尖子另一侧脚掌，后点及时抓尖子双脚帮助尖子稳定，控制双腿距离，主底迅速抓尖子双脚。 托举亮相练习：尖子在地面练习托举时需要的手位。直接托至高位托举进行动作练习。 下法练习：底座与尖子先进行摇篮抛练习然后底座左手拉右手推使尖子平转90°。手臂在最高点手心向上等尖子降落，尖子身体夹紧双腿夹紧，随底座发力到最高点展身下落，后点配合底座发力托尖子腋下到最高位等住尖子。 ③动作组合练习：根据节拍来进行动作练习，系统训练检查反馈。在有保护的环境中进行分解动作的串联，及时发现问题，解决问题。
易犯错误	尖子在动作过程中身体松懈，底座在托举中没有集中注意力。在扶腰抛时底座发力偏移。尖子重心前后倾斜，转体角度不够。在摇篮抛直升飞机时后点没有明显转体发力。尖子转体过程中身体松懈不能转体到位，底座没有给尖子带转。
保护帮助	在动作中副点抛上时帮助尖子转体，抛上后反应要迅速，抛上及时抓尖子的脚分担主底的重量。前后点时刻注意尖子的动态，动作时及时去抓尖子的脚踝或者底座的手腕，帮助尖子稳定。摇篮抛直升飞机时后点帮助尖子转体。

第四节　金字塔教学与训练

一、金字塔的概念

金字塔是将单独的托举结合在一起的大托举的总称，是技巧啦啦操成套动作中必须展现的四类难度之一。

二、金字塔的教学与训练

（一）金字塔的组成

金字塔整个动作的完成过程由上架、过渡连接、成金字塔及下架四个部分构成。

(二) 技术要求

金字塔是由多个单一托举组合起来的大托举，其基本技术同托举技术。

(三) 案例分析

1. 动作名称：金字塔案例一

动作图示	 图 6-4-1  图 6-4-2  图 6-4-3  图 6-4-4  图 6-4-5  图 6-4-6 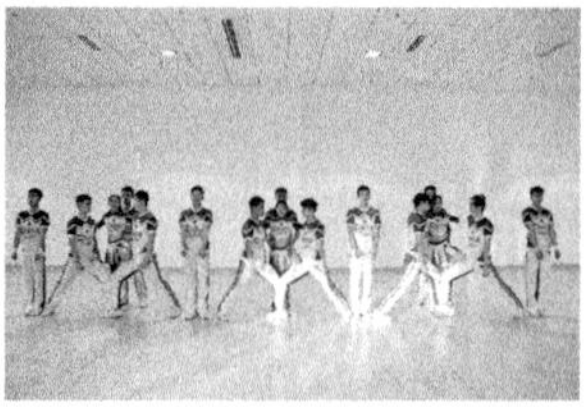 图 6-4-7  图 6-4-8
动作描述	动作组成：单人双脚站　多底座跪髋托举 第一八拍 第 1~4 拍：夹臂原地踏步（图 6-4-1）。

续表

动作描述	第 5~6 拍：同时击掌（图 6-4-2）。 第 7~8 拍：（单人双脚站）夹臂站立。 （多底座跪髋）底座面对面弓步；尖子双手撑肩；后点扶尖子腰（图 6-4-3）。 第二八拍 第 1~4 拍：（单人双脚站）夹臂站立。 （多底座跪髋）尖子依次跪在底座髋部；底座内侧手抱大腿，外侧手扶膝盖；后点扶腰（图 6-4-4）。 第 5~6 拍：同时击掌（图 6-4-5）。 第 7~8 拍：金字塔动作连接（图 6-4-6）。 第三八拍 金字塔造型展示。 第四八拍 第 1~4 拍：（单人双脚站）夹臂站立。 （多底座跪髋）尖子撑肩依次踩地；底座将尖子送至地面；后点扶腰（图 6-4-7）。 第 5~8 拍：动作结束，直立站好（图 6-4-8）。
动作要领	①把握住金字塔连接的时机和节奏。 ②托举中底座双脚要并齐，弓步放低保持平稳。 ③尖子双腿跪在底座髋部，腰部收紧，上身保持直立。 ④后点保持尖子平稳，帮助尖子上至托举位置。
练习步骤	①按节拍进行站立动作练习。 ②第一步准备：底座弓步跳开找准位置；尖子快速扶住底座肩膀；后点紧握尖子腰部。 第二步上法：底座上法中内侧手扶住尖子大腿，外侧手扶住尖子膝盖；尖子一腿跪在底座髋部后要主动发力，腰部收紧往上；后点紧握尖子腰部帮助送至托举位置。 第三步下法：底座保持平稳松手将尖子送下；尖子双腿依次站立至地面，保持平稳；后点扶腰将尖子送至地面。
易犯错误	底座弓步距离过大；弓步后大腿位置不在一个水平面内；尖子跪立的位置不准确；腰部松弛。
保护帮助	后点保护员时刻注意尖子的动态，动作开始到结束双手扶住尖子腰部，保持尖子的稳定和平衡，防止尖子前倾或后倒。

2. 动作名称：金字塔案例二

<table>
<tr><td>动作图示</td><td>
图 6-4-9

图 6-4-10

图 6-4-11

图 6-4-12

图 6-4-13

图 6-4-14

图 6-4-15</td></tr>
<tr><td>动作描述</td><td>动作组成：
单人双脚站　　　　　多底座单脚斜站髋
单人单脚踩髋站立　　多底座跪髋
第一八拍
第 1~4 拍：夹臂原地踏步（图 6-4-9）。
第 5~8 拍：（多底座单脚斜站髋）击掌后，尖子两臂侧平举；底座双腿开立扶住尖子腋下和手腕；后点面对尖子弓步。
（多底座跪髋）击掌后，底座面对面弓步；尖子双手撑肩；后点扶尖子腰（图 6-4-10）。</td></tr>
</table>

续表

动作描述	第二八拍 第 1~4 拍：(多底座单脚斜站髋) 尖子单脚踩后点大腿主动蹬地呈吸腿姿势；底座主动上托；后点固定尖子脚掌。 (多底座跪髋) 尖子依次跪在底座髋部；底座内侧手抱大腿，外侧手扶膝盖；后点扶腰 (图 6-4-11)。 第 5~6 拍：同时击掌 (图 6-4-12)。 第 7~8 拍：金字塔连接 (图 6-4-13)。 第三八拍 金字塔造型展示。 第四八拍 第 1~4 拍：(多底座单脚斜站髋) 尖子单脚主动踩地；底座将尖子托下。 (多底座跪髋) 尖子撑肩依次踩地；底座将尖子送至地面；后点扶腰 (图 6-4-14)。 第 5~8 拍：动作结束，直立站好 (图 6-4-15)。
动作要领	①把握住金字塔连接的时机和节奏。 ②托举中底座弓步支撑住地面，抓脚要准确；尖子蹬地吸腿腰收紧同时立上身；后点抓手位置要准确，快速推至托举位置。 ③踩跨位置要准确，快速到位。 ④托举中底座双脚要并齐，弓步放低保持平稳；尖子双腿跪在底座髋部，腰部收紧，上身保持直立；后点保持尖子平稳，帮助尖子托上至托举位置。
练习步骤	①按节拍进行站立动作练习。 ②第一步准备：底座弓步迈开找准位置，双手放于髋部上方；尖子双手侧平举腰部收紧，脚踩底座手放于髋部；后点内侧手反握扶尖子腋下，外侧手反握扶尖子手腕。 第二步上法：底座弓步站稳，双手紧握尖子脚；尖子主动蹬地立上身，腰部收紧同时后仰；后点握住尖子胳膊迅速往上托起至托举位置。 第三步下法：底座保持平稳松手将尖子送下；尖子主动迈腿踩地站稳；后点握住胳膊将尖子托下至地面。 ③按节拍翻胯踩髋，位置找准确。
易犯错误	①后点发力位置不准确；尖子踩脚位置容易踩偏，单脚站立时腰部松弛扭胯。 ②底座弓步过大；弓步后大腿位置不在一个水平面内；尖子跪立的位置不准确；腰部松弛。
保护帮助	后点保护员托住尖子手臂保持尖子重心，防止左右晃动；帮助尖子蹬地时往上发力。

3. 动作名称：金字塔案例三

动作图示	 图 6-4-16  图 6-4-17  图 6-4-18  图 6-4-19  图 6-4-20  图 6-4-21  图 6-4-22
动作描述	动作组成：单底座跪髋托举（左右） 第一八拍 第 1~4 拍：底座面对面弓步；尖子双脚站稳直立（图 6-4-16）。 第 5~6 拍：尖子内侧腿跪在底座髋部；底座抱住尖子大腿（图 6-4-17）。 第 7~8 拍：尖子主动蹬地双腿跪于底座大腿；底座抱腰扶膝盖（图 6-4-18）。 第二八拍 金字塔造型展示（图 6-4-19）。 第三八拍 第 1~4 拍：尖子夹紧胳膊，准备下法（图 6-4-20）。

续表

	第5~6拍：尖子单脚踩地；底座松手（图6-4-21）。 第7~8拍：动作结束，站稳直立（图6-4-22）。
动作要领	①托举中底座弓步要踩稳，环抱尖子位置要准确。 ②尖子腿部放置位置要准确，腰部收紧立上身。
练习步骤	第一步准备：底座弓步迈开找准位置，尖子直立准备上托举。 第二步上法：底座上法中内侧手要环抱住尖子腰部，外侧手扶住尖子膝盖，弓步要踩稳；尖子外侧手环抱住底座的肩膀，上身保持直立，腰部收紧，双腿并紧跪坐在底座大腿上方。 第三步下法：底座松手将尖子送下至地面同时跳并；尖子双腿依次踩下地面站稳。
易犯错误	底座环抱位置不准确，手扶膝盖的位置不准确；尖子腰部松弛，跪立位置不准确。
保护帮助	底座环抱要抱紧，内侧手要扶紧膝盖，防止尖子脱落。

4. 动作名称：金字塔案例四

动作图示	 图6-4-23  图6-4-24  图6-4-25  图6-4-26  图6-4-27  图6-4-28

续表

动作图示	 图 6-4-29  图 6-4-30
动作描述	动作组成：多底座肩位纵叉托举　多底座站髋托举 第一八拍 第 1~4 拍：(多底座肩位纵叉托举) 站立不动。 (多底座站髋托举) 底座面对面弓步 (图 6-4-23)。 第 5~6 拍：(多底座肩位纵叉托举) 尖子握住后点手腕；后点扶腰。 (多底座站髋托举) 尖子撑肩单脚踩底座髋部；底座抱住尖子大腿，扶脚掌；后点扶腰 (图 6-4-24)。 第 7~8 拍：(多底座肩位纵叉托举) 后点扶腰预跳上托；尖子主动蹬地。 (多底座站髋托举) 尖子蹬地站于底座髋部；底座抱尖子大腿扶脚掌；后点扶腰 (图 6-4-25)。 第二八拍 第 1~4 拍：(多底座肩位纵叉托举) 尖子主动跳起呈纵叉姿势；底座双臂夹住尖子大腿和小腿于肩部；后点扶腰。 (多底座站髋托举) 尖子上 V 姿势 (图 6-4-26)。 第 5~8 拍：金字塔连接 (图 6-4-27)。 第三八拍 金字塔造型展示 (图 6-4-27)。 第四八拍 第 1~2 拍：(多底座肩位纵叉托举) 尖子扶后点手腕准备下法。 (多底座站髋托举) 尖子屈膝撑肩准备下法 (图 6-4-28)。 第 3~4 拍：(多底座肩位纵叉托举) 底座撑尖子脚掌托下。 (多底座站髋托举) 尖子主动并腿跳下 (图 6-4-29)。 第 5~8 拍：动作结束，站稳直立 (图 6-4-30)。
动作要领	①托举中底座胳膊夹腿位置要准确，快速接脚；尖子腰部收紧立上身，快速分腿；后点快速托起，保持稳定。 ②托举中底座弓步踩稳，环抱位置要准确；尖子踩腿快速蹬地，上身直立腰收紧；后点保持稳定。
练习步骤	第一步准备：底座开立准备；尖子扶后点手腕准备起跳；后点扶住尖子腰部保持稳定。 第二步上法：底座要快速夹住尖子大腿并准确扶住前脚掌；尖子起跳快速推手立上身，双腿纵叉分开；后点紧握尖子腰部上抛至托举位置。 第三步下法：底座沉腿缓冲同时上推松手；尖子扶后点手腕快速并脚落地；后点扶尖子腰部保护尖子平稳落地。

续表

易犯错误	①底座接脚时容易移动，导致尖子不稳定；尖子腰部松弛坐髋。 ②底座踩地不稳，弓步位置不在一个平面；尖子踩脚位置不在髋部。
保护帮助	①后点紧握尖子腰部，稳定尖子重心，防止尖子后倒。 ②底座踩地要稳，大腿尽量放平，帮助尖子稳定重心；后点扶腰稳定尖子。

5. 动作名称：金字塔案例五

动作图示	 图 6-4-31  图 6-4-32  图 6-4-33 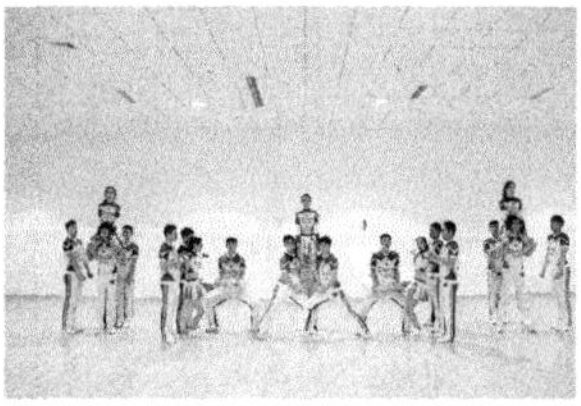 图 6-4-34  图 6-4-35  图 6-4-36  图 6-4-37  图 6-4-38

续表

<table>
<tr><td>动作图示</td><td>
图 6-4-39</td></tr>
<tr><td>动作描述</td><td>动作组成：多底座坐肩托举　多底座躺肩托举　多底座站髋托举
第一八拍
第 1~4 拍：托举准备（图 6-4-31）。
第 5~8 拍：（多底座坐肩托举）底座下蹲扶尖子脚掌和大腿；尖子扶手腕；后点扶腰。
（多底座站髋托举）底座面对面弓步（图 6-4-32）。
第二八拍
第 1~2 拍：（多底座坐肩托举）底座预沉上托。
（多底座站髋托举）尖子撑肩单脚踩底座髋部；底座抱大腿扶脚掌；后点扶腰。
（多底座躺肩托举）尖子侧平举抬腿呈 90°；底座握住尖子的上臂和手腕；后点托住尖子大腿和小腿（图 6-4-33）。
第 3~4 拍：（多底座坐肩托举）尖子主动蹬地分腿盘坐后点肩膀；底座上托。
（多底座站髋托举）尖子蹬地站于底座髋部；底座抱尖子大腿扶脚掌；后点扶腰（图 6-4-34）。
第 5~6 拍：（多底座站髋托举）尖子上 V 姿势。
（多底座躺肩托举）底座预沉上托（图 6-4-35）。
第 7~8 拍：（多底座坐肩托举）尖子上 V 姿势。
（多底座站髋托举）尖子上 V 姿势。
（多底座躺肩托举）尖子主动平躺；底座托于肩位（图 6-4-36）。
第三八拍
金字塔动作连接（图 6-4-37）。
第四八拍
第 1~4 拍：（多底座坐肩托举）尖子直腿撑手腕准备下法；底座撑尖子双手预沉。
（多底座站髋托举）尖子屈膝撑肩准备下法。
（多底座躺肩托举）尖子并腿主动落地；后点将尖子托下（图 6-4-38）。
第 5~8 拍：动作结束，站稳直立（图 6-4-39）。</td></tr>
</table>

续表

动作要领	①底座上托时要直上直下；尖子蹬地要迅速，盘坐时双腿夹紧底座上臂；后点托脚时与尖子发力一致。 ②尖子平躺时腰部要收紧。 ③底座弓步踩稳，环抱位置要准确；尖子踩腿快速蹬地，上身直立腰收紧；后点保持稳定。
练习步骤	多底座坐肩托举： 第一步准备：底座扶住尖子腰部准备上抛；尖子手扶底座手腕，单脚踩住后点手掌；后点半蹲一手扶尖子脚掌，一手扶尖子大腿。 第二步上法：底座预沉上抛至肩位，双手抱住尖子大腿；尖子推手快速蹬地至肩位盘坐，双腿夹紧底座上臂立上身；后点扶腰上托至肩位。 第三步下法：底座扶手预沉顶肩；尖子推手后展腿落地；后点扶腰将尖子送至地面。 多底座躺肩托举： 第一步准备：底座反握住尖子的大腿和脚腕；尖子抬腿 90°单脚站立；后点反握住尖子的腋下和手腕准备上托。 第二步上法：底座下沉托腿上至肩位；尖子蹬地挺髋至平躺，梗头；后点预沉上托至肩位。 第三步下法：底座将尖子双腿托送至地面缓冲落地，后点缓冲放手。 多底座站髋托举： 第一步准备：底座弓步迈开找准位置；尖子站立；后点扶住尖子的腰部。 第二步上法：底座内侧手环抱住尖子大腿，外侧手扶住底座前脚掌；尖子撑肩蹬地踩髋，同时立上身腰部收紧；后点扶腰上托保持稳定。 第三步下法：底座松手送下；尖子撑肩并腿跳至地面，缓冲；后点扶尖子腰部送下。
易犯错误	①尖子坐肩时双腿没有夹紧底座上臂。 ②腰部松弛没有挺髋，头部后仰。 ③站髋时弯腿，腰部松弛。
保护帮助	①后点上托至肩位时扶尖子腰部和大腿稳定尖子重心。 ②后点托臂位置一致防止尖子左右晃动。 ③底座踩地要稳，大腿尽量放平，帮助尖子稳定重心；后点扶腰稳定尖子。

6. 动作名称：金字塔案例六

<table>
<tr><td>动作图示</td><td>
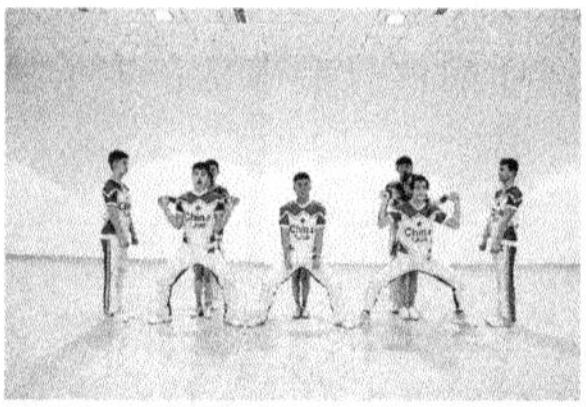
图 6-4-40

图 6-4-41

图 6-4-42

图 6-4-43

图 6-4-44

图 6-4-45

图 6-4-46

图 6-4-47
</td></tr>
<tr><td>动作描述</td><td>动作组成：踩髋站肩　踩髋坐肩
第一八拍
第 1~4 拍：托举准备。
第 5~6 拍：（踩髋站肩）底座下蹲双手上举；尖子撑底座双手；后点扶腰。
（踩髋坐肩）底座下蹲；尖子撑底座肩膀；后点扶腰（图 6-4-40）。
第 7~8 拍：尖子单脚踩在底座髋部（图 6-4-41）。</td></tr>
</table>

续表

动作描述	第二八拍 第 1~2 拍：（踩髋站肩）底座向上推手；尖子主动蹬地，另一只脚踩底座肩膀；后点扶腰上提。 （踩髋坐肩）底座向上推手；尖子主动蹬地，另一只脚跨在底座肩膀呈坐姿；后点扶腰上提（图 6-4-42）。 第 3~6 拍：（踩髋站肩）底座向上推手；尖子踩肩上蹬呈站立；后点扶脚腕。 （踩髋坐肩）尖子双腿盘坐在底座上臂（图 6-4-43）。 第 7~8 拍：金字塔连接（图 6-4-44）。 第三八拍 第 1~6 拍：金字塔动作保持（图 6-4-44）。 第 7~8 拍：（踩髋站肩）底座双手上举；尖子屈膝弯腰手撑底座双手；准备做下法。 （踩髋坐肩）尖子双腿伸直，底座撑住尖子双手准备下法（图 6-4-45）。 第四八拍 第 1~4 拍：底座缓冲上推；尖子并脚缓冲落地（图 6-4-46）。 第 5~8 拍：动作结束，站稳直立（图 6-4-47）。
动作要领	①底座双手外展紧握尖子小腿；尖子踩肩时直腿主动立上身，腰部收紧。 ②底座双手夹住尖子大腿；尖子盘坐紧腰立上身。
练习步骤	踩髋站肩： 第一步准备：底座下蹲同时撑住尖子的双手；尖子撑手直立；后点扶住尖子的腰部准备上托。 第二步上法：底座站立立上身，双手夹紧尖子小腿，双臂外展；尖子推手踩髋依次蹬至肩膀同时直腿立上身；后点扶住尖子的腰部上托至肩位后扶住脚腕，稳定重心。 第三步下法：底座扶住尖子的双手预沉顶肩下托；尖子单脚踩肩同时推手跳下，落地缓冲；后点托住尖子的手送下至地面。 踩髋坐肩： 第一步准备：底座下蹲，尖子双手撑住底座的肩膀。 第二步上法：底座依次扶住尖子的膝盖同时站立；尖子踩髋上至底座的肩膀立上身盘坐。 第三步下法：底座撑手预沉顶肩将尖子推起；尖子推手，双腿后展并脚落地。
易犯错误	①站肩时底座胳膊内收；尖子膝盖弯曲，腰部松弛。 ②上法中踩髋位置不准确。
保护帮助	①后点扶住底座手腕，同时尖子下落时抓住胳膊稳定重心。 ②落地时注意缓冲。

7. 动作名称：金字塔案例七

动作图示	 图 6-4-48  图 6-4-49  图 6-4-50  图 6-4-51  图 6-4-52  图 6-4-53  图 6-4-54  图 6-4-55
动作描述	动作组成：踩髋站肩　踩髋坐肩　多底座肩位单脚托举 第一八拍 第 1~2 拍：（踩髋站肩）底座弓步，双手上举；尖子扶手站立；后点扶尖子腰部。 （踩髋坐肩）底座下蹲；尖子扶底座肩膀，后点扶尖子腰部。 （多底座肩位单脚托举）底座面对面开立下蹲，双手扶住尖子一只脚脚掌；尖子撑肩单脚站立；后点扶腰（图 6-4-48）。 第 3~4 拍：（踩髋站肩）尖子单脚踩底座髋部。 （踩髋坐肩）尖子单脚踩底座髋部（图 6-4-49）。

续表

动作描述	第5~6拍：（踩髋站肩）底座双手上推；尖子撑手蹬腿，另一只脚踩底座肩膀；后点扶腰上托。 （踩髋坐肩）底座双手上推；尖子主动蹬腿后盘坐在底座肩膀；后点扶腰上托。 （多底座肩位单脚托举）底座预沉准备托举上托（图6-4-50）。 第7~8拍：（踩髋站肩）底座上推后迅速握住尖子小腿；尖子主动踩肩后站于底座肩膀；后点抓脚腕。 （多底座肩位单脚托举）底座上托至肩位；尖子主动蹬地立上身后呈单脚吸腿；后点握住脚腕（图6-4-51）。 第二八拍 金字塔连接（图6-4-52）。 第三八拍 第1~4拍：（踩髋站肩）底座上举撑尖子双手；尖子弯腰接手；后点抓脚腕。 （踩髋坐肩）底座上举撑尖子双手；尖子直腿接手；后点扶腰。 （多底座肩位单脚托举）尖子夹臂准备做下法（图6-4-53）。 第5~6拍：（踩髋站肩）底座顶肩撑手；尖子撑手跳下落地缓冲。 （踩髋坐肩）底座顶肩撑手；尖子主动并腿落地缓冲。 （多底座肩位单脚托举）预沉后底座将尖子托回准备位置（图6-4-54）。 第7~8拍：动作结束，站稳直立（图6-4-55）。
动作要领	①底座双手外展紧握尖子小腿；尖子踩肩时直腿主动立上身，腰部收紧。 ②底座双手夹住尖子大腿；尖子盘坐，紧腰，立上身。 ③底座托脚上肩时直上直下，尖子快速蹬地主动立上身；后点紧握脚踝稳定重心。
练习步骤	踩髋站肩： 第一步准备：底座下蹲同时撑住尖子的双手；尖子撑手直立；后点扶住尖子的腰部准备上托。 第二步上法：底座站立，立上身，双手夹紧尖子小腿，双臂外展；尖子推手踩髋依次蹬至肩膀同时直腿立上身；后点扶住尖子的腰部上托至肩位后扶住脚腕，稳定重心。 第三步下法：底座扶住尖子的双手预沉顶肩下托；尖子单脚踩肩同时推手跳下，落地缓冲；后点托住尖子的手送下至地面。 踩髋坐肩： 第一步准备：底座下蹲，尖子双手撑住底座的肩膀。 第二步上法：底座依次扶住尖子的膝盖同时站立；尖子踩髋上至底座的肩膀立上身盘坐。 第三步下法：底座撑手预沉顶肩将尖子推起；尖子推手双腿后展并脚落地。

续表

练习步骤	多底座肩位单脚托举： 第一步准备：底座面对面马步下蹲，抓住尖子的脚掌和脚腕；尖子双手扶住底座的肩膀，单脚踩地立上身；后点扶住尖子的腰部准备上托。 第二步上法：底座预沉同时发力往上托至肩位，尖子踩住底座双手快速蹬地推手立上身，抬腿呈单脚；后点扶腰上托至肩位后抓住尖子脚腕。 第三步下法：底座预沉上推将尖子送下；尖子并脚扶住底座肩膀，落地缓冲；后点接住尖子的腰部扶下。
易犯错误	①站肩时底座胳膊内收；尖子屈膝，腰部松弛。 ②上法中踩髋位置不准确。 ③底座上托过程中晃动；尖子屈膝，扭胯。
保护帮助	①后点扶住底座手腕，同时尖子下落时抓住胳膊稳定重心。 ②落地时注意缓冲。 ③后点紧握尖子脚腕稳住重心，下落时主动去接尖子的腰部，保持尖子的平衡。

8. 动作名称：金字塔案例八

动作图示	 图 6-4-56  图 6-4-57  图 6-4-58  图 6-4-59  图 6-4-60  图 6-4-61

续表

动作图示	 图 6-4-62  图 6-4-63
动作描述	动作组成：踩髋站肩　多底座肩位单脚托举 第一八拍 第 1~4 拍：（多底座肩位单脚托举）底座面对面下蹲；尖子撑肩跳至底座双手；后点扶腰（图 6-4-56）。 第 5~6 拍：（踩髋站肩）底座下蹲举手；尖子握住底座双手；后点扶腰。 （多底座肩位单脚托举）缓冲准备升降（图 6-4-57）。 第 7~8 拍：（踩髋站肩）尖子单脚踩在底座髋部。 （多底座肩位单脚托举）缓冲准备升降（图 6-4-58）。 第二八拍 第 1~4 拍：（多底座肩位单脚托举）底座将尖子托起后回到准备位置。 （踩髋站肩）底座推手；尖子主动踩肩站立（图 6-4-59）。 第 5~8 拍：（多底座肩位单脚托举）底座预沉上推至肩位；尖子上身直立吸腿呈单脚站立；后点上托扶脚腕（图 6-4-60）。 第三八拍 金字塔连接（图 6-4-61）。 第四八拍 第 1~4 拍：（踩髋站肩）底座扶手顶肩缓冲将尖子送下；尖子扶手屈膝推手跳下。 （多底座肩位单脚托举）：底座上推后双手展开主动摇篮接；尖子并腿收髋后倒；后点上推后接尖子肩膀（图 6-4-62）。 第 5~8 拍：动作结束，站稳直立（图 6-4-63）。
动作要领	①底座双手外展紧握尖子小腿；尖子踩肩时直腿主动立上身，腰部收紧。 ②底座托脚上肩时直上直下；尖子快速蹬地主动立上身；后点紧握脚踝稳定重心。
练习步骤	踩髋站肩： 第一步准备：底座下蹲同时撑住尖子的双手；尖子撑手直立；后点扶住尖子的腰部准备上托。 第二步上法：底座站立立上身，双手夹紧尖子小腿，双臂外展；尖子推手踩髋依次蹬至肩膀，同时直腿立上身；后点扶住尖子的腰部上托至肩位后扶住脚腕，稳定重心。

续表

练习步骤	第三步下法：底座扶住尖子的双手预沉顶肩下托；尖子单脚踩肩同时推手跳下，落地缓冲；后点托住尖子的手送下至地面。 多底座肩位单脚托举： 第一步过渡：底座面对面下蹲将尖子上推至高位然后收回预备位；尖子撑肩跳上直腿主动立上身，下落后主动收腿；后点扶脚腕上托然后接脚腕。 第二步上法：底座预沉同时发力往上托至肩位；尖子踩住底座双手快速蹬地推手立上身，抬腿呈单脚站立；后点扶腰上托至肩位后抓住尖子脚腕。 第三步下法：底座预沉上推将尖子送下；尖子并脚扶住底座肩膀，落地缓冲；后点接住尖子的腰部扶下。
易犯错误	①站肩时底座胳膊内收；尖子膝盖弯曲，腰部松弛。 ②底座上托过程中晃动；尖子膝盖弯曲，扭胯。
保护帮助	①后点紧握尖子脚腕稳住重心；紧握尖子小腿保持稳定。 ②后点紧握尖子脚腕稳住重心，下落时主动去接尖子的腰部，保持尖子的平衡。

9. 动作名称：金字塔案例九

动作图示	 图 6-4-64  图 6-4-65  图 6-4-66  图 6-4-67  图 6-4-68  图 6-4-69

续表

动作图示	 图 6-4-70
动作描述	动作组成：多底座高位托举　踩髋站肩 第一八拍 第 1~4 拍：托举准备（图 6-4-64）。 第 5~8 拍：（多底座高位托举）底座开立，主底双手扶脚；尖子双手扶肩单脚踩主底双手；后点扶腰。 （踩髋站肩）底座下蹲扶尖子双手；尖子扶手站立；后点扶尖子腰部（图 6-4-65）。 第二八拍 第 1~4 拍：（多底座高位托举）底座预沉上托至高位顶肩；尖子快速蹬地直腿立上身；后点扶腰上托后扶脚腕。 （踩髋站肩）底座推手站立；尖子从髋部依次踩至肩膀，直腿立上身；后点扶腰上托后扶脚腕（图 6-4-66）。 第 5~8 拍：托举动作保持（图 6-4-67）。 第三八拍 金字塔连接（图 6-4-68）。 第四八拍 第 1~2 拍：（多底座高位托举）预沉准备摇篮接下法。 （踩髋站肩）尖子弯腰撑底座双手准备下法（图 6-4-69）。 第 3~4 拍：（多底座高位托举）底座下沉顶肩呈摇篮接接住；尖子并腿收髋后倒；后点上推后接尖子肩膀。 （踩髋站肩）底座扶手顶肩缓冲将尖子送下；尖子扶手屈膝推手跳下（图 6-4-70）。 第 5~8 拍：动作结束，站稳直立。
动作要领	①上托至高位时底座锁肩；尖子主动立上身腰部收紧。 ②底座双手外展紧握尖子小腿；尖子踩肩时直腿主动立上身，腰部收紧。
练习步骤	多底座高位托举： 第一步准备：主底开立双手抓脚；尖子双手扶住底座的肩膀同时单脚踩在主底的手上；后点紧握尖子的腰部准备上抛。 第二步上法：底座预沉然后双手上托至高位锁肩，稳定尖子重心；尖子踩手后快速蹬地直腿立上身；后点扶腰上托后抓住尖子脚腕。 第三步下法：底座缓冲顶肩推手呈摇篮接；尖子随力并腿收髋上身后倒，两手环抱底座肩膀；后点上推后接住尖子肩膀并缓冲。

续表

练习步骤	踩髋站肩： 第一步准备：底座下蹲同时撑住尖子的双手；尖子撑手直立；后点扶住尖子的腰部准备上托。 第二步上法：底座站立立上身，双手夹紧尖子小腿，双臂外展；尖子推手踩髋依次蹬至肩膀同时直腿立上身；后点扶住尖子的腰部上托至肩位后扶住脚腕，稳定重心。 第三步下法：底座扶住尖子的双手预沉顶肩下托；尖子单脚踩肩同时推手跳下，落地缓冲。
易犯错误	①底座用腰部拉力上拔；尖子摇篮接后躺过大。 ②站肩时底座胳膊内收；尖子膝盖弯曲，腰部松弛。
保护帮助	①后点紧握尖子脚踝稳住重心，摇篮接缓冲接人。 ②后点紧握尖子脚腕稳住重心；紧握尖子小腿保持稳定。

10. 动作名称：金字塔案例十

动作图示	 图 6-4-71  图 6-4-72  图 6-4-73  图 6-4-74  图 6-4-75  图 6-4-76

续表

动作图示	 图 6-4-77  图 6-4-78  图 6-4-79  图 6-4-80  图 6-4-81
动作描述	动作组成：多底座高位托举　多底座肩位托举　多底座高位单脚托举 第一八拍 第 1~6 拍：托举准备（图 6-4-71）。 第 7~8 拍：（多底座高位托举）底座开立，主底双手扶脚；尖子双手扶肩单脚踩主底双手；后点扶腰。 （多底座肩位托举）底座开立，主底双手扶脚；尖子双手扶肩单脚踩主底双手；后点扶腰。 （多底座高位单脚托举）底座开立，双手扶脚；尖子双手扶肩单脚踩主底双手；后点扶腰（图 6-4-72）。 第二八拍 第 1~4 拍：（多底座高位托举）底座预沉上托至高位顶肩；尖子快速蹬地直腿立上身；后点扶腰上托后扶脚腕。 （多底座肩位托举）底座预沉上托至肩位；尖子快速蹬地直腿立上身；后点扶腰上托后扶脚腕。 （多底座高位单脚托举）底座预沉上推至高位；尖子上身直立吸腿呈单脚；后点上托扶脚腕（图 6-4-73）。 第 5~8 拍：托举动作保持（图 6-4-73）。 第三八拍 第 1~6 拍：金字塔连接（图 6-4-74）。

续表

	第 7~8 拍：尖子上 V 准备金字塔变换（图 6-4-75）。 第四八拍 金字塔位置变换。 第五八拍 第 1~4 拍：上抛连接动作准备（图 6-4-76）。 第 5~8 拍：缓冲后将中间一组的尖子向上抛起，两边尖子抓住双手和脚腕（图 6-4-77）。 第六八拍 第 1~4 拍：缓冲准备动作变换（图 6-4-78）。 第 5~8 拍：将中间一组尖子向上抛起后呈 L 姿势站立；两侧尖子分别抓脚腕和手腕（图 6-4-79）。 第七八拍 金字塔连接（图 6-4-80）。 第八八拍 第 1~4 拍：中间一组底座下沉顶肩呈摇篮接；尖子并腿收髋后倒；后点上推后接尖子肩膀。 两边两组底座扶脚预沉上推送下；尖子直立扶肩落地站立；后点接腰扶下（图 6-4-81）。 第 5~8 拍：动作结束，站稳直立。
动作要领	①金字塔托举时，注意节奏的一致。 ②中间组单脚抓脚底座要迅速找点。 ③两侧组底座在髋位时在尖子跳起后脚踝紧勾，主动去抓尖子的脚，尖子双手撑底座肩膀上髋位。后点扶尖子的腰帮助尖子发力。
练习步骤	多底座高位托举： 第一步准备：主底开立双手抓脚；尖子双手扶住底座的肩膀同时单脚踩在主底的手上；后点紧握尖子的腰部准备上抛。 第二步上法：底座预沉然后双手上托至高位锁肩，稳定尖子重心；尖子踩手后快速蹬地直腿立上身；后点扶腰上托后抓住尖子脚腕。 第三步下法：底座缓冲顶肩推手呈摇篮接；尖子随力并腿收髋上身后倒，两手环抱底座肩膀；后点上推后接住尖子肩膀并缓冲。 多底座肩位托举： 第一步准备：底座面对面马步下蹲，抓住尖子的脚掌和脚腕；尖子双手扶住底座的肩膀，单脚踩地立上身；后点扶住尖子的腰部准备上托。 第二步上法：底座预沉同时发力往上托至肩位，尖子踩住底座双手快速蹬地推手立上身；后点扶腰上托至肩位后抓住尖子脚腕。 第三步下法：底座预沉上推将尖子送下；尖子并脚扶住底座肩膀，落地缓冲；后点接住尖子的腰部扶下。 多底座高位单脚托举： 第一步准备：底座面对面马步下蹲，抓住尖子的脚掌和脚腕；尖子双手扶住底座的肩膀，单脚踩地立上身；后点扶住尖子的腰部准备上托。

续表

练习步骤	第二步上法：底座预沉同时发力往上托至高位，尖子踩住底座双手快速蹬地推手立上身，抬腿呈单脚；后点扶腰上托至肩位后抓住尖子脚腕。 第三步下法：底座预沉上推将尖子送下；尖子并脚扶住底座肩膀，落地缓冲；后点接住尖子的腰部扶下。
易犯错误	尖子在动作中重心前后倾斜，过程中身体松懈，底座在托举中没有集中注意力。尖子、底座配合不一致，托举时高低不一。节奏不一致导致动作变形。
保护帮助	后点保护员时刻注意尖子的动态，动作开始到结束双手扶住尖子腰部，保持尖子的稳定和平衡，防止尖子前倾或后倒。

11. 动作名称：金字塔案例十一

动作图示	 图 6-4-82  图 6-4-83  图 6-4-84  图 6-4-85  图 6-4-86  图 6-4-87
动作描述	动作组成：多底座肩位侧扳腿　多底座高位托举　多底座肩位托举 第一八拍 第 1~4 拍：托举准备（图 6-4-82）。 第 5~8 拍：底座开立下蹲，尖子双手扶底座肩膀；后点扶腰（图 6-4-83）。

续表

动作描述	第二八拍 第1~4拍：（多底座肩位侧扳腿）底座预沉上推至肩位；尖子上身直立吸腿呈单脚；后点上托扶脚腕。 （多底座高位托举）底座主动找脚缓冲上托至肩位；尖子跳上至底座双手立上身；后点扶腰上抛。 （多底座肩位托举）底座主动找脚缓冲上托至肩位；尖子跳上至底座双手立上身；后点扶腰上抛（图6-4-84）。 第5~8拍：动作保持（图6-4-84）。 第三八拍 第1~4拍：动作保持。 第5~8拍：（多底座肩位侧扳腿）底座缓冲上发力；尖子侧扳腿；后点缓冲上发力。 （多底座高位托举）底座缓冲上托至高位；尖子保持直立；后点扶尖子脚腕上托。 （多底座肩位托举）保持不动（图6-4-85）。 第四八拍 金字塔连接（图6-4-86）。 第五八拍 第1~4拍：底座下沉顶肩呈摇篮接接住；尖子并腿收髋后倒；后点上推后接尖子肩膀（图6-4-87）。 第5~8拍：动作结束，直立站稳。
动作要领	①金字塔托举时，注意节奏的一致。 ②单脚抓脚时底座要迅速找点。 ③底座在髋位时，在尖子跳起后脚踝紧勾主动去抓尖子的脚，尖子双手撑底座肩膀上髋位。后点扶尖子的腰帮助尖子发力，底座托至肩位时顺着身体的中心线向上托至锁骨，双手变换，紧包尖子的脚后跟与脚掌卡住，双腿分开站立。
练习步骤	多底座肩位侧扳腿： 第一步准备：底座开立同时下蹲，双手扶住尖子的脚掌和脚踝；尖子双手扶底座肩膀，同时单脚踩在底座的手上；后点紧握尖子的腰部准备上抛。 第二步上法：底座预沉后向上发力推至肩位；尖子踩手蹬地同时直腿，上身直立吸腿呈单脚；后点扶尖子的腰部上托，扶脚腕到达肩位托举后底座缓冲向上发力；尖子迅速侧扳腿；后点扶脚腕缓冲上发力。 第三步下法：底座缓冲顶肩推手呈摇篮接；尖子随力并腿收髋上身后倒，两手环抱底座肩膀；后点上推后接住尖子肩膀并缓冲。 多底座高位托举： 第一步准备：底座开立下蹲同时双手放在膝盖上；尖子直立双手扶底座肩膀；后点扶住尖子腰部准备上抛。 第二步上法：底座主动找尖子双脚同时缓冲上托至肩位；尖子跳上至底座双手，直腿立上身；后点扶腰上抛后抓住尖子脚腕到达肩位托举

续表

练习步骤	后底座缓冲向上发力至高位；尖子保持重心；后点扶脚腕缓冲上发力。 第三步下法：底座缓冲顶肩推手呈摇篮接；尖子随力并腿收髋上身后倒，两手环抱底座肩膀；后点上推后接住尖子肩膀并缓冲。 多底座肩位托举： 第一步准备：底座开立下蹲同时双手放在膝盖上，尖子直立双手扶底座肩膀；后点扶住尖子腰部准备上抛。 第二步上法：底座主动找尖子双脚同时缓冲上托至肩位；尖子跳上至底座双手，直腿立上身；后点扶腰上抛后抓住尖子脚腕。 第三步下法：底座缓冲顶肩推手呈摇篮接；尖子随力并腿收髋上身后倒，两手环抱底座肩膀；后点上推后接住尖子肩膀并缓冲。
易犯错误	①尖子在动作中重心前后倾斜，过程中身体松懈，底座在托举中没有集中注意力。 ②尖子、底座配合不一致，托举时高低不一。节奏不一致导致动作变形。
保护帮助	后点保护员时刻注意尖子的动态，动作开始到结束双手扶住尖子腰部，保持尖子的稳定和平衡，防止尖子前倾或后倒。

12. 动作名称：金字塔案例十二

动作图示	 图 6-4-88  图 6-4-89  图 6-4-90  图 6-4-91  图 6-4-92  图 6-4-93

续表

动作图示	 图 6-4-94  图 6-4-95  图 6-4-96  图 6-4-97 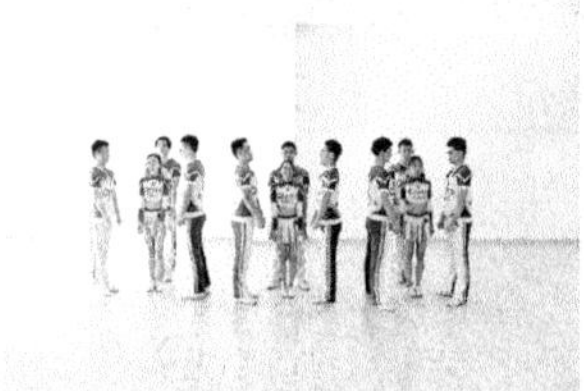 图 6-4-98
动作描述	动作组成：多底座肩位托举　多底座高位托举 第一八拍 第 1~4 拍：托举准备（图 6-4-88）。 第 5~8 拍：底座开立下蹲；尖子双手扶底座肩膀；后点扶腰(图 6-4-89)。 第二八拍 第 1~4 拍：底座下蹲握住尖子双脚；尖子扶肩跳上微蹲；后点扶腰（图 6-4-90）。 第 5~8 拍：（多底座肩位托举）底座缓冲上托至肩位；尖子立上身；后点扶腰上抛。 （多底座高位托举）过渡：底座扶尖子脚放于髋部；尖子上身直立；后点扶腰（图 6-4-91）。 第三八拍 第 1~4 拍：两边两组抓住中间一组尖子准备抛后空翻（图 6-4-92）。 第 5~8 拍：缓冲准备后空翻（图 6-4-93）。 第四八拍 第 1~4 拍：中间一组底座将尖子抛起，进行团身后空翻动作(图 6-4-94)。 第 5~8 拍：准备连接金字塔（图 6-4-95）。 第五八拍 金字塔连接（图 6-4-96）。

续表

动作描述	第六八拍 第1~4拍：底座下沉顶肩呈摇篮接接住；尖子并腿收髋后倒；后点上推后接尖子肩膀（图6-4-97）。 第5~8拍：动作结束，直立站稳（图6-4-98）。
动作要领	1组底座在髋位时，在尖子跳起后脚踝紧勾主动去抓尖子的脚，尖子双手撑底座肩膀上髋位。后点扶尖子的腰帮助尖子发力，底座托至肩位时顺着身体的中心线向上托至锁骨，双手变换紧包尖子的脚后跟与脚掌卡住双腿分开站立。2组尖子进行辅助后空翻时1组尖子要紧抓2组尖子手帮助带力。底座注意髋位抛时方向的一致性及快速反应准备摇篮接。
练习步骤	第一步：按节拍进行站立动作练习。 第二步：1、3组髋位上底座在髋位时，在尖子跳起后脚踝紧勾，主动去抓尖子的脚，尖子双手撑底座肩膀跳到底座的手上，后点扶尖子的腰帮助尖子发力，底座双手去抓尖子的脚放于膝盖。托肩位底座缓冲，双手紧抓尖子的脚顺着身体的中心线向上托至锁骨，双手变换紧包尖子的脚后跟与脚掌卡住双腿分开站立，1组侧向主席台坐肩位托举。尖子双手辅助2组尖子进行后空翻。然后1组辅助过后底座整体转90°，尖子面向主席台。2组底座在髋位时，在尖子跳起后脚踝紧勾，主动去抓尖子的脚，尖子双手撑底座肩膀上髋位。尖子双手高举拉住1、3组尖子的手配合底座缓冲，髋位抛时身体夹紧，在1、3组尖子的辅助中身体快速后仰团身完成后空翻，身体平躺底座摇篮接，然后缓冲回拢呈髋位，底座顺着身体的中心线向上托举直接呈高位托举，双手变换紧包尖子的脚后跟与脚掌卡住双腿分开站立。 第三步：底座保持稳定，1组尖子手臂呈斜线，2组尖子手臂呈低位，3组尖子手臂呈高位组成金字塔。 第四步：摇篮接下底座缓冲向高处发力将尖子推至离手，双手在高处等候尖子落体，摇篮接住放至地面站好。
易犯错误	尖子在动作中重心前后倾斜，过程中身体松懈，底座在托举中没有集中注意力。尖子、底座配合不一致，托举时高低不一。节奏不一致导致动作变形。尖子在进行后空翻辅助时发力点不一致，尖子在翻腾时动作松懈不团身。
保护帮助	后点保护员时刻注意尖子的动态，动作开始到结束双手扶住尖子腰部，保持尖子的稳定和平衡，防止尖子前倾或后倒。尖子在进行后空翻辅助时注意将翻腾者的双手向正上方发力，保证尖子身体平衡且原地落，底座在进行抛动后双手在高处等候尖子落体。

第五节　篮抛教学与训练

一、篮抛的概念与分类

（一）概念

篮抛是由底座的抛、尖子在空中完成各种姿态展示、转体或空翻，以及下法结束或再由底座接住形成静止托举动作三个部分组成。

（二）分类

篮抛分为轿子式、摇篮式、膝位式（或称预备式）三个方式。

二、篮抛教学与训练

（一）篮抛的组成与技术要求

1. 起抛阶段

首先底座屈膝下沉，使尖子重心下降，接着用力向上使尖子在最高点离手并腾空，其目的就是延长作用时间，增大冲量以达到增加动量的作用。

2. 腾空阶段

尖子在空中展示动作，是尖子在离开支点瞬间形成的力矩按一定的轨迹依靠自身肌拉力做各种姿势、转体、翻转动作。

3. 接抱阶段

接或下法是尖子完成动作后与底座的再接触，尖子要求保持一定的身体姿势和身体控制。

（二）案例分析

1. 动作名称：直体抛接

动作图示	 图 6-5-1  图 6-5-2  图 6-5-3  图 6-5-4  图 6-5-5  图 6-5-6
动作描述	准备位置：底座面对面站于尖子两侧；后点站于尖子后方。 第一八拍 第 1~2 拍：底座篮抛姿势架好，面对面开立下蹲；尖子双手撑底座肩膀准备跳上；后点扶腰（图 6-5-1）。 第 3~4 拍：尖子单脚踩底座双手进行缓冲；底座随尖子力大腿缓冲准备上抛；后点扶腰（图 6-5-2）。 第 5~6 拍：尖子双脚踩底座双手缓冲结束后主动立上身，直膝盖蹬腿上拉；底座双手上提蹬腿把尖子抛起；后点扶底座双手下方辅助上抛（图 6-5-3）。 第 7~8 拍：尖子直体上拉空中身体夹紧（图 6-5-4）。 第二八拍 第 1~4 拍：尖子空中身体主动后倒落入摇篮接，身体夹紧，两臂环抱底座肩部；底座双手主动迎接尖子摇篮接接住缓冲；后点接住尖子肩膀缓冲（图 6-5-5）。 第 5~8 拍：动作结束，站稳直立（图 6-5-6）。
动作要领	①底座轿子面平，两侧底座相互握手搭好轿子，保持成一个平面，有利于尖子平稳地站立。后点双手插入两侧底座搭好的轿子下部，控制轿子面的平稳，帮助向上发力。节奏一致，发力一致。两侧底座用力同时且均匀，后点顺着两侧底座的力往上抛，可协助和控制两底座用力。

续表

动作要领	②尖子脚踩在底座的手上，呈屈体半蹲姿态；当尖子离开底座的手往上抛时手臂带动身体呈上举，在空中保持直立姿势，身体紧张，双腿并紧，下落时轻微向后，手打开，梗头，屈体，屈体角度不可过小，以免底座接漏空。
练习步骤	（1）开始抛接阶段 时间配合训练：两侧底座手呈轿子式握好，两腿与肩同宽呈开立，两膝微屈。第1拍时两底座膝盖往下沉，第2拍时两腿微蹬地，第3拍两膝微屈，第4拍时两腿用力蹬地，两手互握紧帮助尖子一个向上发力。尖子两手搭在两底座的轿子上，首先一只手搭在底座轿子的右部，用力往下按，给予他们发力感觉，另一只手放在底座的左部，数出节拍，第4拍时尖子将手放开，开始抛接。此配合训练是为了帮助底座队员在抓握姿势准备好后掌握上抛的时间。 上法训练：底座呈轿子式握紧，两腿开立呈半蹲。尖子手放在两底座的肩上，左边放在底座的右部，能保持尖子站稳。然后配上节拍3沉4起用力蹬地，两脚站在底座上。保持并腿屈膝半蹲的姿态，底座应保持稳定。后点站在尖子的背后，当尖子要登上底座时，扶住尖子的腰避免出现危险。 胜利式训练：底座准备姿势做好，当尖子在底座的手面时两臂伸直保持手臂姿势、降低重心、互握好轿子，站稳。尖子踩在底座的手面上，迅速站直，两臂上举，底座的手上下波动，尖子不动。后点辅助尖子登上底座，然后握着尖子的脚腕控制平衡。此训练是为了让尖子习惯站在底座队员手背上。底座做上下波动时，尖子的胜利式站姿应保持一段时间。 （2）尖子空中阶段 在训练时可在软垫上做直体跳，之后尖子绷紧身子平躺在软垫上。 在蹦床上练习此动作，借用蹦床的弹力做直体跳，连续完成动作，待习惯了蹦床之后，最后身体绷紧直躺在蹦床上。 （3）尖子落下阶段 自抛自接训练：两底座双手互相交叉，屈膝半蹲抱着尖子。然后底座将尖子抛向空中，尖子落下时底座手姿势不变尖子抱紧屈膝缓冲，连续做此动作。尖子呈直体，两臂放于身体两侧，当底座往上抛或下落时尖子保持身体姿势。 应变接法训练：底座做好接手准备位移迎接尖子。尖子可在高处身体后倒，两臂侧举，身体呈紧张状态，当落在底座的手上时，尖子应两臂扣紧底座的颈部，梗头，身体呈微屈髋的姿势。
易犯错误	①底座的双手搭轿面不平，节奏不一致，发力不统一，接轿时没主动迎接尖子队员，缓冲太大或缓冲不够，后点未扣紧尖子使尖子腰后倒。 ②尖子腾空启动时主动发力蹬了底座的手，落下时身体太松。
保护帮助	保护帮助者站在尖子前方，作为抛接动作的前点底座，双手托两侧主底座双手，上抛时顺势向上托，增加尖子腾空高度，下落时托扶尖子双脚，稳定尖子仰卧姿态。

2. 动作名称：分腿抛接

动作图示	 图 6-5-7  图 6-5-8  图 6-5-9  图 6-5-10  图 6-5-11  图 6-5-12  图 6-5-13
动作描述	准备位置：底座面对面站于尖子两侧；后点站于尖子后方。 第一八拍 第 1~4 拍：底座篮抛姿势架好，面对面开立下蹲；尖子双手撑底座肩膀准备跳上；后点扶腰（图 6-5-7）。 第 5~6 拍：尖子单脚踩底座双手进行缓冲；底座随尖子力大腿缓冲准备上抛；后点扶腰（图 6-5-8）。 第 7~8 拍：尖子双脚踩底座双手缓冲结束后主动立上身，直膝盖蹬腿上拉；底座双手上提蹬腿把尖子抛起；后点扶底座双手下方辅助上抛（图 6-5-9）。 第二八拍 第 1~4 拍：尖子直体上拉到最高点迅速双腿发力呈躯体分腿动作（图 6-5-10）。 第 5~8 拍：尖子空中身体主动后倒落入摇篮接，身体夹紧，两臂环抱底座肩部；底座双手主动迎接尖子摇篮接，接住缓冲；后点接住尖子肩膀缓冲（图 6-5-11）。

续表

动作描述	第三八拍 第1~4拍：底座辅助尖子进行后手翻；尖子上身主动后倒撑地进行后手翻下法（图6-5-12）。 第5~8拍：动作结束，站稳直立（图6-5-13）。
动作要领	①底座轿子面平，两侧底座相互握手搭好轿子，保持成一个平面，有利于尖子平稳地站立。后点双手插入两侧底座搭好的轿子下部，控制轿子面的平稳，帮助向上发力。节奏一致，发力一致。两侧底座用力同时而且均匀，后点则要顺着两侧底座的力往上抛，可协助和控制两底座用力。 ②尖子当被往上抛时手臂带动身体呈上举，分腿时手臂带动上体前压。重心接近最高点时，快速分腿屈体，并立即做挺髋动作，挺髋时手臂放至身体的两侧，直至下落。
练习步骤	（1）开始抛接阶段 时间配合训练：两侧底座手呈轿子式握好，两腿与肩同宽呈开立，两膝微屈。第1拍时两底座膝盖往下沉，第2拍时两腿微蹬地，第3拍时两膝微屈，第4拍时两腿用力蹬地，两手互握紧给尖子一个向上的力。尖子用两手搭在两底座的轿子上，首先一只手搭在底座轿子的右部，然后用力往下按，给予他们发力感觉，另一只手放在底座的左部，最后数出节拍，第4拍时尖子将手放开，开始抛接。此配合训练是为了帮助底座队员在抓握姿势准备好后掌握上抛的时间。 上法训练：底座呈轿子式握紧，两腿开立呈半蹲。尖子手放在两底座的肩上，左边放在底座的右部，能保持尖子站稳。然后配上3沉4起的节拍用力蹬地，两脚站在底座上。然后保持并腿屈膝半蹲的姿态，底座应保持稳定。后点站在尖子的背后，当尖子要登上底座时，扶住尖子的腰避免出现危险。 胜利式训练：底座准备姿势做好，当尖子在底座的手面时两臂伸直保持手臂姿势、降低重心、互握好轿子，站稳。尖子踩在底座的手面上，然后迅速站直，两臂上举，底座的手上下波动，尖子不动。后点辅助尖子登上底座，然后握着尖子的脚腕控制平衡。此训练是为了让尖子习惯站在底座队员手背上。底座做上下波动时，尖子的胜利式站姿应保持一段时间。 （2）尖子空中阶段 在训练时可在软垫上跳起做屈体分腿挺髋动作：教练员在尖子做完屈体分腿之后可推尖子的腰部帮助尖子做挺髋动作，之后尖子绷紧身子平躺在软垫上。 在蹦床上练习此动作，先借用蹦床的弹力做直体不做分腿动作，连续完成动作，待习惯了蹦床之后，在身体到达最高点时做屈体分腿顶髋动作，最后身体绷紧直躺在蹦床上。 （3）尖子落下阶段 自抛自接训练：两底座双手互相交叉，屈膝半蹲抱着尖子。然后底座将尖子抛向空中，尖子落下时底座手姿势不变，尖子抱紧屈膝缓

续表

练习步骤	冲，连续做此动作。尖子呈直体，两臂放于身体两侧，当底座往上抛或下落时，尖子保持身体姿势。 应变接法训练：底座做好迎接手势随时准备迎接尖子，尖子往哪个方向下落，底座要移动位置迎接尖子。尖子可在高处身体后倒，两臂侧举，身体呈紧张状态，当落在底座的手上时，尖子应两臂扣紧底座的颈部，梗头，身体呈微屈髋的姿势。
易犯错误	①底座的双手搭轿面不平，节奏不一致，发力不统一，接轿时没主动迎接尖子队员，缓冲太大或缓冲不够，后点未扣紧尖子使尖子腰后倒。 ②尖子腾空启动时主动发力蹬了底座的手，未达到最高点做动作，做屈体分腿动作时上体未前压，完成屈体后挺髋不够或未挺髋，下落时身体太松。
保护帮助	保护帮助者站在尖子前方，作为抛接动作的前点底座，双手托两侧主底座双手，上抛时顺势向上托，增加尖子腾空高度，下落时托扶尖子双脚，稳定尖子仰卧姿态。

3. 动作名称：团身抛接

动作图示	 **图 6-5-14**  **图 6-5-15**  **图 6-5-16**  **图 6-5-17**  **图 6-5-18**  **图 6-5-19**  **图 6-5-20**

续表

动作描述	准备位置：底座面对面站于尖子两侧；后点站于尖子后方。 第一八拍 第 1~4 拍：底座篮抛姿势架好，面对面开立下蹲；尖子双手撑底座肩膀准备跳上；后点扶腰（图 6-5-14）。 第 5~6 拍：尖子单脚踩底座双手进行缓冲；底座随尖子力大腿缓冲准备上抛；后点扶腰（图 6-5-15）。 第 7~8 拍：尖子双脚踩底座双手缓冲结束后主动立上身，直膝盖蹬腿上拉；底座双手上提蹬腿把尖子抛起；后点扶底座双手下方辅助上抛（图 6-5-16）。 第二八拍 第 1~2 拍：尖子直体上拉到最高点迅速双腿夹紧上提主动团身（图 6-5-17）。 第 3~4 拍：尖子空中身体主动后倒落入摇篮接，身体夹紧，两臂环抱底座肩部；底座双手主动迎接尖子摇篮接接住缓冲；后点接住尖子肩膀缓冲（图 6-5-18）。 第 5~6 拍：底座辅助尖子进行后手翻；尖子上身主动后倒撑地进行后手翻下法（图 6-5-19）。 第 7~8 拍：动作结束，站稳直立（图 6-5-20）。
动作要领	①底座轿子面平，两侧底座相互握手搭好轿子，保持成一个平面，有利于尖子平稳地站立。后点双手插入两侧底座搭好的轿子下部，控制轿子面的平稳，帮助向上发力。节奏一致，发力一致。两侧底座用力同时而且均匀，后点则要顺着两侧底座的力往上抛，可协助和控制两底座用力。 ②尖子脚踩在底座的手上，呈屈体半蹲姿态；当尖子离开底座的手时，应带动手臂直立向上，在空中保持直立姿势，当身体达到最高点时，快速团身。尖子到达最高点时应迅速提膝团身，后向下踹腿，做挺髋收髋动作，挺髋时手臂放至身体的两侧，直至下落。
练习步骤	（1）开始抛接阶段 时间配合训练：两侧底座手呈轿子式握好，两腿与肩同宽呈开立，两膝微屈。第 1 拍时两底座膝盖往下沉，第 2 拍时两腿微蹬地，第 3 拍时两膝微屈，第 4 拍时两腿用力蹬地，两手互握紧给尖子一个向上的力。尖子用两手搭在两底座的轿子上，首先一只手搭在底座轿子的右部，然后用力往下按，给予他们发力感觉，再用另一只手放在底座的左部，最后喊出节拍，第 4 拍时尖子将手放开，开始抛接。此配合训练是为了帮助底座队员在抓握姿势准备好后掌握上抛的时间。 上法训练：底座呈轿子式握紧，两腿开立呈半蹲。尖子手放在两底座的肩上，左边放在底座的右部，能保持尖子站稳。然后配上 3 沉 4 起的节拍用力蹬地，两脚站在底座上。然后保持并腿屈膝半蹲的姿态，底座应保持稳定。后点站在尖子的背后，当尖子要登上底座时，扶住尖子的腰避免出现危险。 胜利式训练：底座准备姿势做好，当尖子在底座的手面时两臂伸

续表

练习步骤	直保持手臂姿势、降低重心、互握好轿子，站稳。尖子踩在底座的手面上，然后迅速站直，两臂上举，底座的手上下波动，尖子不动。后点辅助尖子登上底座，然后握着尖子的脚腕控制平衡。此训练是为了让尖子习惯站在底座队员手背上。底座做上下波动时，尖子的胜利式站姿应保持一段时间。 （2）尖子空中阶段 在训练时可在软垫上跳起做原地团身跳，感受收腿蹦腿的时机。 在蹦床上练习此动作，先借用蹦床的弹力做直体动作，连续完成动作，待习惯了蹦床之后，在身体到达最高点时做提膝团身，之后蹦腿，最后身体绷紧直躺在蹦床上。 （3）尖子落下阶段 自抛自接训练：底座双手互相交叉，屈膝半蹲抱着尖子。然后底座将尖子抛向空中，尖子落下时底座手姿势不变尖子抱紧屈膝缓冲，连续做此动作。尖子呈直体，两臂放于身体两侧，当底座往上抛或下落时尖子保持身体姿势。 应变接法训练：底座做好接手准备位移迎接尖子。尖子可在高处身体后倒，两臂侧举，身体呈紧张状态，当落在底座的手上时，尖子应两臂扣紧底座的颈部，梗头，身体呈微屈髋的姿势。
易犯错误	①底座的双手搭轿面不平，节奏不一致，发力不统一，接轿时没主动迎接尖子队员，缓冲太大或缓冲不够，后点未扣紧尖子使尖子腰后倒。 ②尖子腾空启动时主动发力蹬了底座的手，未达到最高点做动作，做团身动作时不够快速，脚尖未绷直，蹦腿不够迅速，蹦腿后挺髋不够或未挺髋，下落时身体太松。
保护帮助	保护帮助者站在尖子前方，作为抛接动作的前点底座，双手托两侧主底座双手，上抛时顺势向上托，增加尖子腾空高度，下落时托扶尖子双脚，稳定尖子仰卧姿态。

4. 动作名称：躯并抛接

动作图示	 图 6-5-21  图 6-5-22  图 6-5-23

续表

动作图示	 图 6-5-24  图 6-5-25  图 6-5-26
动作描述	准备位置：底座面对面站于尖子两侧；后点站于尖子后方。 第一八拍 第 1~2 拍：底座篮抛姿势架好，面对面开立下蹲；尖子双手撑底座肩膀准备跳上；后点扶腰（图 6-5-21）。 第 3~4 拍：尖子撑着底座的肩膀双脚跳上，底座缓冲准备上抛；后点托底座双手下方（图 6-5-22）。 第 5~8 拍：尖子双脚踩底座双手缓冲结束后主动立上身，直膝盖蹬腿上拉；底座双手上提蹬腿把尖子抛起；后点扶底座双手下方辅助上抛（图 6-5-23）。 第二八拍 第 1~2 拍：尖子直体上拉到最高点迅速折体（图 6-5-24）。 第 3~4 拍：尖子空中身体主动后倒落入摇篮接，身体夹紧，两臂环抱底座肩部；底座双手主动迎接尖子摇篮接接住缓冲；后点接住尖子肩膀缓冲（图 6-5-25）。 第 5~8 拍：动作结束，站稳直立（图 6-5-26）。
动作要领	①底座轿子面平，两侧底座相互握手搭好轿子，保持成一个平面，有利于尖子平稳地站立。后点双手插入两侧底座搭好的轿子下部，控制轿子面的平稳，帮助向上发力。节奏一致，发力一致。两侧底座用力同时而且均匀，后点则要顺着两侧底座的力往上抛，可协助和控制两底座用力。 ②尖子脚踩在底座的手上，呈屈体半蹲姿态；当尖子离开底座的手往上抛时手臂带动身体呈上举，在触碰脚尖的过程中，应注意尖子自身要挺直腰背，不能含胸驼背，整个过程中要注意身体时刻处于紧张状态，双腿并紧，下落时轻微向后，手打开，梗头，屈体，但屈体角度不可过小，以免底座接漏空。
练习步骤	（1）开始抛接阶段 时间配合训练：两侧底座手呈轿子式握好，两腿与肩同宽呈开立，两膝微屈。第 1 拍时两底座膝盖往下沉，第 2 拍时两腿微蹬地，第 3 拍两膝微屈，第 4 拍时两腿用力蹬地，两手互握紧给尖子一个向上的力。尖子用两手搭在两底座的轿子上，首先一只手搭在底座轿子的右部，然后用力往下按，给予他们发力感觉，另一只手压在底座的左侧，最

续表

练习步骤	后喊出节拍，第 4 拍时尖子将手放开，开始抛接。此配合训练是为了帮助底座队员在抓握姿势准备好后掌握上抛的时间。 上法训练：底座呈轿子式握紧，两腿开立呈半蹲。尖子手放在两底座的肩上，左边放在底座的右部，能保持尖子站稳。然后配上 3 沉 4 起的节拍用力蹬地，两脚站在底座上。然后保持并腿屈膝半蹲的姿态，底座应保持稳定。后点站在尖子的背后，当尖子要登上底座时，扶住尖子的腰，避免出现危险。 胜利式训练：底座准备姿势做好，当尖子在底座的手面时两臂伸直保持手臂姿势、降低重心、互握好轿子，站稳。尖子踩在底座的手面上，然后迅速站直，两臂上举，底座的手上下波动，尖子不动。后点辅助尖子登上底座，然后握着尖子的脚腕控制平衡。此训练是为了让尖子习惯站在底座队员手背上。底座做上下波动时，尖子的胜利式站姿应保持一段时间。 （2）尖子空中阶段 在蹦床上练习此动作，先借用蹦床的弹力做直体跳，在最高点尝试屈体，熟练后逐渐转移到平地练习。 可以在地毯上练习弹跳然后摸脚动作，练习过程中应注意落地时要控制好身体平衡避免扭伤脚踝。 （3）尖子落下阶段 自抛自接训练：两底座双手互相交叉，屈膝半蹲抱着尖子。然后底座将尖子抛向空中，尖子落下时底座手姿势不变尖子抱紧屈膝缓冲，连续做此动作。尖子呈直体，两臂放于身体两侧，当底座往上抛或下落时尖子保持身体姿势。 应变接法训练：底座做好接手准备位移迎接尖子。尖子可在高处身体后倒，两臂侧举，身体呈紧张状态，当落在底座的手上时，尖子应两臂扣紧底座的颈部，梗头，身体呈微屈髋的姿势。
易犯错误	①底座的双手搭轿面不平，节奏不一致，发力不统一，接轿时没主动迎接尖子队员，缓冲太大或缓冲不够，后点未扣紧尖子使尖子腰后倒。 ②尖子腾空启动时主动发力蹬了底座的手，未达到最高点做屈体，下落时身体太松，没有控制身体的后仰，上身向下坠，容易发生危险。
保护帮助	保护帮助者站在尖子前方，作为抛接动作的前点底座，双手托两侧主底座双手，上抛时顺势向上托，增加尖子腾空高度，下落时托扶尖子双脚，稳定尖子仰卧姿态。

5. 动作名称：剪踢腿（剪踢腿360°）抛接

动作图示	 图 6-5-27  图 6-5-28  图 6-5-29  图 6-5-30  图 6-5-31  图 6-5-32
动作描述	准备位置：底座面对面站于尖子两侧；后点站于尖子后方。 第一八拍 第 1~4 拍：底座篮抛姿势架好，面对面开立下蹲；尖子双手撑底座肩膀准备跳上；后点扶腰（图 6-5-27）。 第 5~6 拍：尖子单脚踩底座双手进行缓冲；底座随尖子力大腿缓冲准备上抛；后点扶腰（图 6-5-28）。 第 7~8 拍：尖子双脚踩底座双手缓冲结束后主动立上身，直膝蹬腿上拉；底座双手上提蹬腿把尖子抛起；后点扶底座双手下方辅助上抛（图 6-5-29）。 第二八拍 第 1~4 拍：尖子到达最高点迅速踢腿后主动并腿，肩膀带动身体旋转 360°（图 6-5-30）。 第 5~6 拍：尖子空中身体主动后倒落入摇篮接，身体夹紧，两臂环抱底座肩部；底座双手主动迎接尖子摇篮接接住缓冲；后点接住尖子肩膀缓冲（图 6-5-31）。 第 7~8 拍：动作结束，站稳直立（图 6-5-32）。
动作要领	①底座轿子面平，两侧底座相互握手搭好轿子，保持成一个平面，有利于尖子平稳地站立。后点双手插入两侧底座搭好的轿子下部，控制轿子面的平稳，帮助向上发力。节奏一致，发力一致。两侧底座用力同时而且均匀，后点则要顺着两侧底座的力往上抛，可协助和控制两底座用力。

续表

动作要领	②尖子脚踩在底座的手上，呈屈体半蹲姿态；当尖子离开底座的手往上抛时手臂带动身体呈上举，当身体达到最高点时，快速大踢腿，后立即展髋并腿（同时用肩、髋带转身体），不能含胸驼背，整个过程中要注意身体时刻处于紧张状态。下落时重心轻微向后，梗头，屈髋，但屈髋角度不可过小以免底座接漏空。
练习步骤	（1）开始抛接阶段 时间配合训练：两侧底座手呈轿子式握好，两腿与肩同宽呈开立，两膝微屈。第 1 拍时两底座膝盖往下沉，第 2 拍时两腿微蹬地，第 3 拍时两膝微屈，第 4 拍时两腿用力蹬地，两手互握紧给尖子一个向上的力。尖子用两手搭在两底座的轿子上，首先一只手搭在底座轿子的右部，然后用力往下按，给予他们发力感觉，另一只手压在底座的左侧，最后喊出节拍，第 4 拍时尖子将手放开，开始抛接。此配合训练是为了帮助底座队员在抓握姿势准备好后掌握上抛的时间。 上法训练：底座呈轿子式握紧，两腿开立呈半蹲。尖子手放在两底座的肩上，左边放在底座的右部，能保持尖子站稳。然后配上 3 沉 4 起的节拍用力蹬地，两脚站在底座上。然后保持并腿屈膝半蹲的姿态，底座应保持稳定。后点站在尖子的背后，当尖子要登上底座时，扶住尖子的腰避免出现危险。 胜利式训练：底座准备姿势做好，当尖子在底座的手面时两臂伸直保持手臂姿势、降低重心、互握好轿子，站稳。尖子踩在底座的手面上，然后迅速站直，两臂上举，底座的手上下波动，尖子不动。后点辅助尖子登上底座，然后握着尖子的脚腕控制平衡。此训练是为了让尖子习惯站在底座队员手背上。底座做上下波动时，尖子的胜利式站姿应保持一段时间。 （2）尖子空中阶段 此动作对尖子的柔韧性要求较高，所以在练习此动作以前，应充分对大腿韧带进行拉伸活动，避免练习过程中受伤。 尖子可以在蹦床上练习此动作，先借用蹦床的弹力做直体不做踢腿动作，连续完成动作，待习惯了蹦床之后，在身体到达最高点时做踢腿、并腿动作（或踢腿后并腿转体 360°），最后身体绷紧直躺在蹦床上。 通过高位托下法，让尖子体会空中的姿态。 （3）尖子落下阶段 自抛自接训练：两底座双手互相交叉，屈膝半蹲抱着尖子。然后底座将尖子抛向空中，尖子落下时底座手姿势不变尖子抱紧屈膝缓冲，连续做此动作。尖子呈直体，两臂放于身体两侧，当底座往上抛或下落时尖子保持身体姿势。 应变接法训练：底座做好接手准备位移迎接尖子。尖子可在高处身体后倒，两臂侧举，身体呈紧张状态，当落在底座的手上时，尖子应两臂扣紧底座的颈部，梗头，身体呈微屈髋的姿势。

续表

易犯错误	①底座的双手搭轿面不平，节奏不一致，发力不统一，接轿时没主动迎接尖子队员，缓冲太大或缓冲不够，后点未扣紧尖子使尖子腰后倒。②尖子腾空启动时主动发力蹬了底座的手，未达到最高点做踢腿动作，踢腿时没有控制身体重心，导致在空中的动作变形，做完屈体抛接后展髋不够或未展髋，尖子落下时身体太松。
保护帮助	保护帮助者站在尖子前方，作为抛接动作的前点底座，双手托两侧主底座双手，上抛时顺势向上托，增加尖子腾空高度，下落时托扶尖子双脚，稳定尖子仰卧姿态。

第六节　翻腾教学与训练

一、翻腾的概念与分类

（一）概念

翻腾是在地面上完成的各类体操项目中的翻转和腾空类动作。

（二）分类

分为原地和行进间两种，包括各类滚翻、软翻、手翻、空翻及转体动作。
翻滚类：指身体的某些部位依次支撑地面或器械，并经过头部的翻转动作。
手翻类：指用手或头支撑地面或器械，并经过头部的翻转动作。
空翻类：指在空中经过头部的翻转动作。

二、翻腾教学与训练

（一）组成与技术要求

1. 翻滚类

从方向上分为向前、向后、向侧滚翻，从动作形式上分为团身、屈体和直体翻滚。动作技术要求为滚动圆滑、方向正。

2. 手翻类

从方向上分为向前、向后、向侧手翻，从动作形式上分为单腿和并腿手翻。

动作技术要求为方向正，经过倒立过程，向前、向后的手翻有一定腾空高度和时间。

3. 空翻类

从方向上分为向前、向后、向侧空翻，从动作形式上分为团身、屈体和直体空翻。动作技术要求为起跳及时、方向准确、姿态正确、高空充分、落地稳定。

（二）案例分析

1. 动作名称：直体跳

动作图示	 图 6-6-1  图 6-6-2  图 6-6-3
动作描述	准备姿势：站立开始（图 6-6-1）。 两腿用力蹬地，配合两臂带动发力，向上方跳起腾空，空中充分展体（图 6-6-2）。 落地时屈膝缓冲（图 6-6-3）。
动作要领	①重心下沉，屈膝蓄力，重心上升，两腿快速蹬地。 ②两臂带动配合身体重心沉起变化。 ③腾空时，身体收腹、紧腰、展髋。
练习步骤	①身体直立，手放两侧，屈膝两腿迅速蹬地，身体在空中保持直立姿态。 ②带臂练习，在重心下沉时两臂向后经过下方带动，重心上升准备起跳时两臂向上经过前方带动。
易犯错误	①落地缓冲时直腿落地，应屈膝缓冲落地。 ②起跳及腾空时的身体重心偏移。 ③腿部发力与手臂带动发力不一致。
保护帮助	保护帮助者站在练习者身后，扶腰上提帮助增加腾空高度和落地稳定性。

2. 动作名称：分腿跳

动作图示	 图 6–6–4  图 6–6–5  图 6–6–6
动作描述	准备姿势：站立开始（图 6–6–4）。 两腿用力蹬地，配合两臂带动发力，向上方跳起腾空，同时两腿向侧方发力分腿（图 6–6–5）。 下落时快速并腿，落地屈膝缓冲（图 6–6–6）。
动作要领	①重心下沉，屈膝蓄力，重心上升，两腿快速蹬地。 ②两臂带动配合身体重心沉起变化。 ③腾空时，两腿侧向发力分腿，身体收腹、紧腰、展髋。
练习步骤	①站立练习单腿侧向摆动。 ②靠近墙面站立，双手轻扶墙面，练习小跳分腿，要求身体与两腿保持在同一平面，并与墙面平行。 ③带臂练习，在重心下沉时两臂向后经过下方带动，重心上升准备起跳时两臂向上经过前方带动。
易犯错误	①起跳及腾空时的身体重心偏移。 ②腾空分腿的方向错误，身体屈髋、塌腰。 ③腿部发力与手臂带动发力不一致。
保护帮助	保护帮助者站在练习者身后，扶腰上提帮助增加腾空高度和落地稳定性。

3. 动作名称：团身跳

动作图示	 图 6–6–7  图 6–6–8  图 6–6–9

续表

动作描述	准备姿势：站立开始（图 6-6-7）。 两腿用力蹬地，配合两臂带动发力，向上方跳起腾空，同时两腿提膝（图 6-6-8）。 下落时快速并腿，落地屈膝缓冲（图 6-6-9）。
动作要领	①重心下沉，屈膝蓄力，重心上升，两腿快速蹬地。 ②两臂带动配合身体重心沉起变化。 ③腾空时，两腿快速屈腿提膝，身体收腹、紧腰。
练习步骤	①仰卧练习屈腿收腹团身。 ②站立练习单腿屈膝上提。 ③带臂练习，在重心下沉时两臂向后经过下方带动，重心上升准备起跳时两臂向上经过前方带动。
易犯错误	①起跳及腾空时的身体重心偏移。 ②腾空时团身姿态不准确，没有收腹提膝。 ③腿部发力与手臂带动发力不一致。
保护帮助	保护帮助者站在练习者身后，扶腰上提帮助增加腾空高度和落地稳定性。

4. 动作名称：跨栏跳

动作图示	 图 6-6-10  图 6-6-11  图 6-6-12
动作描述	准备姿势：站立开始（图 6-6-10）。 两腿用力蹬地，配合两臂带动发力，向上方跳起腾空，同时左/右脚向前上 45°，右/左腿向后弯曲（图 6-6-11）。 下落时快速并腿，落地屈膝缓冲（图 6-6-12）。
动作要领	①重心下沉，屈膝蓄力，重心上升，两腿快速蹬地。 ②两臂带动配合身体重心沉起变化。 ③腾空时，一腿快速向 45° 方向踢腿，另一腿快速屈腿翻胯，收腹、含胸。

续表

练习步骤	①坐于地面，练习跨栏姿态压腿，加强两腿的软开度。 ②站立练习弯曲腿的翻胯动作，要求臀大肌快速收紧转胯。 ③带臂练习，在重心下沉时两臂向后经过下方带动，重心上升准备起跳时两臂向上经过前方带动。
易犯错误	①底座接脚时容易移动，导致尖子不稳定；尖子腰部松弛坐髋。 ②底座踩地不稳，弓步位置不在一个平面；尖子踩脚位置不在髋部。
保护帮助	保护帮助者站在练习者身后，扶腰上提帮助增加腾空高度和落地稳定性。

5. 动作名称：屈体分腿跳

动作图示	 图 6-6-13  图 6-6-14  图 6-6-15
动作描述	准备姿势：站立开始（图 6-6-13）。 两腿用力蹬地，配合两臂带动发力，向上方跳起腾空，同时两腿分腿向侧上方发力，开度达到或超过 180°（图 6-6-14）。 下落时快速并腿，落地屈膝缓冲（图 6-6-15）。
动作要领	①重心下沉，屈膝蓄力，重心上升，两腿快速蹬地。 ②两臂带动配合身体重心沉起变化。 ③腾空重心上升时，两腿向侧上方发力，脚背朝上，收腹、屈髋，上体重心稍前倾。
练习步骤	①仰卧练习分腿两头起，收腹举腿时快速分腿上举，同时起上体重心前倾。 ②站立练习单腿向侧上方踢摆，脚背朝上。 ③带臂练习，在重心下沉时两臂向后经过下方带动，重心上升准备起跳时两臂向上经过前方带动。
易犯错误	①起跳及腾空时的身体重心偏移。 ②腾空时屈体分腿开度不够，分腿时机晚且慢。 ③腿部发力与手臂带动发力不一致。
保护帮助	保护帮助者站在练习者身后，扶腰上提帮助增加腾空高度和落地稳定性。

6. 动作名称：屈体并腿跳

动作图示	 图 6-6-16  图 6-6-17  图 6-6-18
动作描述	准备姿势：站立开始（图 6-6-16）。 两腿用力蹬地，配合两臂带动发力，向上方跳起腾空，同时两腿并腿经前向上发力，使两腿与地面平行，上体下压，重心前倾(图 6-6-17)。 下落时快速并腿，落地屈膝缓冲（图 6-6-18）。
动作要领	①重心下沉，屈膝蓄力，重心上升，两腿快速蹬地。 ②两臂带动配合身体重心沉起变化。 ③腾空重心上升时，两腿经前向上发力，收腹、屈髋、举腿，上体下压，重心前倾。
练习步骤	①仰卧练习两头起，收腹举腿时快速并腿上举，同时起上体重心前倾。 ②带臂练习，在重心下沉时两臂向后经过下方带动，重心上升准备起跳时两臂向上经过前方带动。
易犯错误	①起跳及腾空时的身体重心偏移。 ②腾空时屈体不充分，收腹举腿时机晚且慢。 ③腿部发力与手臂带动发力不一致。
保护帮助	保护帮助者站在练习者身后，扶腰上提帮助增加腾空高度和落地稳定性。

7. 动作名称：前滚翻

动作图示	 图 6-6-19  图 6-6-20

续表

动作图示	 图 6-6-21  图 6-6-22
动作描述	准备姿势：蹲撑开始（图 6-6-19）。 两手前伸撑垫，两脚蹬地，提臀同时屈臂低头、含胸，依次经过头、颈、背、腰、臀团身前（图 6-6-20）。 当背腰触垫时，双手迅速抱腿（图 6-6-21）。 上体紧跟大腿呈全蹲（图 6-6-22）。
动作要领	①两腿主动蹬地，同时提臀、屈臂、低头。 ②滚动时要头、颈、背、腰、臀依次触垫，身体团紧。 ③要向上主动跟上体，与抱小腿协调一致。
练习步骤	①滚动练习，身体团紧，来回滚动。 ②斜坡做前滚翻。
易犯错误	①两腿蹬地发力不充分。 ②团身不紧。 ③滚动方向不正。
保护帮助	保护帮助者跪于练习者侧方，练习者翻至臀部着垫，顺势推背帮助起立。

8. 动作名称：侧手翻

动作图示	 图 6-6-23  图 6-6-24  图 6-6-25

续表

动作图示	 图 6-6-26  图 6-6-27
动作描述	准备姿势：站立开始，两臂上举（图 6-6-23）。 上体倾斜时左脚向前迈一大步呈弓步，两臂前伸，并带动身体扭转 90°（图 6-6-24）。 当左臂接触地面后两腿快速蹬摆，两臂顶肩支撑（图 6-6-25）。 右脚落垫屈膝，待左脚落垫后蹬直（图 6-6-26）。 同时两臂侧举分腿站立（图 6-6-27）。
动作要领	①两臂前伸，远处撑手，并与脚呈一条直线，身体向右转体 90°。 ②两腿快速蹬摆，手臂直臂顶肩支撑。 ③侧翻时，身体紧腰、夹臀、展髋。
练习步骤	①面向墙壁，练习手臂前伸远撑手，两腿蹬摆。 ②分腿倒立，在保护帮助下，练习直臂顶肩，紧腰夹臀，腰侧屈摆动。
易犯错误	①撑手位置不准确。 ②蹬摆发力不充分。 ③侧翻时身体屈髋、塌腰。
保护帮助	保护帮助者站在练习者侧方，当练习者蹬摆侧翻时，两手快速扶其髋部两侧，帮助减轻支撑重力，稳定翻转平衡。

9. 动作名称：踺子

动作图示	 图 6-6-28  图 6-6-29  图 6-6-30

续表

动作图示	 图 6-6-31  图 6-6-32
动作描述	准备姿势：站立开始（图 6-6-28）。 两臂前摆，趋步跳起，上体前倾时左脚向前迈出一大步呈弓步，左手向前撑地，并带动身体向右扭转 90°（图 6-6-29）。 两腿积极蹬摆，当摆动腿接近倒立位置时留腿，左腿快速并右腿，以左臂为支撑点，身体继续向右扭转 90°（图 6-6-30）。 使两臂支撑地面，并直臂顶肩推离地面（图 6-6-31）。 跟起上体、并腿下压呈直立姿势或顺势后退（图 6-6-32）。
动作要领	①趋步跳起后，左手前伸撑垫要迅速。 ②右腿向后上方快速摆动，左腿蹬地发力充分。 ③左臂单臂支撑同时身体向右扭转 90°，梗头、紧腰、夹臀。 ④摆动腿摆到倒立位时要主动留腿，蹬地腿跟上完成并腿。 ⑤两臂直臂顶肩撑推与并腿下压协调一致。
练习步骤	①面向墙壁，练习手臂前伸远撑手，两腿蹬摆。 ②练习倒立左右移重心，重心移动至左臂时向右转体。 ③练习原地慢速左手撑地、蹬摆、转体、并腿呈手倒立，体会撑、蹬、摆、转、并。
易犯错误	①撑手位置不准确。 ②蹬摆发力不充分。 ③身体扭转时机不准确，导致屈髋、身体重心失衡。 ④屈臂支撑，没有顶肩推离地面。
保护帮助	①保护帮助者站在练习者左前侧，扶练习者的腰，帮助其转体与推手提腰掼腿，当练习者完成动作后，要用手挡住其背部，防止后倒。 ②预防撑手动作不正确造成腕关节扭伤，掼腿过猛身体后倒两手反关节撑地造成腕肘挫伤，练习者后倒时保护者拦托腰背防止后倒创伤。

10. 动作名称：前手翻

动作图示	 图 6-6-33  图 6-6-34  图 6-6-35  图 6-6-36  图 6-6-37
动作描述	准备姿势：站立开始（图 6-6-33）。 趋步起跳，左脚向前蹬地，上体前压，右脚向后上摆，两手向前撑地拉开肩角（图 6-6-34）。 右脚蹬地后摆，接近倒立时并腿制动，同时快速直臂顶肩推手（图 6-6-35）。 使身体向前上方腾起，腾空后背腰、夹臀、抬头、挺身（图 6-6-36）。 双脚主动站立地面（图 6-6-37）。
动作要领	①上体前压快，手要前伸，撑地、蹬地、摆腿、推手要快速有力，协调配合。 ②空中保持抬头、挺身、背腰、夹臀。
练习步骤	①向高垫子上或墙上做快速蹬摆倒立，训练腿的蹬摆速度。 ②两手前伸撑地，练习快速蹬摆、倒立部位并腿制动和顶肩推手配合。 ③在帮助下做蹬摆倒立并腿、推手练习，保护者站在练习者撑地点前方，当练习者摆腿上倒立时，两手抱其腰部顺势上提，用肩顶住其臀部扛于肩上，然后保护者再把练习者轻轻放回。
易犯错误	①两手前伸撑地太近导致肩部前倾，手臂没有支撑点。 ②蹬摆腿速度慢，导致身体翻转速度不够。 ③蹬摆腿与推手配合不协调。 ④身体腾起后收腹、屈髋。
保护帮助	保护帮助者站在练习者手撑地侧方，当练习者推手腾空时一手托腰，帮助增加腾空高度，当练习者翻转后站立时，另一手快速扶其腹部，双手帮助其控制平衡。

11. 动作名称：后手翻

动作图示	 图 6-6-38  图 6-6-39  图 6-6-40  图 6-6-41  图 6-6-42
动作描述	准备姿势：站立开始（图 6-6-38）。 两臂后摆，屈膝下蹲，重心后移（图 6-6-39）。 两腿蹬地，上体后倒，两臂经前向后上方带臂，带动身体呈背弓，一直保持至手臂支撑地面呈倒立动作（图 6-6-40）。 直臂顶肩支撑并推离地面，腾起后身体立腰起上体（图 6-6-41）。 双脚落地呈站立姿势（图 6-6-42）。
动作要领	①双腿稍弯曲微收髋，重心后移。 ②双腿蹬地发力充分，两臂快速经前向后上方带臂，上体快速后倒。 ③蹬地腾空时，身体背弓，抬头、挺胸、展髋。 ④经倒立姿态时，两臂直臂顶肩推离地面，立腰起上体。
练习步骤	①倒立直臂顶肩练习。 ②手脚支撑地面，背弓成桥，静态控制练习。 ③在圆柱形辅助器械上，模拟蹬摆后翻呈倒立动作。
易犯错误	①两腿蹬地发力不充分，膝盖前移。 ②两臂带臂与腿部蹬地发力不协调，带臂方向不准确，手臂无法快速支撑地面。 ③蹬腿摆臂腾空后，身体收腹、屈髋，没有呈背弓姿态。 ④两臂支撑地面经倒立姿态时，屈臂冲肩，重心前倾。
保护帮助	保护帮助者站在练习者的侧后方，当练习者向后翻时，一手托其腰，一手扶其腹部，帮助提高其后翻时的身体重心，同时控制经倒立姿态时的平衡。

【作业题】

1. 简述如何提高技巧啦啦操运动员的安全保护意识。
2. 简述技巧啦啦操保护中摇篮接动作的技术要领。
3. 试述技巧啦啦操尖子运动员核心稳定能力的训练方法。
4. 试述影响技巧啦啦操运动员协作配合能力的主要因素。
5. 简述技巧啦啦操中运动员选材的重要性。

第七章
CHAPTER 07

舞蹈啦啦操教学与训练

【学习目标】

1. 了解舞蹈啦啦操的分类，掌握不同风格的动作技术特征。
2. 掌握舞蹈啦啦操动作教学与训练的内容。
3. 熟练掌握舞蹈啦啦操技术难度教学与训练的内容、步骤与方法。

【章前导言】

舞蹈啦啦操不仅需要运动员有良好的身体控制能力、爆发力、柔韧素质、力量素质和表现力，还需要熟练掌握各种不同的舞蹈风格。本章对花球、爵士、街舞啦啦操动作与技术难度的教学内容、练习步骤与训练方法等方面进行了系统的分类，并进行了翔实的阐述。对练习者身体协调能力和艺术感染力的提升有着重要的指导作用。

第一节　花球啦啦操教学与训练

一、上肢动作技术教学与训练

花球啦啦操中最基本的动作就是运动员手持花球的基本手位，其特有的力度感需要短暂的加速和定位制动来表现。快、狠、准、稳是花球啦啦操手臂动作最为显著的特点。手位动作上肢的发力点在前臂，均要求向内含住收紧，将全部的力集中于身体的中轴，发力速度快，动作清晰有力，制动之后没有延伸，身体控制稳定，位置准确，在最短的时间内完成动作并向下一个动作迅速转变，而其转变过程也必须保持干净利落，无晃动的状态。在完成动作过程中不宜用力过猛及制动不到位，使得整体视觉效果过于僵硬，要做到有力而不僵硬，松弛而不松懈。队员在手持花球进行动作过程中，保持身体重心下沉，发力过程中膝关节微屈，平稳移动，所有的步法刚劲有力。

（一）划线式发力教学与训练

划线式发力是花球啦啦操上肢发力的一种方式。手臂开始和结束，肘关节保持绷直状态。

<table>
<tr><td>第一八拍</td><td> 图 7-1-1  图 7-1-2  图 7-1-3
 图 7-1-4  图 7-1-5  图 7-1-6
 图 7-1-7  图 7-1-8  图 7-1-9</td></tr>
<tr><td>动作描述</td><td>准备姿势：准备位（图 7-1-1）。
第 1 拍：直臂上举，手臂呈 H 位（图 7-1-2）。
第 2 拍：手臂回到准备位（图 7-1-3）。
第 3 拍：双脚开立，手臂侧平举，手臂呈 T 位（图 7-1-4）。
第 4 拍：双腿收回，手臂回准备位（图 7-1-5）。
第 5 拍：身体转向左面，双脚呈弓步，双臂斜上举（图 7-1-6）。
第 6 拍：身体回正，右臂向右下拉开，手臂呈斜线（图 7-1-7）。
第 7 拍：双腿开立半蹲，手臂呈 90°直角支撑在大腿前侧，含头（图 7-1-8）。
第 8 拍：回到准备位（图 7-1-9）。</td></tr>
</table>

续表

第二八拍	 图 7-1-10  图 7-1-11  图 7-1-12  图 7-1-13  图 7-1-14  图 7-1-15  图 7-1-16
动作描述	第 1 拍：双腿开立，手臂呈斜下冲拳，面向七点（图 7-1-10）。 第 2 拍：手臂呈侧上冲拳，腿不动，面向一点（图 7-1-11）。 第 3 拍：双腿半蹲，右手臂向内绕环经斜下冲拳至 T，左手打开（图 7-1-12 至图 7-1-13）。 第 4 拍：双腿并立，手臂呈上 A（图 7-1-14）。 第 5~6 拍：左脚向前迈一步，手臂从体侧至下呈下 V（图 7-1-15 ）。 第 7~8 拍：双脚开立，手臂上举呈上 V（图 7-1-16）。
动作要领	手位动作上肢的发力点在前臂，均要求向内含住收紧，将全部的力集中于身体的中轴，发力速度快，动作清晰有力，制动之后没有延伸，身体控制稳定，位置准确，在最短的时间内完成动作并向下一个动作迅速转变，而其转变过程也必须要保持干净利落，无晃动的状态。手臂动作开始和结束肘关节保持绷直状态。

续表

练习步骤	①通过节拍间隔由慢到快（如 8 拍/4 拍/2 拍/1 拍一动）来控制练习的难易程度，速度越快对运动员的能力要求越高。 ②在手臂负重的干预下听节拍或音乐练习手臂操，这是强化手臂发力、实现“四字”动作要领的有效方法，可以通过手套式沙袋、手腕沙袋、手握沙瓶等方法来增加负重，通过外力被动强化手臂发力，使手位动作更加标准到位。
易犯错误	①发力过早。 ②动作僵直。 ③手臂没有制动。

（二）点对点式发力教学与训练

点对点式发力也是花球啦啦操上肢发力的一种方式，在套路展示中使用频率较多。点对点式发力的动作更能够彰显花球啦啦操手臂动作的爆发感。手臂开始和结束中间，肘关节要弯曲收缩呈屈臂，然后再进行快速发力和定位制动。

第一八拍	 图 7-1-17  图 7-1-18  图 7-1-19  图 7-1-20  图 7-1-21  图 7-1-22  图 7-1-23  图 7-1-24  图 7-1-25

续表

第一八拍	 图 7-1-26  图 7-1-27  图 7-1-28  图 7-1-29  图 7-1-30  图 7-1-31
动作描述	准备姿势：准备位（图 7-1-17）。 第 1 拍：手臂经屈臂 H 至上 H（图 7-1-18 至图 7-1-19）。 第 2 拍：手臂经屈臂 H 至准备位（图 7-1-20 至图 7-1-21）。 第 3 拍：双脚开立，手臂经短 T 至 T（图 7-1-22 至图 7-1-23）。 第 4 拍：双腿收回，手臂经屈臂 H 至准备位（图 7-1-24 至图 7-1-25）。 第 5 拍：身体转向左面，双脚呈弓步，手臂经屈臂 H 至双手斜上举（图 7-1-26至图 7-1-27）。 第 6 拍：身体回正，右手经短 T 至左斜线（图 7-1-28 至图 7-1-29）。 第 7 拍：双腿开立半蹲，手臂呈 90°支撑在大腿前侧，含头(图 7-1-30)。 第 8 拍：回到准备位（图 7-1-31）。
第二八拍	 图 7-1-32  图 7-1-33  图 7-1-34

续表

第二八拍	 图 7-1-35  图 7-1-36  图 7-1-37  图 7-1-38  图 7-1-39  图 7-1-40  图 7-1-41  图 7-1-42
动作描述	第 1 拍：右脚侧点地，右手臂经短 T 至斜上冲拳（图 7-1-32 至图 7-1-33）。 第 2 拍：右手臂经屈臂短 T 至侧下冲拳（图 7-1-34 至图 7-1-35）。 第 3 拍：双腿半蹲，右手臂向内绕环经斜下冲拳至 T（图 7-1-36 至图 7-1-37）。 第 4 拍：双脚并立，手臂呈上 A（图 7-1-38）。 第 5~6 拍：左脚向前迈一步，手臂经小 A 呈下 V（图 7-1-39 至图 7-1-40）。 第 7~8 拍：双脚开立，手臂经小 A 呈高 V（图 7-1-41 至图 7-1-42）。
动作要领	手臂开始和结束中间，肘关节要弯曲收缩呈屈臂然后再进行快速发力和定位制动。
练习步骤	①通过节拍间隔由慢到快（如 8 拍/4 拍/2 拍/1 拍一动）来控制练习的难易程度，速度越快对运动员的能力要求越高。 ②在手臂负重的干预下听节拍或音乐练习手臂操，这是强化手臂发力、

续表

练习步骤	实现“四字”动作要领的有效方法，可以通过手套式沙袋、手腕沙袋、手握沙瓶等方法来增加负重，通过外力被动强化手臂发力，使手位动作更加标准到位。
易犯错误	①发力过早。 ②动作僵直。 ③手臂没有制动。

二、下肢动作技术教学与训练

(一) 基本站姿

1. 并立站

动作图示	 图 7-1-43
动作描述	双脚并拢，脚尖冲前，双腿夹紧，双手握拳，直臂夹紧体侧。
动作要领	双腿绷直、夹紧，后背挺直，全身各部位收紧，双臂用力夹紧身体。
练习步骤	①教师讲解动作要领，学生按要求跟做。 ②教师辅助外拉，检查学生双臂、双腿是否夹紧。 ③双人或多人一组，一人后/侧/前倒，其他人保护，动作人身体不能松懈。
易犯错误	①腿和臂没有用力夹紧。 ②后背、脖颈没有充分立直。 ③肘部位置过于向后或向前。

2. 叉腰开立

动作图示	 图 7-1-44
动作描述	双脚打开比肩稍宽，脚尖稍微向外打开，双手握拳屈臂顶于髋部两侧，肘稍向里合。
动作要领	双腿用力绷直，后背挺直，全身各部位收紧，双脚打开比肩稍宽，脚尖稍微向外打开，双手握拳屈臂用力顶于髋部两侧，两肘向外延伸。
练习步骤	①教师讲解动作要领，学生按要求跟做。 ②教师辅助外拉，检查学生屈臂握拳是否夹紧身体。 ③双人或多人一组，从直立位置快速到动作位置，反复练习，相互检查纠正。
易犯错误	①大腿松懈没有用力绷直绷紧。 ②双臂屈臂握拳没有用力夹紧身体。 ③后背、脖颈没有充分立直。 ④肘部位置过于向后或向前。

3. 弓步站

动作图示	 图 7-1-45
动作描述	双脚前后分开，两脚尖冲前，前腿弯曲全脚着地，后腿弯曲前脚掌着地，上身挺直，双臂屈臂背后，双手握拳。
动作要领	后背挺直，全身各部位收紧，双脚前后分开肩宽距离，前脚全脚用力踩实地面，后脚脚背充分立起、前脚掌着地，双臂直臂、双手握拳用力夹紧体侧。

续表

练习步骤	①教师讲解动作要领，学生按要求跟做。 ②从并腿站开始，听节拍快速到达动作位置，反复练习。 ③从并腿站开始，听节拍做向前/左/右/后不同方向的动作练习。
易犯错误	①重心位置不准确（重心在两脚中间）。 ②后腿姿态不准确，没有充分屈腿。 ③身体姿态不够直立。 ④后脚立脚踝不够充分。

4. 侧弓步站

动作图示	 图 7-1-46
动作描述	双脚左右分开比肩稍宽，一腿向侧跨成弓步，重心在一侧腿上（全脚着地，屈膝），另一侧腿伸直大脚趾内侧点地，上身立直，双臂屈臂背后，双手握拳。
动作要领	后背挺直，全身各部位收紧，双脚左右分开比肩稍宽，主力腿全脚用力踩实地面，屈膝，非主力腿伸直，大脚趾内侧点地，脚踝用力绷紧，双臂直臂、双手握拳用力夹紧体侧。
练习步骤	①教师讲解动作要领，学生按要求跟做。 ②从并腿站开始，听节拍快速到达动作位置，反复练习。 ③从并腿站开始，听节拍做左/右不同方向的动作练习，强化动作稳定性。
易犯错误	①重心位置不准确（主要重心在主力腿上）。 ②腿部姿态不准确，主力腿没有充分屈膝，非主力腿没有伸直。 ③上身姿态不够直立。 ④髋部屈折，没有立直。

5. 锁步站

动作图示	 图 7-1-47
动作描述	左脚（右脚）前，全脚着地，右脚（左脚）后交叉，前脚掌着地，屈膝，膝盖前后相扣，上身立直，双臂屈臂背后，双手握拳。
动作要领	后背挺直，全身各部位收紧，双脚前后交叉，脚尖微向外展，屈膝，前脚全脚用力踩实地面，后脚前脚掌着地，脚踝充分立起，双臂屈臂背后，双手握拳。
练习步骤	①教师讲解动作要领，学生按要求跟做。 ②从并腿站开始，听节拍快速到达动作位置，反复练习。 ③听节拍，从提踵开立站开始，依次做左/右脚在前的动作练习，体会重心从高到低的平稳转换。
易犯错误	①重心位置不稳定（没有充分屈膝，重心降低）。 ②上身姿态不够直立。 ③上身方向没有准确冲前。 ④容易撅屁股。

（二）基本步法

1. 原地步法

（1）直立提踵→开腿蹲

动作图示	 图 7-1-48

续表

动作描述	直立提踵准备，双腿同时打开到开立蹲位置，听节拍或音乐循环练习。
动作要领	上身始终保持直立，全身各部位收紧，双腿打开到开立蹲位置时屈膝充分，髋部放正，不要后撅或前挺。回收到直立提踵位置时双腿同时向内夹紧，膝盖充分绷直，提踵时脚踝收紧不要弹动。
练习步骤	①教师讲解动作要领，学生按要求跟做。 ②听节拍或音乐匀速循环练习。 ③听节拍或音乐变速循环练习。 ④双人练习，两人面对面直臂向前，相互抓紧前臂，同时练习。
易犯错误	①重心位置不稳定（没有充分屈膝，重心降低）。 ②上身姿态不够直。 ③直立时脚踝绷不紧，开腿蹲时膝盖脚尖方向没有充分打开。 ④容易撅屁股。

（2）侧向弓步

动作图示	 图 7-1-49
动作描述	直立准备，身体快速转向侧面，呈弓步位置，听节拍或音乐循环练习。
动作要领	上身始终保持直立，全身各部位收紧，转向侧面时要快速、留头甩头，转侧后身体和腿部方向一致。
练习步骤	①教师讲解动作要领，学生按要求跟做。 ②听节拍或音乐匀速循环练习。 ③听节拍或音乐变速循环练习。 ④强化练习方法：连续纵跳→侧向弓步。
易犯错误	①重心位置不稳定（弓步时没有充分屈膝，重心降低）。 ②上身姿态不够直。 ③弓步时后脚提踵不充分。

2. 行进间步法

行进间直腿交叉步→侧弓步→转向直腿交叉步→侧弓步

动作图示	 图 7-1-50  图 7-1-51  图 7-1-52  图 7-1-53  图 7-1-54  图 7-1-55  图 7-1-56  图 7-1-57
动作描述	直立位置准备，单腿起动提踵做前（后）交叉步，接主力腿向侧推送动力腿到侧弓步位置，转向要领一样，听节拍或音乐循环练习（图 7-1-50 至图 7-1-57）。
动作要领	上身始终保持直立，全身各部位收紧，交叉步时腿伸直绷紧，侧弓步时一腿屈一腿直（区分明显），转向时身体收紧速度要快，留头甩头。
练习步骤	①教师讲解动作要领，学生按要求跟做。 ②听节拍或音乐匀速循环练习。 ③多人一组练习，强化一致性。
易犯错误	①重心位置不稳定，做动作前后晃。 ②上身姿态不够直，容易后撅前松。 ③弓步时直腿脚绷不紧。

(三) 下肢组合教学与训练

第一八拍	 图 7-1-58  图 7-1-59  图 7-1-60  图 7-1-61  图 7-1-62
动作描述	准备姿势：准备位（图 7-1-58）。 第 1~2 拍：左腿向左迈出，双手叉腰（图 7-1-59）。 第 3~4 拍：左腿收回，呈并立，胸前小 A（图 7-1-60）。 第 5~6 拍：右腿向右迈出，双手叉腰（图 7-1-61）。 第 7~8 拍：右腿收回，呈并立，胸前小 A（图 7-1-62）。
第二八拍	 图 7-1-63  图 7-1-64  图 7-1-65  图 7-1-66

续表

动作描述	第 1~2 拍：左腿向前迈出呈半蹲前弓步，双手叉腰（图 7-1-63）。 第 3~4 拍：左腿收回，呈并立，胸前小 A（图 7-1-64）。 第 5~6 拍：右腿向前迈出呈半蹲前弓步，双手叉腰（图 7-1-65）。 第 7~8 拍：右腿收回，呈并立，胸前小 A（图 7-1-66）。
第三八拍	 **图 7-1-67**  **图 7-1-68**  **图 7-1-69**  **图 7-1-70**
动作描述	第 1~2 拍：左腿向左迈出呈弓步，双手叉腰（图 7-1-67）。 第 3~4 拍：左腿收回，呈并立，胸前小 A（图 7-1-68）。 第 5~6 拍：右腿向右迈出呈弓步，双手叉腰（图 7-1-69）。 第 7~8 拍：右腿收回，呈并立，胸前小 A（图 7-1-70）。
第四八拍	 **图 7-1-71**  **图 7-1-72**  **图 7-1-73**  **图 7-1-74**

续表

动作描述	第 1~2 拍：左腿向左半蹲，手臂呈 90°支撑在大腿前侧，含头（图 7-1-71）。 第 3~4 拍：左腿收回，呈并立，胸前小 A（图 7-1-72）。 第 5~6 拍：右腿向右半蹲，手臂呈 90°支撑在大腿前侧，含头（图 7-1-73）。 第 7~8 拍：右腿收回，呈并立，胸前小 A（图 7-1-74）。
动作要领	①并立位：双腿绷直夹紧，后背挺直，全身各部位收紧。 ②开立位：双腿用力绷直，后背挺直，全身各部位收紧，双脚打开比肩稍宽，脚尖稍微向外打开，重心在前脚掌，髋部微屈收紧。 ③前弓步：后背挺直，全身各部位收紧，双脚前后分开肩宽距离，前脚全脚用力踩实地面，后脚脚背充分立起、前脚掌着地。 ④侧弓步：后背挺直，全身各部位收紧，双脚左右分开比肩稍宽距离，主力腿全脚用力踩实地面，屈膝，非主力腿伸直，大脚趾内侧点地，脚踝用力绷紧。 ⑤半蹲：身体重心在前脚掌，大腿肌肉绷紧，髋部弯曲收紧。
易犯错误	①重心位置不稳定（没有充分屈膝，重心降低）。 ②上身姿态不够直立。 ③后腿姿态不准确，没有充分屈腿。 ④大腿松懈，没有用力绷直绷紧。

第二节　爵士啦啦操教学与训练

爵士啦啦操是舞蹈啦啦操中对运动员舞蹈基本功要求最严格的一项，要求运动员具有较好的舞蹈感觉、身体柔韧、身体感知和对音乐节奏的把握。因此，爵士啦啦操更适于有一定基础且相对较为专业的啦啦队队员，对于普通中小学生而言，具有一定的难度。目前，我国的爵士啦啦操大致分为两类风格，一类是以 Power Jazz 为首的现代爵士，注重肢体的爆发力和身体的控制，跳起来类似于 Hip-Hop 的风格；另一类是芭蕾爵士，这类动作讲究身体的延展与控制，大量地运用芭蕾舞中的舞姿、舞步及难度技巧。现代爵士风格的爵士啦啦操对学生身体协调能力与各关节的灵活性要求较高；爵士啦啦操在做上肢基本动作时要学会运用肩关节带动手臂，先用肩部带动上臂，再由上臂带动前臂，最后将力延伸到指尖，注意手臂的延展性；下肢动作对运动员的脚背和膝盖具有严格的要求，每一步都需要脚背的完美展现。

一、基本技术教学与训练

（一）基本站姿

图 7-2-1

（二）基本手势

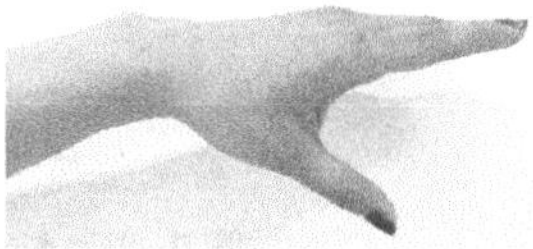

图 7-2-2

图 7-2-3

（三）基本手位

准备位

图 7-2-4

一位

图 7-2-5

二位

图 7-2-6

三位

图 7-2-7

变化位 1
图 7-2-8

变化位 2
图 7-2-9

变化位 3
图 7-2-10

变化位 4
图 7-2-11

变化位 5
图 7-2-12

变化位 6
图 7-2-13

变化位 7
图 7-2-14

变化位 8
图 7-2-15

变化位 9
图 7-2-16

变化位 10
图 7-2-17

（四）基本脚位

准备位
图 7-2-18

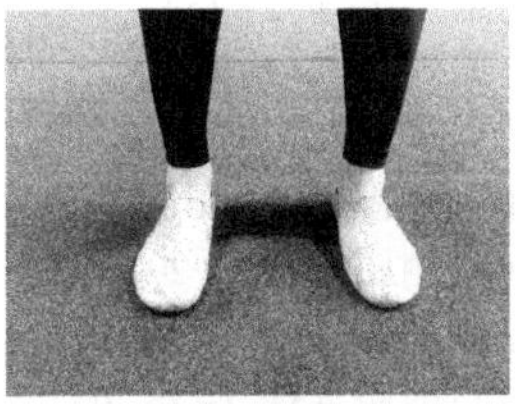

一位 TURN IN
图 7-2-19

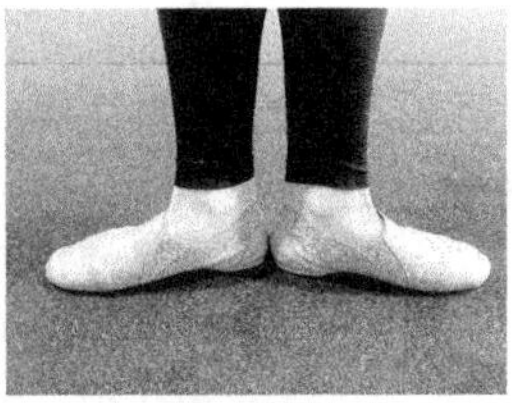

一位 TURN OUT
图 7-2-20

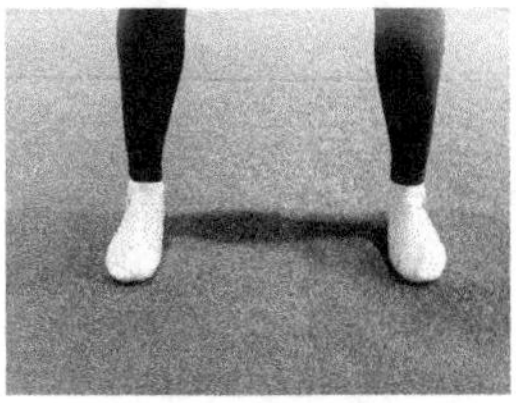

二位 TURN IN
图 7-2-21

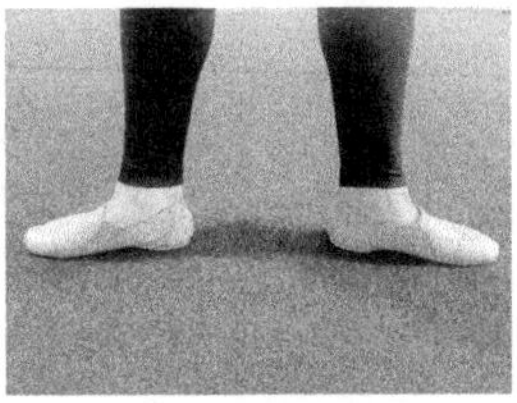

二位 TURN OUT
图 7-2-22

二、身体部位教学与训练

（一）头部动作技术教学与训练

第一八拍	 图 7-2-23  图 7-2-24  图 7-2-25  图 7-2-26  图 7-2-27  图 7-2-28  图 7-2-29  图 7-2-30

续表

动作描述	预备姿势：爵士基本站姿（开立）。 第 1 拍：头前屈（图 7–2–23）。 第 2 拍：头还原（图 7–2–24）。 第 3 拍：头后屈（图 7–2–25）。 第 4 拍：头还原（图 7–2–26 ）。 第 5 拍：头向右侧屈（图 7–2–27）。 第 6 拍：头还原（图 7–2–28）。 第 7 拍：头向左侧屈（图 7–2–29）。 第 8 拍：头还原（图 7–2–30）。
第二八拍	 图 7–2–31  图 7–2–32  图 7–2–33  图 7–2–34  图 7–2–35  图 7–2–36  图 7–2–37  图 7–2–38
动作描述	第 1 拍：向右转头（图 7–2–31）。 第 2 拍：头还原（图 7–2–32）。 第 3 拍：向左转头（ 图 7–2–33）。 第 4 拍：头还原（图 7–2–34）。 第 5 拍：向右转头（图 7–2–35）。 第 6 拍：头还原（图 7–2–36）。 第 7 拍：向左转头（图 7–2–37）。 第 8 拍：头还原（图 7–2–38）。
动作要领	①动作要有节奏感，干净利索，有力度。 ②每个动作要做到最大限度；向前屈头下颌碰到锁骨，向后屈头仰成与地面呈同一水平线为佳，向左、右屈头点到肩膀。
练习步骤	①教师讲解动作要领，学生按要求跟做。 ②听节拍或音乐匀速循环练习。
易犯错误	①动作不到位就还原。 ②动作过程过于松弛或者紧张。

（二）肩部动作技术教学与训练

第一八拍	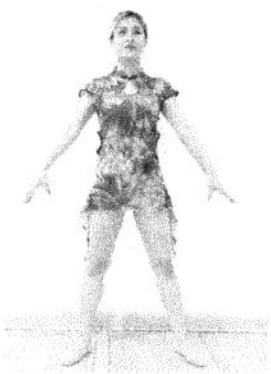 图 7-2-39  图 7-2-40  图 7-2-41  图 7-2-42 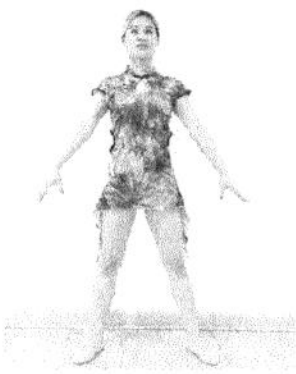 图 7-2-43
动作描述	预备姿势：双脚开立；双手侧下举；爵士基本手型（图 7-2-39）。 第 1~2 拍：右肩上提，左肩保持不动（图 7-2-40）。 第 3~4 拍：左肩上提，右肩保持不动（图 7-2-41）。 第 5~6 拍：右肩还原，左肩保持不动（图 7-2-42）。 第 7~8 拍：左肩还原，右肩保持不动（图 7-2-43）。
第二八拍	 图 7-2-44  图 7-2-45  图 7-2-46  图 7-2-47
动作描述	第 1~2 拍：右肩上提，左肩下沉（图 7-2-44）。 第 3~4 拍：左肩上提，右肩下沉（图 7-2-45）。 第 5~6 拍：右肩上提，左肩下沉（图 7-2-46）。 第 7~8 拍：左肩上提，右肩下沉（图 7-2-47）。
第三八拍	 图 7-2-48 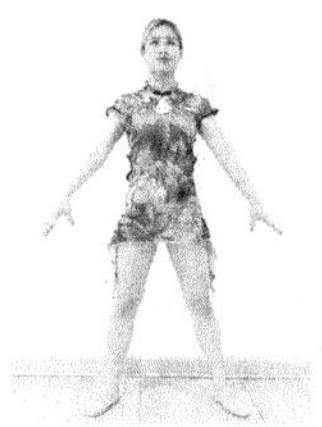 图 7-2-49  图 7-2-50 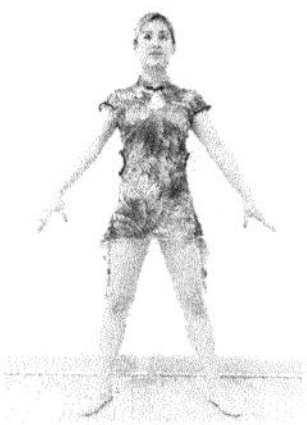 图 7-2-51
动作描述	第 1~2 拍：肩向内收（图 7-2-48）。 第 3~4 拍：肩向后展（图 7-2-49）。 第 5~6 拍：肩向内收（图 7-2-50）。 第 7~8 拍：肩向后展（图 7-2-51）。

续表

第四八拍	 图 7-2-52  图 7-2-53  图 7-2-54  图 7-2-55
动作描述	第 1~2 拍：右肩经下向前（图 7-2-52）。 第 3~4 拍：左肩经下绕环至前（图 7-2-53）。 第 5~6 拍：右肩经下绕环至前（图 7-2-54）。 第 7~8 拍：左肩经下绕环至前（图 7-2-55）。
动作要领	动作要有节奏感，干净利索，有力度，每个动作要做到最大限度；双肩练习时要协调。
练习步骤	①教师讲解动作要领，学生按要求跟做。 ②听节拍或音乐匀速循环练习。
易犯错误	①动作幅度和动作过程过小。 ②幅度过大影响躯干的平衡。

(三) 胸部动作技术教学与训练

第一八拍	 图 7-2-56  图 7-2-57  图 7-2-58  图 7-2-59  图 7-2-60  图 7-2-61  图 7-2-62

续表

动作描述	预备姿势：双脚开立；双手侧下举；爵士基本手型（图 7-2-56）。 第 1~2 拍：向前上方顶胸，膝盖伸直（图 7-2-57、图 7-2-61）。 第 3~4 拍：向后下方含胸，收髋屈膝（图 7-2-58、图 7-2-62）。 第 5~6 拍：向前上方顶胸，膝盖伸直（图 7-2-59）。 第 7~8 拍：向后下方含胸，收髋屈膝（图 7-2-60）。
第二八拍	 图 7-2-63  图 7-2-64  图 7-2-65  图 7-2-66
动作描述	第 1~2 拍：胸腰向右侧移动，右腿屈膝放松（图 7-2-63）。 第 3~4 拍：胸腰向左侧移动，左腿屈膝放松（图 7-2-64）。 第 5~6 拍：胸腰向右侧移动，右腿屈膝放松（图 7-2-65）。 第 7~8 拍：胸腰向左侧移动，左腿屈膝放松（图 7-2-66）。
第三八拍	 图 7-2-67  图 7-2-68  图 7-2-69  图 7-2-70  图 7-2-71  图 7-2-72  图 7-2-73  图 7-2-74
动作描述	第 1 拍：向右前方展胸（图 7-2-67）。 第 2 拍：向右侧移动胸腰（图 7-2-68）。 第 3 拍：向右后方含胸（图 7-2-69）。 第 4 拍：向正后方含胸（图 7-2-70）。 第 5 拍：向左后方含胸（图 7-2-71）。 第 6 拍：向左侧移动胸腰（图 7-2-72）。 第 7 拍：向左前方展胸（图 7-2-73）。 第 8 拍：向正前方展胸（图 7-2-74）。

续表

动作要领	①8 个点之间的衔接流畅。 ②点和点连接是一个完整的圆。
练习步骤	①教师讲解动作要领，学生按要求跟做。 ②听节拍或音乐匀速循环练习。
易犯错误	①整个上半身一起动。 ②髋部不稳。

(四) 腰部动作技术教学与训练

第一八拍	 图 7-2-75  图 7-2-76  图 7-2-77  图 7-2-78  图 7-2-79
动作描述	准备姿势：爵士基本站姿（开立）（图 7-2-75）。 第 1~4 拍：屈膝下蹲，双手经体前呈前平举，低头含胸，立掌（图 7-2-76 至图 7-2-77）。 第 5~8 拍：双手翻腕经体前向下划至体侧，抬头（图 7-2-78 至图7-2-79）。
第二八拍	 图 7-2-80  图 7-2-81  图 7-2-82

续表

第二八拍	 图 7-2-83  图 7-2-84
动作描述	第 1~4 拍：直膝，双臂经后向上至上举，过程中展胸抬头，掌心朝前（图 7-2-80 至图 7-2-82）。 第 5~8 拍：双臂经前至身体两侧，过程中手背朝下（图 7-2-83 至图 7-2-84）。
第三八拍	 图 7-2-85  图 7-2-86  图 7-2-87  图 7-2-88
动作描述	第 1~4 拍：屈膝，下蹲，弯右侧腰，双手顺腰一上一下延伸，头右屈（图 7-2-85 至图 7-2-86）。 第 5~8 拍：双膝伸直同时还原初始姿态（图 7-2-87 至图 7-2-88）。
第四八拍	 图 7-2-89  图 7-2-90  图 7-2-91  图 7-2-92
动作描述	第 1~4 拍：屈膝，下蹲，弯左侧腰，双手顺腰一上一下延伸，头左屈（图 7-2-89 至图 7-2-90）。 第 5~8 拍：双膝伸直同时还原初始姿态（图 7-2-91 至图 7-2-92）。
第五八拍	 图 7-2-93  图 7-2-94  图 7-2-95

续表

第五八拍	 图 7–2–96  图 7–2–97
动作描述	第 1 拍：双脚开立，身体前倾，右臂直，左臂胸前平屈（图 7–2–93）。 第 2 拍：身体经前至旁，倾右腰，上半身平行地面，双手上举，抬头看手（图 7–2–94）。 第 3 拍：膝关节伸直，左手经后向左打开，下后腰，头向后看（图 7–2–95）。 第 4 拍：右手经后向左画圆，倾左腰，上半身平行地面，双手上举（图 7–2–96）。 第 5~8 拍：身体经左侧腰转至前腰后，起身至立，右手经前向右画圆，至身体前侧，芭蕾七位手（图 7–2–97）。
第六八拍	 图 7–2–98  图 7–2–99  图 7–2–100  图 7–2–101  图 7–2–102
动作描述	第 1 拍：双脚开立，身体前倾，左臂直，右臂胸前平屈（图 7–2–98）。 第 2 拍：身体经前至旁，倾左腰，上半身平行地面，双手上举，抬头看手（图 7–2–99）。 第 3 拍：膝关节伸直，右手经后向右打开，下后腰，头向后看(图 7–2–100)。 第 4 拍：左手经后向右画圆，倾右腰，上半身平行地面，双手上举（图 7–2–101）。

续表

动作描述	第 5~8 拍：身体经右侧腰转至前腰后，起身至立，左手经前向左画圆，至身体前侧，芭蕾七位手（图 7-2-102）。
第七八拍	 图 7-2-103  图 7-2-104  图 7-2-105  图 7-2-106  图 7-2-107
动作描述	第 1 拍：双脚开立，身体前倾，右臂直，左臂胸前平屈（图 7-2-103）。 第 2 拍：身体经前至旁，倾右腰，上半身平行地面，双手上举，抬头看手（图 7-2-104）。 第 3 拍：膝关节伸直，左手经后向左打开，下后腰，头向后看（图 7-2-105）。 第 4 拍：右手经后向左画圆，倾左腰，上半身平行地面，双手上举（图 7-2-106）。 第 5~8 拍：身体经左侧腰转至前腰后，起身至身体前侧，芭蕾七位手（图 7-2-107）。
第八八拍	 图 7-2-108  图 7-2-109  图 7-2-110  图 7-2-111  图 7-2-112

续表

动作描述	第 1 拍：双脚开立，身体前倾，左臂直，右臂胸前平屈（图 7-2-108）。 第 2 拍：身体经前至旁，倾左腰，上半身平行地面，双手上举，抬头看手（图 7-2-109）。 第 3 拍：膝关节伸直，右手经后向右打开，下后腰，头向后看（图 7-2-110）。 第 4 拍：左手经后向右画圆，倾右腰，上半身平行地面，双手上举（图 7-2-111）。 第 5~8 拍：身体经右侧腰转至前腰后，起身至立，左手经前向左画圆，至身体前侧，芭蕾七位手（图 7-2-112）。
动作要领	①8 个点之间的衔接流畅。 ②点和点连接是一个完整的圆。
练习步骤	①教师讲解动作要领，学生按要求跟做。 ②听节拍或音乐匀速循环练习。
易犯错误	①整个上半身一起动。 ②髋部不稳。

（五）髋部动作技术教学与训练

第一八拍	 **图 7-2-113**  **图 7-2-114**  **图 7-2-115**  **图 7-2-116**  **图 7-2-117**
动作描述	预备姿势：双脚开立；双膝微屈；双手叉腰（图 7-2-113）。 第 1~2 拍：向右上方顶髋（图 7-2-114）。 第 3~4 拍：向左上方顶髋（图 7-2-115）。 第 5~6 拍：向右上方顶髋（图 7-2-116）。 第 7~8 拍：向左上方顶髋（图 7-2-117）。

续表

第二八拍	 图 7-2-118  图 7-2-119  图 7-2-120  图 7-2-121
动作描述	第 1~2 拍：向前上方顶髋（图 7-2-118）。 第 3~4 拍：向后上方顶髋（图 7-2-119）。 第 5~6 拍：向前上方顶髋（图 7-2-120）。 第 7~8 拍：向后上方顶髋（图 7-2-121）。
第三八拍	 图 7-2-122  图 7-2-123  图 7-2-124  图 7-2-125
动作描述	第 1~2 拍：向右上方顶髋（图 7-2-122）。 第 3~4 拍：向后上方顶髋（图 7-2-123）。 第 5~6 拍：向左上方顶髋（图 7-2-124）。 第 7~8 拍：向前上方顶髋（图 7-2-125）。
第四八拍	 图 7-2-126  图 7-2-127  图 7-2-128  图 7-2-129
动作描述	第 1~2 拍：向左上方顶髋（图 7-2-126）。 第 3~4 拍：向后上方顶髋（图 7-2-127）。 第 5~6 拍：向右上方顶髋（图 7-2-128）。 第 7~8 拍：向前上方顶髋（图 7-2-129）。
动作要领	膝关节放松，微屈；上身保持不动。
易犯错误	动作幅度过小；躯干跟随髋部摇摆。

（六）上肢动作技术教学与训练

<table>
<tr>
<td>第一八拍</td>
<td>

图 7-2-130

图 7-2-131

图 7-2-132

图 7-2-133

图 7-2-134

图 7-2-135

图 7-2-136

图 7-2-137

图 7-2-138
</td>
</tr>
<tr>
<td>动作描述</td>
<td>准备姿势：爵士基本站姿（开立）（图 7-2-130）。
第 1 拍：右手经身体右侧至斜下举，眼看右侧下方（图 7-2-131）。
第 2 拍：右手延伸至右侧平举，指尖延伸（图 7-2-132）。
第 3 拍：右手至右斜上方，眼随手动（图 7-2-133）。
第 4 拍：右臂上举，手背向内，指尖向上延伸，抬头（图 7-2-134）。
第 5 拍：翻掌下落至斜上举（图 7-2-135）。
第 6 拍：下落至侧平举，头右转（图 7-2-136）。
第 7 拍：斜下举，眼随手动（ 图 7-2-137）。
第 8 拍：回落至准备姿势（图 7-2-138）。</td>
</tr>
</table>

续表

第二八拍	 图 7-2-139  图 7-2-140  图 7-2-141  图 7-2-142  图 7-2-143  图 7-2-144  图 7-2-145  图 7-2-146
动作描述	第 1 拍：左手经身体左侧至斜下举，眼看左侧下方（图 7-2-139）。 第 2 拍：左手延伸至左侧平举，指尖延伸（图 7-2-140）。 第 3 拍：左手至左斜上方，眼随手动（图 7-2-141）。 第 4 拍：左臂上举，手背向内，指尖向上延伸，抬头（图 7-2-142）。 第 5 拍：翻掌下落至斜上举（图 7-2-143）。 第 6 拍：下落至侧平举，头左转（图 7-2-144）。 第 7 拍：斜下举，眼随手动（图 7-2-145）。 第 8 拍：回落至准备姿势（图 7-2-146）。
第三八拍	 图 7-2-147  图 7-2-148  图 7-2-149  图 7-2-150  图 7-2-151  图 7-2-152  图 7-2-153  图 7-2-154

续表

动作描述	第 1~2 拍：双手从体侧至侧平举，吸气（图 7-2-147 至图 7-2-148）。 第 3~4 拍：由侧平举至上举，手腕处交叉，掌心向前，抬头（图 7-2-149 至图 7-2-150）。 第 5~6 拍：双手从两侧分开至侧平举，吐气（图 7-2-151 至图 7-2-152）。 第 7~8 拍：由侧平举下落至身体后侧，指尖相对，低头微含胸（图 7-2-153 至图 7-2-154）。
第四八拍	 图 7-2-155  图 7-2-156  图 7-2-157  图 7-2-158  图 7-2-159  图 7-2-160  图 7-2-161  图 7-2-162
动作描述	第 1~2 拍：双手从体侧至侧平举，吸气（图 7-2-155 至图 7-2-156）。 第 3~4 拍：由侧平举至上举，手腕处交叉，掌心向前，抬头（图 7-2-157 至图 7-2-158）。 第 5~6 拍：双手从两侧分开至侧平举，吐气（图 7-2-159 至图 7-2-160）。 第 7~8 拍：由侧平举下落至身体两侧，爵士基本站姿（图 7-2-161 至图 7-2-162）。
第五八拍	 图 7-2-163  图 7-2-164  图 7-2-165  图 7-2-166
动作描述	第 1~4 拍：屈右膝，手臂经身体右侧至侧平举，头右屈，立掌（图 7-2-163至图 7-2-164）。 第 5~8 拍：手臂下压回落至爵士基本站姿（图 7-2-165 至图 7-2-166）。

续表

第六八拍	 图 7-2-167  图 7-2-168  图 7-2-169 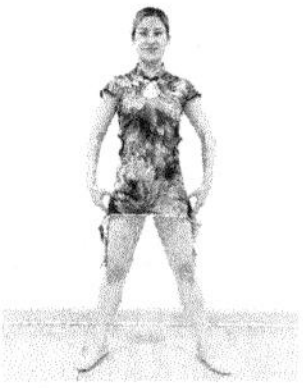 图 7-2-170
动作描述	第 1~4 拍：屈左膝，手臂经身体左侧至侧平举，头左屈，立掌（图 7-2-167 至图 7-2-168）。 第 5~8 拍：手臂下压回落至爵士基本站姿（图 7-2-169 至图 7-2-170）。
第七八拍	 图 7-2-171  图 7-2-172  图 7-2-173  图 7-2-174  图 7-2-175  图 7-2-176  图 7-2-177  图 7-2-178
动作描述	第 1~4 拍：右手经身体前侧，向上延伸到上举位置，掌心向前，五指张开，眼随手动（图 7-2-171 至 图 7-2-174）。 第 5~8 拍：右手经身体右侧向下按掌至爵士基本站姿（图 7-2-175 至图 7-2-178）。
第八八拍	 图 7-2-179  图 7-2-180  图 7-2-181  图 7-2-182

续表

第八八拍	 图 7-2-183  图 7-2-184  图 7-2-185  图 7-2-186
动作描述	第 1~4 拍：左手经身体前侧，向上延伸到上举位置，掌心向前，五指张开，眼随手动（图 7-2-179 至图 7-2-182）。 第 5~8 拍：左手经身体左侧向下按掌至爵士基本站姿（图 6-2-183 至图 6-2-186）。
动作要领	控制每一个动作的延伸感与力度感，身体带动手臂。
易犯错误	动作过于无力或者紧张。

（七）下肢动作技术教学与训练

第一八拍	 图 7-2-187  图 7-2-188  图 7-2-189  图 7-2-190  图 7-2-191  图 7-2-192
动作描述	预备姿势：爵士基本站姿。 第 1 拍：右脚屈腿提膝、开胯、绷脚（图 7-2-187）。 第 2 拍：经前擦地出，重心置于左腿，脚背外开（图 7-2-188）。 第 3~4 拍：右脚脚跟下压，重心从左脚过渡至右脚前脚掌（图 7-2-189）。 第 5 拍：左脚擦地收至屈腿提膝、开胯、绷脚（图 7-2-190）。 第 6 拍：经前擦地出，重心置于右腿，脚背外开（图 7-2-191）。 第 7~8 拍：左脚脚跟下压，重心从右脚过渡至左脚前脚掌（图 7-2-192）。

续表

第二八拍	 图 7-2-193  图 7-2-194  图 7-2-195  图 7-2-196
动作描述	第 1~2 拍：右脚经前擦地出，脚背外开，重心置于左腿，屈左膝，左胯向外开（图 7-2-193）。 第 3~4 拍：右脚脚跟下压，重心从左脚过渡至右脚前脚掌，左脚脚跟离地（图 7-2-194）。 第 5~6 拍：左脚经后向前擦地，脚背外开，重心置于右腿，屈右膝，右胯向外开（图 7-2-195） 第 7~8 拍：左脚脚跟下压，重心从右脚过渡至左脚前脚掌，右脚脚跟离地（图 7-2-196）。
第三八拍	 图 7-2-197  图 7-2-198  图 7-2-199  图 7-2-200
动作描述	第 1~2 拍：右脚向侧擦地出，重心置于左腿，开胯、绷脚（图 7-2-197）。 第 3~4 拍：右脚经擦地收至左脚左后侧，右脚脚跟离地，屈双膝（图 7-2-198）。 第 5~6 拍：左脚向左侧擦地出，重心置于右腿，开胯、绷脚（图 7-2-199）。 第 7~8 拍：左脚经擦地收至右脚右后侧，左脚脚跟离地，屈双膝（图 7-2-200）。
第四八拍	 图 7-2-201  图 7-2-202  图 7-2-203  图 7-2-204

续表

动作描述	第 1~2 拍：吸右腿，髋内收，脚尖置于左腿膝关节处（图 7-2-201）。 第 3~4 拍：右脚向右侧踩下，双脚开立，重心在两脚之间（图 7-2-202）。 第 5~6 拍：吸左腿，髋内收，重心从中间过渡至右脚，脚尖置于右膝关节处（图 7-2-203）。 第 7~8 拍：左脚向左侧踩下，双脚开立，重心在两脚之间（图 7-2-204）。
第五八拍	 图 7-2-205  图 7-2-206  图 7-2-207  图 7-2-208  图 7-2-209
动作描述	第 1~2 拍：立踝，吸右膝，髋内收，脚尖置于左膝关节处，右肩上提左肩下压（图 7-2-205 至图 7-2-206）。 第 3~4 拍：右脚向前踩，大腿内侧收紧，左肩向左斜前上提（图 7-2-207）。 第 5~6 拍：吸左膝，髋内收，脚尖置于右膝关节处，左肩上提右肩下压（图 7-2-208）。 第 7~8 拍：左脚向前踩，大腿内侧收紧，右肩向右斜前上提（图 7-2-209）。
动作要领	每个步法力度都要由大腿延伸到脚尖，每次落地也要用脚尖把力量缓冲到地面。
易犯错误	步法延伸断到踝关节，髋关节开度不够。

（八）爵士啦啦操动作组合教学

预备	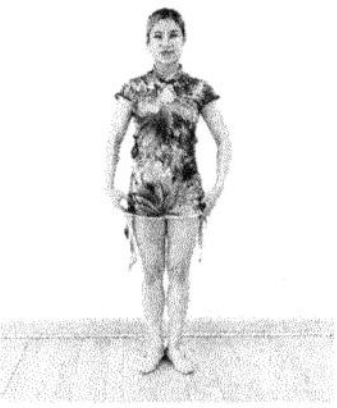   图 7-2-210　图 7-2-211　图 7-2-212
动作描述	准备姿势：爵士基本站姿，大腿内侧收紧，重心放在前脚掌（图 7-2-210）。 第 5~6 拍：右脚向 2 点方向迈步，呈右弓步，右臂经体侧上举至斜上 45°，爵士基本手型（图 7-2-211）。 第 7~8 拍：左脚向 2 点方向迈步，呈左弓步，左臂经体侧上举至斜上 45°，爵士基本手型（图 7-2-212）。
第一八拍	   图 7-2-213　图 7-2-214　图 7-2-215     图 7-2-216　图 7-2-217　图 7-2-218　图 7-2-219
动作描述	第 1 拍：立左踝，吸右腿，小腿向里收，双臂经体侧压腕至斜下 45°（图 7-2-213）。 第 2 拍：收右腿，屈双膝，含胸低头，双手置于身体两侧（图 7-2-214）。 第 3~4 拍：屈右膝，左脚向旁擦出，送右髋，左臂向前推掌划至前平举，出脚同时抬头（图 7-2-215）。 第 5~6 拍：平转（七位、二位）面向左侧（图 7-2-216 至图 7-2-217）。 第 7~8 拍：平转（七位、二位）面向左侧（图 7-2-218 至图 7-2-219）。

续表

第二八拍	 图 7-2-220  图 7-2-221  图 7-2-222  图 7-2-223
动作描述	第 1 拍：双脚开立，双手腕部交叉置于头顶，低头挺胸（图 7-2-220）。 第 2~3 拍：双膝缓慢弯曲，向后送髋，双臂从体侧分开，掌心向上，展胸，头后屈（图 7-2-221）。 第 4 拍：屈膝，低头含胸，双手环抱后背（图 7-2-222）。 第 5~6 拍：膝盖由屈变直，髋、背、胸、颈、头依次抬起，双手缓慢分开至身体两侧，吸气（图 7-2-223）。
第三八拍	 图 7-2-224  图 7-2-225  图 7-2-226  图 7-2-227  图 7-2-228  图 7-2-229  图 7-2-230  图 7-2-231  图 7-2-232  图 7-2-233

续表

动作描述	第 1 拍：右腿屈膝，左腿伸直，脚尖点地，送右髋，右臂经体侧至侧平举，头右屈（图 7–2–224）。 第 2 拍：重心从右腿过渡到左腿上，右脚脚尖点地，双臂环抱，右臂上左臂下，眼看左斜下方（图 7–2–225）。 第 3 拍：右腿屈膝，左腿伸直，脚尖点地，送右髋，双臂经体侧向上呈右臂侧平举，左臂斜上 45°，眼看右手方向（图 7–2–226）。 第 4 拍：右脚并左脚，立踝，双臂经下至上，双手腕部交叉，低头（图 7–2–227）。 第 5~6 拍：双腿屈膝缓冲，右脚经后擦地向后踢腿，屈左膝，后腿伸直，双手经身体两侧，左手前平举，右上斜上 45°，指尖延伸（图 7–2–228 至图 7–2–229）。 第 7~8 拍：右脚向左斜前上步转体，立踝，双手抱头，转体同时双手慢慢打开，再落至身体两旁（图 7–2–230 至 图 7–2–233）。
第四八拍	 **图 7–2–234**  **图 7–2–235** 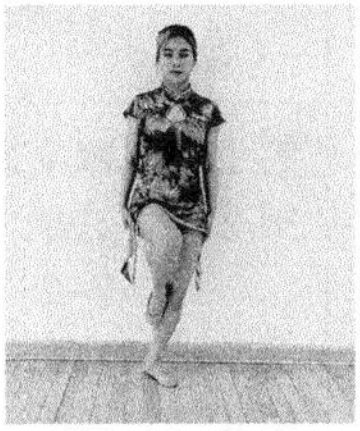 **图 7–2–236**  **图 7–2–237**  **图 7–2–238**  **图 7–2–239**  **图 7–2–240**  **图 7–2–241**
动作描述	第 1 拍：左脚经吸腿向前迈步，屈膝，双手经胸前平屈至侧平举，立掌（图 7–2–234 至图 7–2–235）。 第 2 拍：右脚经吸腿向前迈步，屈膝，双手旁落至身体两侧，双臂夹紧身体（图 7–2–236）。 第 3 拍：左脚经吸腿向左迈步，呈开立，右手并掌放至胸口（图 7–2–237）。 第 4 拍：右手不动，左手并掌置于胃前（图 7–2–238）。 第 5 拍：屈双膝，左腿膝盖内扣，双手交叉，眼看右下方（图 7–2–239）。 第 6 拍：还原第 4 拍动作，双脚开立，右手放至胸口处，左手放至胃前（图 7–2–240）。 第 7~8 拍：屈左臂扶头，右手握住左肘，缓慢抬头（图 7–2–241）。

续表

第五八拍	 图 7-2-242  图 7-2-243  图 7-2-244  图 7-2-245  图 7-2-246  图 7-2-247  图 7-2-248
动作描述	第 1 拍：吸右腿，右臂直臂上举（图 7-2-242）。 第 2 拍：右腿向右迈步，左臂直臂上举，右臂保持不动，抬头看手（图 7-2-243）。 第 3 拍：右臂下落至胃前，左臂不动（图 7-2-244）。 第 4 拍：左臂下落至胸前，右臂不动（图 7-2-245）。 第 5~6 拍：屈膝、含胸、低头，双手抱紧身体两侧（图 7-2-246）。 第 7~8 拍：将膝关节伸直的同时，腰、背、颈、头依次直立，双手回到身体两侧（图 7-2-247 至图 7-2-248）。
第六八拍	 图 7-2-249  图 7-2-250  图 7-2-251  图 7-2-252  图 7-2-253  图 7-2-254

续表

第六八拍	 图 7-2-255  图 7-2-256  图 7-2-257
动作描述	第 1~2 拍：右腿经吸腿向后退呈左弓步，双臂经胸前平屈由后向前画圆（图 7-2-249 至图 7-2-251）。 第 3 拍：右脚并左脚，立踝，双臂上举，腕部交叉（图 7-2-252）。 第 4 拍：左脚向左侧迈步，屈膝，双手经两侧分至七位手（托掌），头后屈（图 7-2-253）。 第 5~8 拍：左脚向右斜前方滑叉，右手沿身体右侧延伸至上举，左手扶地（图 7-2-254 至图 7-2-257）。
第七八拍	 图 7-2-258  图 7-2-259  图 7-2-260  图 7-2-261  图 7-2-262  图 7-2-263
动作描述	第 1 拍：从左叉转向分腿坐，右臂从上向右画圆回到身体两侧，双手置于身体后侧（图 7-2-258）。 第 2~3 拍：右臂撑地，左臂经前、右到上，顶左腰，眼睛看向一点（图 7-2-259 至图 7-2-260）。 第 4 拍：双腿从分腿收至盘坐，左臂经右、前回到斜下扶地，低头（图 7-2-261 至图 7-2-263）。

第三节 街舞啦啦操教学与训练

一、街舞啦啦操相关常见舞种介绍

（一）Locking 舞种相关文化知识介绍

20 世纪 60 年代末 70 年代初，是 Soul Music 的全盛期，在这一时期出现了很多流行的舞蹈动作，其中有一位名叫 Don Campbell 的舞者，他的风格非常特别，大家都很喜欢跳他的舞蹈动作，从那时候就开始用“Lock”这个名词来形容这一舞蹈风格，于是“Locking”这个舞种诞生了（又称 Campbell Locking）。这种即兴发挥的独特舞风与它的附属文化很快地向外蔓延并且掀起了热潮，甚至促成了在音乐和舞蹈历史上都很重要的电视节目《Soul Train》的诞生。在节目中，舞者飞快地使用“锁住（Campbellock）”与“指（Uncle Sam Point）”这些手臂动作，并且不时伴随“拍手（Five/ Claps）”与“下劈（Splits）”的技巧来诠释自己的不同风格。1973 年夏天，在 Don Campbell 的策划下采用了“Lockers”这个词，创办了历史上的传奇舞团之一“The Lockers”。The Lockers 是 locking 史上最充满活力与影响力的一群人，其中不但有最棒的即兴舞者，也有顶尖的编舞舞者。整个团体由 Don Campbell、Slim Robot、Fred Rerun Berry、Funky Luke、Greg Campbellock Jr. 、Toni Basil 与 Adolfo、Shabba Doo、Quinones 组成，而 Campbellock Jr. 将当时他在 Creative Generation 编排舞蹈的经验也代入了 The Lockers。随着 The Lockers 在电视节目中的大放异彩，locking 这种舞蹈艺术便逐渐在世界上崭露头角。当 The Lockers 开始走红，其他的 OG 舞者像 Tony Go-Go 及 Skeeter Rabbit 等人在 20 世纪 70 年代也加入其中并且随着一起巡回表演。同时，其他的地下团体也在早期那段时间组成。这些团体包括了不同组合不同风格的 old school locking 舞者，引发了 locking 的潮流井喷。从洛杉矶的城市到郊外，再从这个国家到另一个国家，逐渐地，全世界越来越多的人知道并喜爱上了这个舞种。20 世纪 80 年代，Tony Go-Go 在日本建立了一所舞蹈学校专门引领大众踏进 locking 的世界，这在亚洲掀起了新的一股想认识并且了解 locking 舞蹈与文化的风潮。

（二）Hip-Hop 舞种相关文化知识介绍

“Hip-Hop”这个词不仅泛指整个 Hip-Hop 文化，同时也是街舞中 Hip-Hop 舞种的名称。该舞种是现在全世界流行最广泛，受众人群最多的街舞舞种之一，在流行歌手演唱会及 MV、舞蹈工作室、健身中心甚至大学的舞蹈课堂，都可以经常见到这种舞蹈风格。该舞种诞生在美国纽约，是 20 世纪 80 年代美国纽约的街舞舞者们为了更好地迎合 Hip-Hop 音乐风格的变化而逐渐发展演变出来的。世界上最具代表性和权威性的 Hip-Hop 舞团体叫“墩布头（Mop Top Crew）”，后来通过重组改名为“精英力量（Elite Force）”，在 1992 年成立，由布达·斯特雷奇（Buddha Stretch）、亨利·林克（Henry Link）、卡利夫（Caleaf）、伊乔（Ejoe）、鲁斯·桥恩特（Loose Joint）等人组成，其中布达·斯特雷奇被认为是 Freestyle Hip-Hop 的创始人，卡利夫则被认为是 house 舞种的开创人之一，他们曾为许多世界著名的流行歌手，如 Michael Jackson、Mariah Carey、Will Smith、TC 等人的 MV 编舞并担任舞蹈演员，开创性地使 Hip-Hop 这种自由随意的舞蹈风格在这些 MV 里出现。当这种新风格的舞蹈出现在 1992 年 Michael Jackson《Remember The Time》的 MV 里时，Hip-Hop 舞种立即成为世界范围内备受关注的街舞舞种，并得到了更为广泛的传播。与 house 舞种一样，Hip-Hop 舞种同样起源于美国黑人文化中的派对舞蹈（party dance）或称 social dance，是人们在音乐中跳舞娱乐时逐渐发展出来的舞蹈，因此其风格非常自由随意，注重对音乐的表达和身体的灵活运用及情绪的释放。1994 年传奇舞团“Elite Force”第一次登陆日本把 Freestyle Hip-Hop 带到了亚洲，对韩国、日本等国家的舞者影响巨大，后期经由台湾、香港等资讯发达的城市将此舞蹈风格逐步传播到中国广州、上海等开放较早的城市，后伴随着“韩流来袭”及央视举办的街舞大赛等，Hip-Hop 舞种在 2000 年前后开始在中国逐步流行起来。但由于资讯的不对称，以及该舞种比较自由随意的特点，国内众多舞者对该舞种有清晰和准确的认知则是在近几年，随着 Buddha Stretch、Henry Link、Loose Joint 等创始人先后来到国内进行推广培训，以及 CSDA 在全国高级街舞教练员培训上对该舞种创始人的不断邀请，Hip-Hop 舞种的概念、基本技术、动作元素及正确跳法逐渐被更多的舞者及街舞爱好者所认知。

（三）Breaking 舞种相关文化知识介绍

20 世纪 60—70 年代，部分南美洲和非洲移民定居在南布朗克斯（South Bronx），他们的社会背景和地位，再加上擅长歌舞的风俗，将非洲舞和拉丁舞带到当地。拉丁美洲的舞蹈习俗逐渐演变成为中产阶级派对社交舞蹈，自 20 世纪 70 年代开始，拉丁舞吸引更多青年男女，街区舞蹈派对原本就是黑人和拉丁美洲人主要的闲暇聚会活动。Bronx Hustle 是指布朗克斯（Bronx）的拉丁舞者通过舞蹈吸引异性的一种社交舞蹈，在布鲁克林（Brookyln）也有着同样的 Hustle 舞蹈。而 Bronx Hustle 则是 Boy Top Rock 的原型。在派对 DJ 切换音乐的磨盘声和反复被播放的纯节奏开始时，部分少年完成 Top Rock 后在地上模仿功夫电影中的动作，模仿 James Brown 的技巧男孩就是早期的 Breaking Boy。

（四）Popping 舞种相关文化知识介绍

20 世纪 60 年代中后期，一种名为 Jerk 的派对舞蹈开始在美国流行。到了 70 年代，在加利福尼亚州的弗雷斯诺市（Fresno），年轻的 Boogaloo Sam 在教会的舞会上看到大人们跳着 Jerk。他尝试去模仿和练习大人们的舞步，他震晃着身体，边跳边喊“pop、pop、pop……”渐渐把这种基本的舞步做出了全新的味道。这就是舞感“POP”的由来。1975 年，Sam 创造出了名为 Popping 的舞蹈风格。1976 年，Boogaloo Sam 组建了团队“Electric Boogaloo Lockers”（后来更名为“Electric Boogaloos”）。

二、街舞啦啦操基本技术概念介绍

1. Groove 基础的舞感与乐感练习

Groove 在英文翻译中带有“沟、槽”的意思，在街舞中引申为音乐旋律中波动起伏的感觉，是代表音乐节奏（rhythm）中特定的起伏。练习基础的 groove 感觉有助于提升舞者对于不同音乐的把握程度，是表达音乐最基本的状态。

2. Bounce 身体反弹类律动练习

Bounce 一词在英文翻译中有“弹跳、使弹起”的意思，在街舞中特指身体做类似于反弹感觉性质的律动，是街舞与其他舞种最大的不同点，bounce 也是一种身体的基本感觉，并不是一种特定的动作（图 7-3-1 至图 7-3-4）。

图 7-3-1

图 7-3-2

图 7-3-3

图 7-3-4

3. Rock 身体摇摆类律动练习

Rock 一词在英文翻译中有“摇晃、摇动”的意思，在街舞中特指身体的摇摆类律动，包含身体不同方位的摇摆感觉（图 7-3-5 至图 7-3-6）。

图 7-3-5

图 7-3-6

4. Up/Down 重心起伏类律动练习（基于脊柱形状的内含与外展）

通过踝关节、膝关节和髋关节的折叠弯曲，使得身体重心在音乐的节奏下呈现出有规律的起伏运动（图 7-3-7 至图 7-3-8）。

图 7-3-7

图 7-3-8

5. Skate 滑步类动作感觉练习

Skate“滑”重点表现为身体、脚步的滑动感觉。

6. Roll 画圆类动作感觉练习

特指身体各个部位的“画圆”感觉。

7. Isolation 身体单个部位分离（头颈部、肩部、胸腰部、髋部、膝关节、踝关节）

Isolation 在街舞的基本功中占据着非常重要的地位，身体的全面开发有助于舞者更好地利用身体各部位完成不同难度与角度的动作。

8. Slow motion（慢动作）

比较常见的一种视觉效果技术，舞蹈动作做起来就像是电视上的慢动作回放，属于街舞基本感觉切换中常见的一种。

9. Stop/Pose（停顿技术）

特指表达动作时身体的瞬间停顿感觉，抑或是整套结束时的结尾动作，常用于街舞成套动作中的开头与结尾部分。

10. Speed control（速度控制技术）

是指动作完成过程中，不同速度之间的切分效果，达到一种视觉变化的效果。该技术也是较难的表现形式，需要长时间的练习。

11. After beat

特指动作发力时机与音乐节奏之间的关系，“on beat”指的是在节拍上，动作的发力时机与音乐刚好吻合，而“after beat”指当听到音乐节拍时，身体所做出动作有点“滞后”的感觉。

12. Pop（震感技术）

原本只属于 Popping 舞蹈风格的肌肉震动的感觉，但该技术也常用于表现动作夸张程度及视觉效果的套路动作。

三、街舞啦啦操基本动作教学与训练

（一）Hip-Hop 经典动作教学与训练

Hip-Hop 舞蹈风格中，特别注重髋关节的发力、身体整体的律动感，强调练习身体 bounce、rock、skate、roll 和 isolation 的基本感觉。

1. 动作名称：Smurf

动作图示	 图 7-3-9  图 7-3-10  图 7-3-11  图 7-3-12
动作文化	Smurf——原 80 年代初期 Party Dance Step。20 世纪 80 年代后半期被加进 Hip-Hop Dance 从而形成的 Step。值得一提的是，MJ 标志性的顶胯动作的原型就是 Smurf，所以在做 Smurf 时胯不要忘了往后。

续表

动作要领	①在 bounce 律动的基础之上，当身体做向下重拍的发力时，胸腔向前发力，髋关节向后（图 7-3-9、图 7-3-11）。 ②在半拍时，身体快速还原，胸腔向后发力，髋关节向前（图 7-3-10、图 7-3-12）。 ③头部放松跟随即可。 ④手臂动作整拍时向两侧下拉打开，下一整拍收回，手臂胸前交叉。
练习步骤	①先练习基础 bounce 律动。 ②结合律动的情况，做髋关节的前后摆动、胸腔的外展与内含。 ③在律动基础熟练掌握的情况之下，加上双脚的移动。 ④加上手臂的练习。 ⑤结合头部的放松状态，完成完整动作。
易犯错误	①髋关节结合音乐的前后摆动，胸腔的外展与内含。 ②颈部肌肉的紧张。

2. 动作名称：Wu Tang

动作图示	 图 7-3-13  图 7-3-14  图 7-3-15  图 7-3-16  图 7-3-17  图 7-3-18
动作文化	Wu Tang——来源于著名 Hip-Hop 说唱组合 Wu-Tang Clan。
动作要领	①在髋关节做 bounce 弹性律动的基础上完成该动作。 ②动作开始拍在半拍，发力时为整拍。 ③注重髋关节弹性的发力点与音乐节拍的契合度。
练习步骤	①先练习髋关节的 bounce 律动，类似于扎马步时向下蹲发力。 ②动作半拍时，右手手臂向左斜前方伸直，整拍时向下发力收回，左手朝相反方向。 ③在第 3 拍和第 4 拍时做简单的方向与手臂变化。
易犯错误	①动作节拍不清晰。 ②髋关节 bounce 发力的舒展度不够。

3. 动作名称：Diddy Bop

动作图示	 图 7-3-19  图 7-3-20
动作文化	Diddy Bop——带有类似拄拐杖走路跳舞感觉的一种舞步。
动作要领	①在身体躯干前后 rock 摇摆律动的基础之下完成该动作。 ②迈步前行时，脚尖与脚跟要协调。
练习步骤	①原地练习身体躯干的 rock 摇摆律动。 ②第 1 拍时，身体躯干向前摆动，注意脊柱的收紧，上半身身体呈绷直状态（图 7-3-19）。 ③第 2 拍时，身体向后摆动时，注意膝关节的配合用力，身体呈向后倚靠状（图 7-3-20）。 ④第 3~4 拍重复即可，注意身体躯干前后摆幅大小。
易犯错误	①身体躯干向前摆动时，出现“塌腰”或“驼背”情况。 ②身体躯干向后摆动时，膝关节不配合发力。 ③身体前后摆动的幅度不均衡。

4. 动作名称：Robot Cop

动作图示	 图 7-3-21  图 7-3-22  图 7-3-23  图 7-3-24
动作文化	Robot Cop——名称来源于电影《机械战警》，有两种动作演变模式。
动作要领	①在身体 balance 的基础上完成动作。 ②肘关节与肩关节发力的协调配合。
练习步骤	①双脚打开，重心位于两脚之间，练习肩关节左右平移的 balance 感觉。 ②双手伸直，屈肘时，两肘关节同时向外发力，类似于扩胸运动的发力感觉。 ③半拍时蓄力，整拍时肩关节与肘关节同时发力，保持身体平衡。

续表

易犯错误	①肘关节的发力感觉不对。 ②肩关节的 balance 平移不够。

5. 动作名称：ATL Stomp

动作图示	 图 7-3-25  图 7-3-26  图 7-3-27
动作文化	ATL Stomp——起源于亚特兰大的舞步，Usher 的 MV《Yeah》里就有这个舞步。
动作要领	勾起脚尖，注重小腿的快速发力。
练习步骤	①单膝微微弯曲，使脚尖勾起，脚跟接触地面。 ②脚跟快速地做两次“蹭地板”似的动作。 ③大腿抬高，脚尖依然勾起，小腿保持收紧，继续做快速的两次脚跟发力。 ④在两次小腿带动脚跟发力之后，做向前的并步跳，双脚同时落地合上。 ⑤手臂动作可自由发挥，保持节拍为“one and two”即可。
易犯错误	①不勾起脚尖，呈甩小腿状。 ②并步收腿时，双脚不同时落地。

6. 动作名称：Bart Simpson

动作图示	 图 7-3-28  图 7-3-29  图 7-3-30  图 7-3-31
动作文化	Bart Simpson——起源于 ATL（亚特兰大）的舞步，受动画片“辛普森一家”中的小角色启发而来，动漫里的角色在逃学中为了躲避在同一街道两边遇见的校长及家人从而手足无措地来回躲避，动作由此而来。Michael Jackson 的歌曲《Remember The Time》的 MV 里 Elite Force 所跳的舞步就是此种。

续表

动作要领	①在身体 up 和 down 律动感觉的基础之上完成的动作。 ②动作节拍为“and one and two”，动作起于“and”拍。 ③向左右移动时，注意膝盖向外打开及脚尖的方向。
练习步骤	①原地练习身体 up 和 down 感觉的律动。 ②“and”拍时，身体向下 down 的律动，双手握拳，上臂打开，前臂端平，屈肘，呈“U”形置于胸前（图 7-3-28）。 ③第 1 拍时，右脚向外迈出一步，脚尖落地，呈弓步状，同时髋关节跟随打开，身体呈 up 律动，双手向相反方向甩直（图 7-3-29）。 ④“and”拍时，右脚脚尖转动，同时收回左脚，膝关节弯曲并拢，双手呈“U”形收回于胸前（图 7-3-30）。 ⑤第 2 拍时，膝关节伸直，身体还原成站立状态，双手屈肘向上举起（图 7-3-31）。
易犯错误	①在做完整动作时，身体 up 和 down 不清晰。 ②脚尖方向不明确。

7. 动作名称：Monestary

动作图示	 **图 7-3-32**  **图 7-3-33**  **图 7-3-34**
动作文化	Monestary——发祥地是圣路易斯，名字是根据一个俱乐部的名字而来，因为当时在那个俱乐部里有个男的模仿一个女孩子跳舞的动作，后期演变成了这个舞步。
动作要领	①脚尖点地，运用 bounce 技术，快速反弹。 ②髋关节向后画半圆，在两侧时跟随脚尖点地做同样发力。
练习步骤	①双脚两倍于肩宽打开，脚尖点地，做 bounce 反弹感觉（图 7-3-32）。 ②髋关节画圆从左侧经过后方到右侧。 ③双手屈肘用前臂画半圆，“and”时回落到伸直状态（图 7-3-33）。 ④整拍时，右脚脚尖点地，右胯及右手同时发力（图 7-3-34）。
易犯错误	髋关节的画圆与发力不够。

8. 动作名称：Running Man

动作图示	 图 7-3-35  图 7-3-36  图 7-3-37  图 7-3-38
动作文化	Running Man——是连接 Old School Hip-Hop 和 Middle School Hip-Hop 桥梁般的舞步，是由施瓦辛格主演的电影《威龙猛将》(*The Running Man*) 中的人物改编而来。
动作要领	①基于身体 bounce 律动的基础之下完成该动作。 ②身体重心始终处于两脚之间。
练习步骤	①第 1 拍双脚打开，呈弓步状，重心位于两脚之间，身体做 bounce 向下的感觉（图 7-3-35）。 ②“and”拍时，两脚同时收回，后脚抬高，放于支撑脚膝盖旁（图 7-3-36）。 ③第 2 拍时，抬起的脚向前踩去，支撑脚向后滑去，重心保持不变（图 7-3-37）。 ④循环重复，形成完整动作（图 7-3-35 至图 7-3-38）。 ⑤手臂动作可自由发挥。
易犯错误	①身体躯干容易出现前倾现象。 ②重心出现偏移。

9. 动作名称：Roger Rabbit

动作图示	 图 7-3-39  图 7-3-40  图 7-3-41  图 7-3-42
动作文化	Roger Rabbit——名字来源于电影《谁陷害了兔子罗杰》(*Who Framed Roger Rabbit*)，这个舞步是由基本的“Running Man”反向的变化而来。

续表

动作要领	①在身体 bounce 律动下完成的动作。 ②重心在前后脚之间来回切换。 ③形成后脚脚尖踢前脚脚跟的动作。
练习步骤	①两脚一前一后站立，原地练习单腿的 bounce 律动（图 7-3-39）。 ②整拍时，重心在后脚上，后脚膝盖弯曲，前脚大腿抬起，小腿放松自然下垂（图 7-3-40）。 ③“and”拍时，重心在前脚上，前后脚蹬直（图 7-3-41）。 ④循环重复，形成脚尖踢脚跟的动作（图 7-3-39 至图 7-3-42）。 ⑤手臂动作可自由发挥创造组合。
易犯错误	身体前后脚重心的切换不够。

10. 动作名称：Biz Markie

动作图示	 图 7-3-43  图 7-3-44  图 7-3-45  图 7-3-46
动作文化	Biz Markie——名字来源于说唱歌手 Biz Markie。
动作要领	基于身体 rock 摇摆律动的基础之上。
练习步骤	①身体原地的 rock 律动练习（图 7-3-43）。 ②第 1 拍时，身体躯干摇摆向前发力，“and”拍时，身体躯干向后（图 7-3-44）。 ③第 2 拍为一个完整动作，第 2 拍的发力要重于第 1 拍（图 7-3-45 至图 7-3-46）。 ④手臂动作可自由发挥。
易犯错误	身体躯干做 rock 律动时，躯干上半部分的发力过大，容易形成“点头式”摇摆。

11. 动作名称：Funky Four Corners

动作图示	 图 7-3-47  图 7-3-48  图 7-3-49  图 7-3-50  图 7-3-51
动作文化	Funky Four Corners——运用髋部顶向四个方向的动作，注重各个方向之间的连接。
动作要领	髋关节的四个点位。
练习步骤	①确定髋关节的四个点位方向，为“左斜前，右斜前，左斜后，右斜后”。 ②动作节拍为“one and two”。 ③动作路线为“左斜后→右斜后→左斜前”，形成一个三角形，相反即可做出另外一侧的路线（图 7-3-47 至图 7-3-51）。 ④脚步在髋关节做“左斜前”与“右斜前”时向同侧方向出同侧脚，其余拍时收回不动。 ⑤手臂动作可自由发挥。
易犯错误	髋关节的四个点位不清晰，容易变成画圆。

12. 动作名称：Harlem Shake

动作图示	 图 7-3-52  图 7-3-53  图 7-3-54  图 7-3-55

续表

动作文化	Harlem Shake——从纽约的 Harlem 社区诞生的一种舞蹈风格，基于东非一种叫作 Eskista 的舞蹈。最早移民到纽约的非洲裔居民对于这种舞蹈的发展起着至关重要的作用。2001 年，说唱歌手 G-Dep 在他的 MV《Let's Get It 》中放了一段 Harlem Shake，于是该舞蹈便流行开来。
动作要领	①肩部左右肩的切换与音乐节拍的契合度。 ②髋关节做前后的摇摆。
练习步骤	①肩膀左右肩的切换，如同“跷跷板”一样，当一端发力向上时，另外一端同时发力向下。 ②动作节拍为“one and and two”。 ③当肩膀做“one”拍时，髋关节向前发力。做“and and”拍时，髋关节向后收回，“two”拍时，髋关节再次向前发力，循环反复（图 7-3-52 至图 7-3-55）。 ④在做完整动作时，手腕是相对放松的状态。
易犯错误	肩膀与髋关节的用力不协调。

13. *动作名称*：Happy Feet

动作图示	 图 7-3-56  图 7-3-57  图 7-3-58  图 7-3-59  图 7-3-60  图 7-3-61  图 7-3-62  图 7-3-63
动作文化	Happy Feet——是 Doug E. Fresh 在《The Show》这首歌中跳的舞，只要放这首歌的话，大家都会跳这个舞步。
动作要领	①基于身体 bounce 律动的基础之上。 ②脚跟与脚尖的同时配合。 ③髋关节与脚跟、脚尖的配合。
练习步骤	①原地练习 bounce 律动，“and”拍，双脚并拢，膝盖微屈，整拍时，双脚打开，单脚脚跟与脚尖支撑身体，身体中心位于两脚之间。同时髋关节向支撑脚脚跟一侧旋转。“and”拍时，双脚并拢收回，膝盖微屈，下一拍做相反方向动作（图 7-3-56 至图 7-3-59）。

续表

练习步骤	②“and”拍，双脚并拢，膝盖微屈，整拍时，双脚同时向斜前45°打开，形成“V”字形，脚跟同时着地，髋关节向后发力，身体前倾。下一“and”拍时，双脚并拢收回，膝盖微屈（图7-3-60至图7-3-61）。 ③“and”拍，双脚并拢，膝盖微屈，整拍时，双脚同时向斜后45°打开，形成“Λ”形，脚尖同时着地，髋关节向前发力，身体后倾。下一“and”拍时，双脚并拢收回，膝盖微屈（图7-3-62至图7-3-63）。 ④手臂动作可自由发挥。
易犯错误	①脚跟、脚尖容易不协调。 ②做前后的感觉时，髋关节的摆动感觉不足。

14. 动作名称：Crab

动作图示	 图7-3-64  图7-3-65
动作文化	Crab——运用脚尖、脚跟不断重复左右内开、外开的一种舞步。
动作要领	①bounce基础律动。 ②脚跟与脚尖的同时切换配合。
练习步骤	①原地练习bounce律动，双脚脚尖靠拢，脚跟打开，形成“Λ”形（图7-3-64）。 ②第1拍时，身体重心向左或向右移动，同时移动脚跟与脚尖，使得脚跟靠拢，脚尖打开，呈“V”字形（图7-3-65）。 ③“and”拍时收回到起始状态，第2拍时，向相反方向移动。 ④循环重复，手臂动作可自由组合。
易犯错误	脚跟与脚跟同时移动，脚尖与脚尖同时移动。

15. 动作名称：Bankhead Bounce

动作图示	 图 7-3-66  图 7-3-67
动作文化	Bankhead Bounce——发祥地是在亚特兰大的 Bankhead 地区，20 世纪 90 年代中期开始盛行，能够代表美国南部腹地的一种舞步，最早以前是在 Gay（同性恋）中很有名的一种动作。
动作要领	肩部的 bounce 抖动感觉。
练习步骤	①肩膀耸肩上提与下落形成 bounce 的感觉。 ②双手扣掌合上，下落时，为动作重拍（图 7-3-66 至图 7-3-67）。 ③身体的角度可自由变换。
易犯错误	肩部做 Bounce 律动的节拍不够稳定，过于耸肩会导致弹动的感觉不够流畅。

16. 动作名称：Party Machine

动作图示	 图 7-3-68  图 7-3-69  图 7-3-70  图 7-3-71
动作文化	Party Machine——这个称呼是由周末的深夜电视节目《Party Machine》而来，因为大家都会看这个电视节目并跳这个 Step，由此得名。
动作要领	①基于身体做 up 的律动时形成的步法。 ②踢腿时，注意勾起脚尖，注意发力的控制。 ③身体重心与平衡感的把握。
练习步骤	①“and”拍时，单脚微屈支撑身体站立，收起一侧脚，勾起脚尖，膝盖微屈（图 7-3-68）。

续表

练习步骤	②第 1 拍时，抬起的脚向侧面蹬直，支撑脚向相反方向跳起移动，保持身体惯性平衡（图 7-3-69）。 ③下一“and”拍时，在现支撑脚重心基础之上，交换支撑脚（图 7-3-70）。 ④向相反方向蹬直，收回，形成循环（图 7-3-68 至图 7-3-71）。 ⑤手臂动作可自由组合。
易犯错误	交换支撑脚时，重心容易回到原来位置。

17. 动作名称：ALF

动作图示	 图 7-3-72  图 7-3-73  图 7-3-74  图 7-3-75
动作文化	ALF——注重切分拍的运用，在音乐的半拍上表现动作。
动作要领	①对音乐“and”拍的把控，在半拍上做动作。 ②髋关节向斜前方送出。
练习步骤	①基于身体 bounce 律动的基础之上。 ②第 1 拍时，膝盖弯曲，重心下蹲（图 7-3-72）。 ③“and”拍时，支撑脚蹬直，同时抬起一只脚，小腿发力向后勾起，髋关节向斜前方送出（图 7-3-73）。 ④第 2 拍时，收回，并循环重复（图 7-3-72 至图 7-3-75）。 ⑤上肢手臂动作可自由发挥。
易犯错误	“and”拍时，髋关节没有完全打开。

18. 动作名称：BK Bounce

动作图示	 图 7-3-76  图 7-3-77  图 7-3-78  图 7-3-79

续表

动作文化	BK Bounce——原来是没有名字的脚步，因为 E. F. Crew 的队员都是出身于布鲁克林（Brooklyn），为了代表布鲁克林所以用 BK 来命名(BK= Brooklyn)。
动作要领	①bounce 律动的基本感觉。 ②身体重心位于两脚中间。
练习步骤	①双脚打开，原地练习 bounce 律动（图 7-3-76）。 ②第 1 拍时，双脚左右交叉，膝盖弯曲，重心位于中间（图 7-3-77）。 ③“and”拍时，双脚打开还原（图 7-3-78）。 ④循环反复，形成完整动作，上肢手臂动作可自由发挥（图 7-3-76 至图 7-3-79）。
易犯错误	身体弹性律动的连贯性不足。

(二) Locking 经典动作教学与训练

Locking 舞蹈风格中，强调身体 soul dance 的基本感觉，是在音乐节奏中，身体 up 律动下所做的一些手臂旋转及腿部的动作而形成的舞蹈。

1. 上肢基本动作

(1) 动作名称：Lock

动作图示	 图 7-3-80　　图 7-3-81
动作文化	Lock 是 locking 舞种中最具代表性和最有特征性的动作之一，在一瞬间让自己的身体“锁住”是 locking 舞种特有的风格。
动作要领	①手臂的 lock。 ②髋关节的 lock。
练习步骤	①两肘关节打开，微屈，在身体额状面上与下巴形成三角形（图 7-3-80）。 ②身体做 rock 律动向前时，两脚膝关节前后交错，抬起一侧脚后跟（图 7-3-81）。 ③同侧髋关节向前，异侧髋关节向后，形成交错、锁住的感觉。 ④身体含胸，手臂与髋关节同时协调发力。 ⑤循环，注意完整动作的协调发力。
易犯错误	髋关节的发力不协调。

（2）动作名称：Wrist Twirl/Roll

动作图示	 图 7-3-82  图 7-3-83  图 7-3-84  图 7-3-85  图 7-3-86  图 7-3-87
动作文化	Wrist Twirl/Roll——类似于手臂与手腕的旋转动作，locking 舞种中极具特点的代表性动作之一。
动作要领	①上臂带动前臂的协调发力。 ②手臂旋转的灵活性。
练习步骤	①双手顺着身体向上做提拉动作，上臂带动前臂（图 7-3-82 至图7-3-83）。 ②提拉至肘关节与肩关节齐平时，旋转手腕向后，高于肩（图 7-3-84）。 ③手腕在旋转后，做反弹发力原路返回（图 7-3-85 至图 7-3-87）。 ④循环，形成一套完整的动作。
易犯错误	手臂路线不够清晰，手腕反弹发力不足。

（3）动作名称：Punch

动作图示	 图 7-3-88  图 7-3-89  图 7-3-90  图 7-3-91
动作文化	Punch——特指用手腕完成类似于“拳击，打击”的发力感觉动作。

续表

动作要领	手腕发力打击后反弹的感觉。
练习步骤	①手臂发力的路线：屈肘顺着身体上提手腕，前臂齐平肘关节时，手腕向外打击发力（图 7-3-88 至图 7-3-91）。 ②发力完，反弹，原路线返回，形成一套完整动作（图 7-3-90 至图 7-3-91）。 ③手腕 punch 发力的方向可自由发挥。
易犯错误	手臂路线不够清晰，手腕反弹发力不足。

（4）动作名称：Uncle Sam Point

动作图示	 图 7-3-92  图 7-3-93
动作文化	Uncle Sam Point——locking 中具有代表性的动作之一。
动作要领	①手臂的路线。 ②手指发力指出时停顿的感觉。
练习步骤	①手臂发力的路线：屈肘顺着身体上提手腕，前臂齐平肘关节时，握拳食指向外指出（图 7-3-92 至图 7-3-93）。 ②动作要有停顿，原路线返回，形成一套完整动作。 ③手指 point 指出的方向可自由发挥。
易犯错误	手臂路线不够清晰，动作完成时的停顿不明显。

2. 基础舞步

（1）动作名称：Scooby-doo

动作图示	 图 7-3-94  图 7-3-95  图 7-3-96  图 7-3-97

续表

动作文化	Scooby-doo——以发明者“Scooby-doo”名字命名的动作，locking 基础舞步中具有代表性的步法。
动作要领	①该动作为四拍的完整动作。 ②结合身体 rock 摇摆的律动。
练习步骤	①第 1 拍时，手臂上提，高于肩，身体后仰，往前送胯（图 7-3-94）。 ②第 2 拍时，手臂顺着身体放下，双脚以脚跟为轴，脚尖同时打开，膝盖弯曲并快速收回还原（图 7-3-95）。 ③第 3 拍时，踢右脚，身体后仰，左手手臂向前甩出（图 7-3-96）。 ④第 4 拍时，换左脚，踩地收回。右手屈肘握拳（图 7-3-97）。
易犯错误	①第 2 拍发力时，脚尖打开后没有快速收回。 ②身体 rock 律动的协调用力。

（2）动作名称：Kick Walk

动作图示	 图 7-3-98  图 7-3-99
动作文化	Kick Walk——locking 舞种的经典动作之一。
动作要领	①律动基础“up and down”。 ②脚尖踢出时要有明显停顿。
练习步骤	①原地身体 up 律动练习。 ②第 1 拍身体律动往上时，右脚踢出，勾脚尖（图 7-3-98）。 ③“and”拍时，右脚落地。 ④第 2 拍时，脚尖同时打开，身体做“down”律动（图 7-3-99）。
易犯错误	踢出脚时，容易形成“甩腿”的感觉。

（3）动作名称：Skeet Rabbit

动作图示	 图 7-3-100  图 7-3-101  图 7-3-102
动作文化	Skeet Rabbit——发明者 Skeet Rabbit，结合多种步法组合变化而成的新步法。
动作要领	①身体重心跟随脚步的变化。 ②脚的 kick。
练习步骤	①原地 up 律动练习。 ②第 1 拍时，勾脚尖，向前踢出右脚，支撑脚向后移动，重心在两脚之间（图 7-3-100）。 ③“and”拍时，踢出的右脚收回，双脚并拢（图 7-3-101）。 ④第 2 拍时，右脚向前跳出，同时左脚向后抬起，重心移至右脚上（图 7-3-102）。
易犯错误	第 2 拍时，重心的移动不及时。

（4）动作名称：Stop & Go

动作图示	 图 7-3-103  图 7-3-104  图 7-3-105  图 7-3-106  图 7-3-107  图 7-3-108
动作文化	Stop & Go——结合髋关节“rock steady”律动的一种步法。

续表

动作要领	①髋关节的跟随摆动。 ②结束拍亦为开始拍。
练习步骤	①第 1 拍时，双手顺着身体上提举起（图 7-3-103）。 ②第 2 拍时，右脚向后，右手握拳向前打出（图 7-3-104）。 ③第 3~4 拍时，身体转向右侧 90°，胯向左右摆动，摆左手，身体再次回正（图 7-3-105 至图 7-3-107）。 ④第 5 拍时，双脚收回，回到第 1 拍状态（图 7-3-108）。
易犯错误	髋关节的摆动不足。

（5）动作名称：Double Lock

动作图示	 图 7-3-109  图 7-3-110
动作文化	Double Lock——快速地做 lock 的动作，类似于小鸡扑腾翅膀的感觉。
动作要领	肘关节的快速发力。
练习步骤	手臂肘关节做快速的两次 lock 动作（图 7-3-109 至图 7-3-110）。
易犯错误	由于肘关节的发力很难控制，容易变成前臂或者手腕去发力，易导致整个 lock 的框架变形。

（6）动作名称：Scoobot

动作图示	 图 7-3-111  图 7-3-112  图 7-3-113  图 7-3-114
动作文化	Scoobot——动作结合了手臂 twirl 与步法的配合。
动作要领	①身体 up 基础律动。 ②结合手臂的 twirl 及 clap。

续表

练习步骤	①第 1 拍时，左脚向外打开，右手做 twirl，左手向外伸直（图 7-3-111）。 ②第 2 拍时，换支撑脚，双手做交叉（图 7-3-112）。 ③第 3 拍时，原地蹬直右脚，手臂做 twirl（图 7-3-113）。 ④第 4 拍时，蹬直左脚，双手在背后做 clap（图 7-3-114）。
易犯错误	完成动作过程中，身体 up 律动的连续性。

（7）动作名称：Split

动作图示	 图 7-3-115 图 7-3-116
动作文化	Split——locking 舞蹈动作中有代表性的动作之一。
动作要领	双腿分开，形成竖叉的感觉，一条腿伸直，另一条腿屈膝，大腿与小腿之间夹角为 90°。
练习步骤	①先进行腿部柔韧性的拉伸，使肌肉充分活动开。 ②进行瞬间从高位下叉的尝试（图 7-3-115 至图 7-3-116）。
易犯错误	①膝关节直接接触地面。 ②大腿与小腿之间的夹角小于或者大于 90°。
保护帮助	可先在柔软的垫子进行动作的练习，下叉过程中，手臂可先接触地面，利用手臂支撑身体的缓冲来减轻瞬间下落的恐惧感与疼痛感，多次尝试，掌握动作要领之后，可脱离垫子进行练习。

（三）Popping 经典动作教学与训练

Pop 是 Popping 舞蹈技术中最核心的基本技巧。包含肌肉的绷紧记忆练习；颈、胸、上臂、前臂、腿在 down beats 做 single pop 的练习；全身在 down beats 做 single pop 的练习；Double pop 练习，学会用 pop 配合基本舞感，分出 up beats 和 down beats 的质感区别。

1. 动作名称：Fresno

动作图示	 图 7-3-117  图 7-3-118
动作文化	Fresno——作为 Electric Boogaloos 最著名齐舞《FRESNO》的开场动作，Fresno 很经典地结合了 pop 和 jerk 舞感，是基础练习的重点内容。
动作要领	①身体 up 律动。 ②手臂的 pop 与腿部的 pop。 ③重心左右移动。
练习步骤	①双脚分开，重心位于两脚之间，原地 up 律动。 ②重心左右移动，结合手臂和腿部的 pop（图 7-3-117 至图 7-3-118）。
易犯错误	身体律动与手臂 pop 之间的协调感不足，会导致音乐的抢拍情况出现。

2. 动作名称：Walk Out

动作图示	 图 7-3-119  图 7-3-120  图 7-3-121  图 7-3-122
动作文化	Walk Out——Boogaloo Sam 创造的经典动作之一，以 Funky 的态度表现出基础舞感与身体夸张延展及舞台空间运用之间的关系。
动作要领	①身体的 balance 和角度。 ②身体 boogaloo 的感觉。
练习步骤	①双脚打开站立，第 1 拍时，右脚迈向左前方，身体跟随转动 45°（图 7-3-119）。 ②第 2 拍时，右脚收回，身体角度不变（图 7-3-120）。 ③第 3 拍时，身体转动 90°，面朝右前方，两脚转动，距离保持不变（图 7-3-121）。 ④第 4 拍时，收回左脚，身体方向不变（图 7-3-122）。
易犯错误	步法走动过程中，身体的基本感觉维持不够。

3. 动作名称：Twist-O-Flex

动作图示	 图 7-3-123  图 7-3-124  图 7-3-125  图 7-3-126  图 7-3-127  图 7-3-128  图 7-3-129
动作文化	Twist-O-Flex——EB 老成员 Twist-O-Flex Don 创作的经典动作之一，以 Funky 的态度表现出在转向动作中身体几大常用关节之间的扭转、分离与连带关系。
动作要领	身体单个关节转动时，其他关节要保持在相应的位置上不变。
练习步骤	①手臂上的腕关节与肘关节的折叠。 ②双手在髋关节为轨迹路线上的扭转。 ③髋关节的转动时，头保持在原来的方向上，做出身体分离的感觉。 ④颈部的转动，身体最后收回（图 7-3-123 至图 7-3-129）。
易犯错误	①在一个部位做动作时，其他部位容易跟随一起做动作。 ②跟随音乐节奏练习，动作表达与音乐节奏之间不协调。

4. 动作名称：Neck-O-Flex

动作图示	 图 7-3-130  图 7-3-131  图 7-3-132  图 7-3-133
动作文化	Neck-O-Flex——EB 老成员 Twist-O-Flex Don 创作的经典动作之一，以 Fuky 的态度表现出在转向动作中颈部配合踝部在利用重心变化的过程中，相互扭转、分离与连带关系。

续表

动作要领	颈部在做动作时，身体保持不动，形成分离的感觉。
练习步骤	①颈部转动 90°，身体保持不变（图 7-3-130 至图 7-3-133）。 ②在脚踝做步法进行身体跟随转动时，颈部保持不动。
易犯错误	颈部或身体在做动作时，无法做到完全保持相对不变。

5. 动作名称：Wave

<table>
<tr><td rowspan="2">动作图示</td><td>arm wave</td><td>
图 7-3-134 图 7-3-135 图 7-3-136 图 7-3-137

图 7-3-138 图 7-3-139 图 7-3-140 图 7-3-141

图 7-3-142 图 7-3-143 图 7-3-144</td></tr>
<tr><td>body wave</td><td>
图 7-3-145 图 7-3-146 图 7-3-147 图 7-3-148

图 7-3-149 图 7-3-150 图 7-3-151 图 7-3-152

图 7-3-153 图 7-3-154 图 7-3-155</td></tr>
</table>

续表

动作文化	Wave——Arm Wave/ Body Wave，起源于20世纪80年代初西海岸海湾地区的著名舞蹈风格，经典形象地表现了身体各关节之间的卷曲传递关系。
动作要领	手臂各关节的折叠与传递，当做到下一关节时，前一关节恢复成自然状态。身体各部位之间的传递关系。
练习步骤	①练习手掌第二指关节、第三指关节、手臂腕关节、肘关节和肩关节五个关节之间的分离，充分掌握各关节的分离发力（图7-3-134至图7-3-144）。 ②练习身体（头、肩、胸、腰、胯、膝、踝）的分离（图7-3-145至图7-3-155）。 ③结合传递的感觉，依次练习各关节卷曲传递。
易犯错误	做完某一关节时，关节没有恢复成自然状态。

6. 动作名称：King Tuts

动作图示	 图7-3-156  图7-3-157  图7-3-158  图7-3-159  图7-3-160
动作文化	King Tuts——属于popping中的一个风格，这一风格的街舞动作源自埃及壁画里面人物的肢体形象，那些壁画里的人物通常是摆着侧面，然后将双手各关节弯成90°分开举在身体两侧，这也就是King Tuts的动作要领。
动作要领	关节与相邻关节的折叠角度为90°。
练习步骤	练习各关节的90°折叠感觉（图7-3-156至图7-3-160）。
易犯错误	由于部分关节柔软度不够，90°折叠角度不够。

(四) Breaking 经典动作教学与训练

1. Top Rock 步法

(1) 动作名称：2 Step（包含 salsa、salsa front、salsa back）

动作图示	 图 7-3-161  图 7-3-162  图 7-3-163  图 7-3-164
动作文化	2 Step——breaking 中比较常见的基础步法，也是最具代表性的步法。
动作要领	①动作律动为 up 感觉。 ②身体重心的跟随。
练习步骤	①原地的身体 up 律动练习。 ②第 1 拍时，双脚打开，髋关节向后发力，重心位于两脚之间（图 7-3-161、图 7-3-163）。 ③第 2 拍时，左脚迈向右前方，髋关节跟随向前，上半身微微后仰，重心跟随（图 7-3-162、图 7-3-164）。 ④手臂可自由发挥。
易犯错误	up 律动感觉不清晰。

(2) 动作名称：Indian Step

动作图示	 图 7-3-165  图 7-3-166  图 7-3-167  图 7-3-168
动作文化	Indian Step——breaking 舞种里面最常见的 top rock 步法之一，是每一个 B-Boy 都要会的基础性步法。

续表

动作要领	①基于 up 律动下完成的动作。 ②完整的动作节拍为两拍。 ③注意髋关节的扭转与脚步的画半圆。
练习步骤	①练习身体原地的 up 律动感觉。 ②第 1 拍时，右脚踢出，身体微后仰。“and” 拍时，支撑脚换成右脚，左脚踢出（图 7-3-165 至图 7-3-166）。 ③第 2 拍时，左脚画半圆落地，同时髋关节主动向右侧扭转，支撑脚再次换回到左脚上。下一 “and” 拍时，左脚沿原路线画圆返回，并向前踢出（图 7-3-167 至图 7-3-168）。 ④反方向为同样的节拍发力，左右结合，形成完整的动作。 ⑤手臂可自由结合创造。
易犯错误	①up 律动感觉不清晰。 ②换脚时画半圆的路线不清楚。

2. Footwork 类

Footwork 是手臂躯干支撑于地面，完成脚上奔跑、走、跳跃、踢、动态定格等动作，是组合表演的经典类型，更具音乐的节奏、旋律所激发的情绪，给予表演更多变化。

（1）动作名称：Sweep

动作图示	 图 7-3-169  图 7-3-170
动作文化	Sweep—— “打扫、掠过”，属于 breaking footwork 里面一种较有难度的动作，需要一定的基础力量支撑和爆发力。
动作要领	髋关节需要保持在一个水平高度。
练习步骤	①双脚打开与肩同宽，双手支撑身体，髋关节顶起，使身体呈一水平线。 ②将重心换到右手上，左手抬起，同时，左脚也抬起。髋关节保持高度（图 7-3-169）。 ③保持髋关节高度的基础上，同时更换手和脚（图 7-3-170）。 ④掌握换手与换脚的惯性之后，进行跳转连接。

续表

易犯错误	髋关节的高度保持不稳定。
保护帮助	①练习者可先在柔软的垫子上进行练习，达到对手腕的保护。 ②保护者可在练习者翻转过程中、落地时进行双手托髋保护。

（2）动作名称：6 Step

动作图示	 图 7-3-171  图 7-3-172  图 7-3-173  图 7-3-174  图 7-3-175  图 7-3-176  图 7-3-177
动作文化	6 Step——六步，又称 Downrock，CC Long Footwork，在地面上走圆圈步，六个步子完成一个圆周，过程中只用一只手支撑地面。最早做这个动作的是“疯狂指挥官”舞团的斯派（Spy）。这是霹雳舞中的基本舞步，动作讲究速度快，干净利落，风格因人而异。
动作要领	①注意动作完成过程中，髋关节的位置应该始终保持在同一高度水平面。 ②动作完成的轨迹应尽量为圆圈。
练习步骤	①呈蹲式，右手撑地，右腿侧面伸出在左腿前。 ②双手撑地，左腿向后平伸。 ③右腿向右移动，双手撑地，呈跪式。 ④双手撑地，左腿向右平伸于右腿前。 ⑤左手撑地，右脚前进，呈蹲式。 ⑥左腿收回左侧，呈蹲式。 ⑦重复（图 7-3-171 至图 7-3-177）。 除了六步以外，还有二步、三步、四步等步法。
易犯错误	在动作完成过程中，髋关节的高度容易出现起伏。

（3）动作名称：CC Rock

动作图示	 图 7-3-178  图 7-3-179
动作文化	CC Rock——属于 breaking footwork 中六步动作的一种变形。
动作要领	①在做 cc 动作时，向前侧摆腿时，髋关节要保持在一定的高度上。 ②在做侧摆动作时，身体要有一定的惯性角度转动。
练习步骤	①在六步第三步的基础上，左脚向前伸直，同时身体向左侧转动，双手着地，并踢出右小腿（图 7-3-178 至图 7-3-179）。 ②踢完落地，收回右脚，同时身体转向另外一侧。 ③伸右脚，双手落地，踢出左小腿。 ④整个动作过程中，髋关节的位置要始终保持在同一高度。
易犯错误	由于手臂支撑力量不够，而使得髋关节的高度下落。
保护帮助	练习者可先在柔软的垫子上进行动作的练习，待达到一定的熟练度之后，再进行完整的练习。

3. Freeze 类

Freeze 是 breaking 的造型，快速地完成动态定格，并延续第一次定格后，连续定格，并且改变造型。这就是 Freeze 的特点和要求。

动作名称：Freeze

动作图示	 图 7-3-180  图 7-3-181
动作文化	Freeze——breaking 舞蹈风格中特有的类似于“冻结”的结束动作，或是为卡音乐节拍而做出的停顿效果。
动作要领	①瞬间的停顿，动作干净利落。 ②掌握自身的重心，髋关节的高度。

续表

练习步骤	循序渐进练习支撑等动作（图 7-3-180 图 7-3-181）。
易犯错误	由于身体核心力量的不足，导致在做力量支撑性动作时，身体很难控制停住，很难达到真正的“冻结”效果。
保护帮助	练习者可先在柔软的垫子上进行动作的练习，待达到一定的熟练度之后，再进行完整的练习。

4. Power Move 类

Power Move 又称 Spin Move ，其实更多的是指大力量完成，并且持续完成 3 次甚至更多次的旋转动作。

（1）动作名称：Windmill

动作图示	 图 7-3-182
动作文化	Windmill——风车，就是连续的背转（Continues Backspin）。利用后背的上部、肩部和手，使身体在地面做圆周运动，同时双腿在空中连续旋转。可以只用两个肩膀交替触地旋转，而手可以放在身体的其他部位。动作速度快时，双腿会像风扇一样带出风来。这一动作是克里兹·莱格斯在背转的基础上发展而来的。
动作要领	①尽量伸直、绷紧腿部肌肉。 ②起势用手而不是用背部。 ③从手过渡到肩，而不是过渡到背部侧面或者臀部。 ④在用背部翻转时，姿势尽量高，最好只使用肩部翻转，但这需要转动速度足够快。 ⑤尝试用头翻转，这要提前将头部着地，在背部着地时就要把一头落在地面，否则当反过来时就太晚了。 ⑥使用头部翻转，主要借助臀部和上身的带动力，稍稍弯曲双腿，这些办法可以提高旋转速度。
练习步骤	①基于 freeze 的基础之上，腿部扫腿发力，手臂主动弯曲，使背部先着地。 ②两腿打开，借助于惯性，使身体呈旋转状态。 ③转到另外一侧时，需主动用手臂进行支撑，形成另外一侧的 freeze 状态。

续表

易犯错误	①腿部的主动发力不足，旋转过程中，两脚的距离没有打开最大幅度。 ②髋关节在旋转过程中容易着地。 ③背部与地面接触不够充分。
保护帮助	练习者可先在柔软的垫子上进行动作的练习，待达到一定的熟练度之后，再进行完整的练习。

（2）动作名称：Flare

动作图示	 图 7-3-183  图 7-3-184  图 7-3-185  图 7-3-186  图 7-3-187
动作文化	Flare——分腿全旋，来自体操的旋转动作，在动力和平衡中，使双腿保持在空中，围绕身体前后旋转。体操名将托马斯（Thomas）最先在鞍马上完成，所以又叫托马斯全旋（Thomas Flare）。这个动作最先由B-Boy杰曼引入霹雳舞。
动作要领	①保持双腿伸直，臀部保持在同一高度（双腿在前的时候不要太高，否则会向后仰倒）。 ②依靠贴近地面的那条腿带动。 ③双腿和臀部前后快速变动，贴近地面的腿先动，踢向空中的腿后动。 ④双手也要快。 ⑤双腿在身后时，不要向前看，而是看地面，并提升身体，这可以利用臀部力量提高双腿，不至于踢到地面上，并且还会有足够的空间进行下一圈旋转。
练习步骤	①先进行简单的扫腿动作练习，熟练掌握单侧腿画圆的发力感觉（图 7-3-183至图 7-3-184，图 7-3-186）。 ②练习髋关节在双手前的手臂支撑，强调髋关节的高度位置（图 7-3-185）。 ③练习髋关节在双手后的手臂支撑，强调髋关节的高度位置（图 7-3-187）。

续表

易犯错误	①做动作时，启动腿的发力不足。 ②做动作过程中，髋关节容易过低，导致双手支撑不起身体。 ③双手支撑过程中，两手之间的距离过大。 ④扫腿踢腿时的高度不够，不足以使另外一条腿充分地完成画圆的动作。
保护帮助	①建议在练习该动作前多加练习腰腹的发力。 ②在练习过程中，注意保护手腕。 ③练习者可先在柔软的垫子上进行动作的练习，待达到一定的熟练度之后，再进行完整的练习。

【作业题】

1. 用简图描述五个花球啦啦操划线式发力动作，并说明动作要求。
2. 用简图描述五个花球啦啦操点对点式发力动作，并说明动作要求。
3. 详细论述爵士啦啦操上肢动作训练中需掌握的动作要领和易犯错误。
4. 详细论述爵士啦啦操下肢动作训练中需掌握的动作要领和易犯错误。
5. 街舞啦啦操常见的相关舞种有哪些？

第八章
CHAPTER 08

啦啦操身体素质教学与训练

【学习目标】

1. 了解啦啦操身体素质训练的分类，掌握不同身体素质分类的内容。
2. 掌握啦啦操身体素质训练的内容。
3. 熟练掌握啦啦操身体素质训练的方法和手段，注意相关训练事项。

【章前导言】

啦啦操身体素质的训练对于运动员技术的提升及啦啦操综合能力的发展具有非常重要的意义，优秀啦啦操运动员各项技能的展示都是以科学的身体素质训练为基础的，因此啦啦操运动员不仅练习各项啦啦操风格的成套动作，而且还要进行柔韧、力量、耐力等身体素质的练习。本章介绍了柔韧、力量、耐力的相关概念、训练方法和手段及相关的注意事项，从这三个方面对啦啦操的身体素质训练进行了系统的阐述，有助于学习者更深入地了解啦啦操身体素质的训练内容，为啦啦操的科学发展奠定了坚实的理论基础。

第一节 柔韧素质训练

一、柔韧素质概述

随着啦啦操运动水平的迅速提高，对柔韧素质提出更高更难的要求。我们所说的柔韧性，是身体素质中的一项内容。从生理角度分析，它是由关节的骨结构，关节周围组织体积的大小，以及跨关节的韧带、肌腱、肌肉与皮肤的伸展性三个因素来衡量的。第三个因素对提高柔韧素质关系最大。另外，肌肉活动的协调性，关节活动幅度（指运动环节围绕某运动轴进行转动的最大活动范围），与柔韧的发展有着密切的关系。

柔韧素质是人体各肌肉、关节、韧带等组织的伸展活动能力和弹性的总称。柔韧素质的好坏主要取决于关节组织结构和跨关节的肌肉、肌腱、韧带等组织的伸展性，也受到天气、年龄、训练水平的一定影响。啦啦操成套中，大幅度的上肢及踢腿、控腿、劈叉和大跳动作都充分体现了柔韧能力。良好的柔韧性是提高运动幅度、动作速度、动作力量及完成一些难度动作和高质量动作的基础，同时也会减少运动性损伤。因此，发展柔韧素质，对提高运动技术水平具有重要的意义。

二、柔韧素质训练的基本方法

（一）主动形式与被动形式相结合

啦啦操的柔韧练习分为主动形式和被动形式两种类型。主动形式是指在自抗力的情况下完成的动作形式，如踢腿；被动形式是指在外力的情况下完成的动作形式，如在别人帮助下做的扳腿、压腿、拉肩等动作。在训练时，两者应交替结合进行，才能提高训练效果。

（二）动力练习与静力练习相结合

动力练习指人体肌肉收缩形式偏于等张性，对抗肌交替放松和收缩，使身体在空间发生位移，如踢腿、摆腿等练习。静力练习指人体肌肉收缩形式偏于等长性，参加活动的肌肉群处于持续紧张状态，如压腿。在训练中，如果只重视静力性练习，而忽视动力性练习，尽管增强了肌肉韧带的伸展能力，但不利于提高肌肉的快速收缩能力，其结果只会产生柔软有余，刚劲不足，反之动作也会僵化而不灵活。因此，在进行柔韧练习时，一定要注意动力性练习与静力性练习相结合。

（三）柔韧性与灵活性、协调性相结合

在进行柔韧性练习时又同时进行灵活性、协调性的练习，效果会更好。

发展柔韧素质练习的基本方法包括动力拉伸和静力拉伸两种方法。动力拉伸法是指有节奏的多次重复某一动作的拉伸方法。静力拉伸法是指通过缓慢的动力拉伸，将肌肉、肌腱、韧带等软组织拉长，并停留一定时间的练习方法。这两种方法均可采用主动的拉伸和被动的拉伸。主动的动力性拉伸方法是借助自身的重力或力量拉伸。被动的动力性拉伸方法是依靠外力的拉伸。在训练过程中，通常是把动力拉伸法和静力拉伸法、主动练习法和被动练习法结合起来运用。根据不同关节活动范围的技术需要来确定发展柔韧性和保持柔韧性阶段练习的重复次

数。每组练习持续时间在10秒钟左右。静力拉伸练习，停留在关节最大伸展程度的位置上，保持30秒左右。为保证运动员在完全恢复的状态下进行下一组柔韧练习，在间隙休息时做一些肌肉放松练习或按摩，如体后屈练习后做体前屈放松练习，劈叉练习后做并腿团身动作等。

三、柔韧素质训练的基本手段

根据啦啦操项目特点和要求，采取以下练习发展运动员的肩、胸、腰、髋、腿的柔韧性。

（一）肩、胸、腰部柔韧性练习

主要手段有压、拉、吊、转环、体转、体前屈、体后屈等，具体做法如下：

面对墙壁或肋木，手扶一定高度体前屈压肩、胸（图8-1-1至图8-1-2）。

背对墙壁或肋木，手臂后举扶墙或反握肋木，下蹲向下拉肩（图8-1-3）。

图8-1-1

图8-1-2

图8-1-3

侧向墙壁或肋木，侧向手扶墙或握肋木，向侧拉肩（图8-1-4）。

悬垂，握肋木，向下吊肩（图8-1-5）。

图8-1-4

图8-1-5

站立，双手持木杆或绳子与肩同宽连续快速直臂向前、后绕肩，逐渐缩短两手之间的距离（图8-1-6至图8-1-8）。

图 8-1-6

图 8-1-7

图 8-1-8

俯卧，上体挺胸抬起，两手上举，帮助者站在背后，两手握练习者上臂，向后拉压肩胸，向后下拉伸腰部（图 8-1-9）。

站立体前屈，双手互握后举，帮助者双手向下按压练习者手臂拉伸肩、腰部（图 8-1-10）。

仰卧呈弓桥，向上顶腰和向前拉肩练习，逐步缩小手与脚的距离（图 8-1-11）。

图 8-1-9

图 8-1-10

图 8-1-11

（二）髋、腿的柔韧性练习

站在一定高度上做体前屈，手触地面（图 8-1-12）。

腿垫高的分腿体前屈，或手握肋木的高举腿分腿坐，在外力下向后压腿的体后屈练习（图 8-1-13）。

图 8-1-12

图 8-1-13

压腿：将一腿置于肋木上，直膝、胯正，可向前、侧、后压腿（图 8-1-14 至图 8-1-16）。

图 8-1-14

图 8-1-15

图 8-1-16

劈叉压：在纵叉或横叉姿势下，上体挺直、直膝、胯正，在外力作用或自身重量下，向下压髋（图 8-1-17）。

体前屈手握脚踝，躯干与腿尽量相贴，帮助者可用力压其背部，并逐步垫高臀部或脚的高度（图 8-1-18）。

图 8-1-17

图 8-1-18

四、柔韧素质训练的基本要求

（一）发展柔韧性应循序渐进，持之以恒

柔韧练习本身就是由不适应到适应逐步提高的过程，停止训练柔韧效果就会消退。训练要长期化、经常化、系统化，且要循序渐进、逐步提高要求，不能急于求成，以免出现拉伤现象。

（二）发展柔韧性应从小培养

柔韧素质发展的敏感期在 5～10 岁，力争在 12 岁以前把柔韧练习作为训练的重点，发展好柔韧能力。应多采用“缓慢式”和“主动式”活动，不宜长时间用力扳、压，或做过分扭转肌肉骨骼的活动，以免造成关节、韧带的损伤和骨骼变形，不利于促进儿童的健康成长。

（三）发展柔韧性应与专项和个人特点相结合

发展柔韧性训练必须根据啦啦操项目特点和个人具体情况安排，在全面发展身体各部位柔韧性的基础上，要重点发展啦啦操所需要的髋部、腿部、腰部的动力性和静力性的柔韧能力，尤其是发展肩、髋关节的全方位的伸展性和灵活性，大腿后部肌群及腰背、腹部肌群、韧带的伸展性，并结合柔韧性难度动作练习，发展快速大幅度的前、侧、后的踢腿、控腿及地面和空中劈叉能力，达到专项技术要求。另外根据不同运动员的具体情况，做到区别对待，使训练更具针对性和实效性。

（四）发展柔韧性应与力量、速度能力发展相结合

柔韧的发展是建立在肌肉力量增长基础上的，良好的柔韧能力同时也反映良好的力量能力。啦啦操是动力性项目，啦啦操的柔韧性表现有两种形式，第一种是在静力性力量下的柔韧性，如控腿、支撑劈叉等，第二种是在速度力量下的柔韧性，如快速高踢腿、分腿大跳、劈叉倒地等。所以速度力量、相对力量与柔韧训练应同步发展和提高，力量训练还可增强关节的稳固性。在力量训练后进行柔韧训练，可以使肌肉、肌腱和韧带保持相应的弹性和伸展性，保证肌肉韧带柔而不软、韧而不僵，促进身体能力的全面发展。

（五）发展柔韧素质应兼顾身体各个部位相关因素

啦啦操柔韧性大部分表现均涉及几个相互有联系部位的柔韧性程度。如纵劈叉和前踢腿柔韧度，它与髋关节周围肌肉、韧带的伸展性有很大关系，也与大腿后部肌群、韧带伸展性有密切关系。因此，在练习过程中对相应的几个部位都应进行发展。

（六）注意外界温度与练习时间

一般当外界温度在 18 摄氏度时，有利于柔韧的发展。冬天气温较低时，必须在保暖条件下，先进行慢跑或热身有氧操，当机体到达一定温度（如出汗），再进行柔韧练习。早晨柔韧能力相对较低，必须小强度练习，而在下午柔韧能力较高，可进行大强度柔韧训练。

第二节 力量素质训练

一、力量素质概述

力量美是人类最古老的审美对象。“自然选择”“谋求生存”的强烈欲望，迫使原始人对力量产生了崇拜和追求。在他们眼里，生命、力量和美似乎是一个概念。拉丁文中的“美”，原意就是力量和勇敢。对生命和力量的追求，构成了原始美学的最高境界。优美起源于肌肉运动时力量的节省，运动越显示出轻巧不费力气，越使人觉得优美。

啦啦操的专项速度是通过动作力度和爆发力来表现的，它是衡量啦啦操运动员竞技水平的重要标志。动作力度，是运动员在完成动作的过程中，肌肉快速用力及动作变化的速度和动作熟练程度的外在表现。它是运动员长期从事啦啦操运动而形成的一种特殊的专门化运动知觉。力度感是对身体各部位肌肉用力大小、用力顺序的准确体会和控制，由肌肉运动觉、视觉、听觉、触觉、平衡觉等一系列感觉所组成，它是保证动作技术质量的关键内容之一。在这个知觉结构中，起主要作用的感受器分布于机体深处，专门接收肌肉、肌腱和关节内部或其内部感受器的刺激。力度感能给运动员提供动作进行的顺序、幅度、频率、节奏等信息，是啦啦操运动员特殊能力之一。啦啦操要求动作有爆发力，积极快速，力度感强。无论上肢、下肢和躯干动作，都有明显的“加速”和“制动”，以充分表现力度。因此，动作力度也是体现体能水平的重要标志。

啦啦操的形体要求是根据现代人的人体与行为美的标准而建立的。通常人体在运动中保持自然挺拔，头部稍稍昂起，颈椎、胸椎、腰椎在保持正常的生理曲线的情况下要挺拔。伸展时尽可能地平直，弯曲时有明确的角度。

人们无论是日常生活还是进行专业运动训练及啦啦操训练，都是由神经系统支配下的肌肉带动的骨骼的运动，肌肉是运动的基础，没有肌肉力量就没有运动，也就没有啦啦操。肌肉力量将直接影响到练习者对啦啦操技术动作的掌握和技术技巧的提高，对练习者速度、灵敏度、协调性等身体素质起至关重要的作用，是衡量啦啦操训练水平的重要指标。

二、影响力量素质的因素

肌肉力量的大小取决于肌肉活动时的能量代谢、营养状况、自身的结构特点，还与神经系统的机能因素和性别、年龄及训练方法等有关。这里主要从结构特点、神经系统的机能及训练方法这几方面因素进行讨论。

（一）肌肉的解剖生理特征

肌纤维的类型：肌肉都是由不同类型的肌纤维混合组成，根据肌纤维的收缩速度，将其分为慢肌纤维、快肌纤维。慢肌纤维收缩速度慢、力量小，但耐力强；快肌纤维收缩速度快、力量大，但易疲劳。啦啦操训练采用强度不同的练习时，可以发展不同类型的肌纤维。

肌肉生理横断面积：肌肉生理横断面积是指垂直于肌纤维的所有肌纤维面积的总和，在其他条件一定的情况下，肌肉收缩时产生的力量与其生理横断面积成正比。通过训练增大肌肉的横截面积以增加肌肉力量。啦啦操练习者出于对身体形态的特殊要求，不一定过于追求肌肉体积的增大，也可以结合其他方面的训练来提高力量素质。

肌肉的初长度：肌肉的初长度是指肌肉收缩前的长度，在一定范围内，肌肉收缩前的初长度越长，肌肉收缩产生的张力和缩短的速度越大。如各种跳跃动作前适当下蹲，使跳跃获得较大的推动力；空翻前身体向反方向倾斜等，都是为了获得初长度。通过训练可以增加肌肉的初长度，如脚的“勾”“绷”、前后踢腿、下腰、甩腰等训练，都能起到拉长肌肉增加其初长度的效果。

肌肉的牵拉角度：肌肉对骨骼的牵拉角度不同时，肌肉收缩产生力量的大小是不同的，如肱二头肌对前臂产生的牵拉力在肘关节屈的角度为115°时最大，膝关节屈的角度为130°~160°时力量最大。因此，作为啦啦操专业的学生，在平时训练时要注意体会肌肉的牵拉角度，以便获得最大肌肉力量。

（二）中枢神经系统的机能因素

中枢神经系统传出的神经冲动频率越高、强度越大，募集的运动单位就越多，肌肉收缩的力量越大。一般啦啦操练习者运动时只能动员60%~70%的肌纤维参与工作，而优秀的啦啦操练习者可募集90%的肌纤维参与工作。通过合理的训练，能够提高中枢神经发出神经冲动的强度与频率。

中枢神经系统对肌肉活动的支配和调节能力强，参与工作的肌肉相互协调配合好，肌肉的力量就大。学生在进行训练时要有意识地体会肌肉收缩与放松，促使每一个动作的工作肌肉都能达到比较完美的协调统一，这样表现的啦啦操才能协调、舒展、大方。

（三）力量训练因素

啦啦操训练中的方法也会对力量的大小和特性产生很大影响，主要是通过肌肉肥大、改善肌肉神经控制、肌纤维类型转变和肌肉代谢能力增强等多种机制实现的。因此，合理设计训练强度、练习组数、每组重复次数、每组练习的间歇、动作幅度、动作速度等是非常重要的。

三、力量素质训练的基本原则

啦啦操力量训练要遵循人的生理特点，进行科学训练，只有这样才能提高啦啦操技能，避免损伤，促进人体健康。因此，安排力量训练应遵循以下原则。

（一）超负荷原则

超负荷原则是力量训练的基本原则，是指力量训练的负荷应不断地超过平时训练的负荷。其中包括负荷的强度、负荷量和力量训练的频率。超负荷应是渐进的过程，负荷量过大、递增过快时容易导致过度训练和肌肉损伤，不利于肌肉力量提高。啦啦操训练中肌肉力量主要依靠自重训练，有些肌肉达不到要求时，可借助外力作用，如大腿内侧肌群的训练除站立时要夹紧外，还可采用“拉皮条”的方法训练。

（二）专门性原则

专门性原则是指被训练肌肉对不同练习模式的力量训练能产生特定反应或者适应的生理学现象，即不同的专项练习对身体各肌群参与活动的要求不同、活动部位不同、动作结构不同，对神经系统协调能力、运动单位募集及局部肌肉代谢的影响不同。这就要求我们训练时要有针对性，应尽量选择与技术要求及动作技术结构相一致的练习。

（三）全面性及顺序性原则

啦啦操动作往往需要身体各部肌群协同工作才能完成，无论大肌群还是小肌群，都应得到全面发展，只有这样才能满足啦啦操技能的特殊要求。因此，力量练习不是单一的，而是由多种力量练习组成，肌肉力量练习的顺序将直接影响训练的效果。一般认为，一组练习至少包括 8～10 个主要运动肌肉的练习，通常在一次力量训练课中，大肌群训练在先，小肌群训练在后，因为小肌群在力量训练中较大肌群易疲劳，在一定程度上影响其他肌群乃至身体整体工作能力；多关节肌训练在前，单关节肌训练在后；训练单一肌群时，大强度练习在前，小强度练习在后。

（四）不间断性原则

力量训练间隔时间应符合力量增长规律要求，间隔过短易造成疲劳积累或过度训练，间隔过长前面训练引起的肌肉力量增加逐渐消退，影响肌肉力量增长。

因此，肌肉力量训练应遵循不间断性原则。如学生假期期间也应制订训练计划，以巩固并提高已有训练水平，使机体产生的一系列适应性良好变化获得长期的效果。

四、啦啦操力量素质的分类及训练

（一）啦啦操力量的分类

肌肉力量有多种表现形式，根据不同的分类标准划分不同的类型。肌肉力量根据肌肉收缩形式分为静力性力量和动力性力量；根据表现方法分为绝对力量和相对力量；根据表现形式和结构特点可分为最大肌肉力量、速度力量和力量耐力等。而在啦啦操运动和训练过程中，肌肉收缩时的力量大小和表现形式不同，有激烈、奔放、跳跃的高难度动作，有像雕塑般的静止及亮相动作，同时还要求练习者在整个运动过程中自始至终保持充沛的体力和积极的表现力。由于啦啦操是抵抗重力的运动，要求练习者具有较大的最大力量，同时，为了美观又要控制体重。因此，根据啦啦操运动的实际需要将力量分为相对力量、静力力量、速度力量和力量耐力。

（二）啦啦操力量的训练

1. 相对力量训练

相对力量是指每公斤体重所表现出来的力量。它主要反映啦啦操练习者绝对力量与体重之间的关系，提高相对力量，肌纤维数量和肌肉体积却不增加，这对啦啦操练习者非常重要。相对力量的增长主要通过增强神经系统兴奋强度，使更多的运动单位参加工作，提高肌纤维收缩的同步程度，改善肌群之间的协调性。对于相对力量训练应安排大强度、少重复次数和相对多组数的练习。一般采用自身最大力量的80%以上大负荷强度，每组1~4次。不能低于60%的中强度练习，否则不利于刺激更多的运动单位同时工作，影响了相对力量的提高。随强度的增大，重复次数相应减少，练习组数应以不降低每组练习的重复次数为宜，速度适当快些，每组有足够的休息时间，一般为2~3分钟。

2. 速度力量训练

速度力量是指肌肉在尽可能短的时间发挥最大力量的能力，是速度和力量的结合。人体的速度力量是通过提高肌肉用力的能力及提高肌肉收缩的速度来提高的，而力量的决定因素是肌肉收缩速度，提高力量是提高速度力量的有效途径。其代表性训练是爆发力训练。在啦啦操训练中速度力量常表现为爆发力，如弹跳力、手臂的推拒力、啦啦操中的爆发力、腰腹的收缩力等。爆发力训练是在保证动作技术规格的情况下，尽量快速完成动作，培养肌肉快速的收缩能力，来适应啦啦操高速度、大幅度完成动作的需要。目前多采用各种超等长练习，其工作原理是肌肉先做退让工作，并且肌肉被极度拉长，然后在最短时间内转入克制工作并快速收缩。如各种跳跃、跳深、单腿跳、分腿大跳、弹腿练习等。

根据啦啦操的特点，爆发力训练是以克服自重需要来确定的，练习组数和重复次数不可太多，一般每组数以动作速度不明显降低为准。以最快的速度或尽量以极限速度来完成每一次的重量，休息时间较充分但不宜太长。

3. 控制力量训练

控制力量是练习者最重要的基本能力，它的发展水平不仅决定技术技巧的完成质量，还直接影响练习者艺术表现力的发挥效果。因此，一名合格的练习者必须经过专门的控制力量训练，必须掌握扎实的控制力量基础。

要做到这一点，首先是要对控制力量进行深入认识。本书从训练课堂中选取研究对象，通过对控制力量训练若干基本动作的测试与分析，可以深入了解控制力量的技术特征和训练价值、控制力量训练的解剖学依据和训练学依据、控制力量的课堂训练手段和辅助训练手段及控制力量的训练方法、训练要求等内容和规律。

（1）控制力量的技术特征

控制力量也称控制能力，是指在盆带肌群和下肢肌群的作用下，使动作腿在前、旁、后方向或不同位置上，与头、躯干和上肢相配合，完成各种控制动作，形成舞姿造型的力量能力。在控制力量的作用下，动作腿克服下肢自重力及生理阻力，与头、躯干和上肢相配合，完成动作腿的各种基本“控制”动作，形成各种舞姿造型。

控制力量不仅是一种克服阻力完成大幅度控制动作的力量能力，还具有技术性、稳定性、耐久性等训练学特征。在芭蕾舞基本功训练及中国古典舞基本功训练的相关部分里，各种动作腿的控制动作绝大多数都是在外旋或外开的状态下进行的，而在中国古典舞基本功具有民族风格的训练内容里，有一部分动作腿的控制动作是在内旋和内关的状态下进行的，如射雁类动作等。

（2）控制力量的训练价值

控制力量是练习者必须具备的重要基本能力。肌肉力量是完成各类控制动作的物质基础，控制力量是完成基础控制的力量能力，因此，发展练习者的控制力量是啦啦操基本训练的重要内容，控制力量是练习者必须具备的重要力量能力。

控制力量是一种技术性力量能力。在啦啦操运动中，常常通过具有不同特点的控制类动作表现出鲜明的风格特征和艺术表现力。要做到这一点，需要控制类动作具有敏感、细腻、准确的感觉能力，具有控制速度、力度、空间位置的能力。

这种感觉能力和控制能力构成控制力量的基本要素。控制力量是复杂技术技巧的基础。控制力量作为一种基础的技术性力量能力，它不但作用于控制类动作的本身，同样重要的是，它还是跳、转、翻等复杂技巧的基础，没有良好的控制训练，就不可能完成有质量的动作技巧，控制力量是动作技巧不可缺少的技术基础。

控制力量是动作稳定性的基础。在控制类动作的训练过程中，控制力量能提高控制身体平衡及身体重心、姿态保持不变的能力，其中包括在原地、辗转和移动动作中随时控制重心，在大小、高低、直立或身体俯仰拧倾的舞姿上控制平衡，在舞姿中控制局部或全身姿态使其保持准确性。所以控制力量是全方位、动静结合的动作稳定性技术的基础。

控制力量的发展有助于提高肌肉耐久性力量。由于控制性练习动作强度高、用力大、持续时间长，肌肉容易疲劳，尤其是在控制组合的练习中，连续重复各种大幅度的控制动作和舞姿，单个动作进行时间和组合总持续时间较长，对肌肉的耐久性力量有较高要求，因此，在控制力量的训练中也发展了肌肉耐久性力量。

（3）发展控制力量的基础训练方法

练习者的控制力量是下肢和躯干各肌群协调作用的结果，但是在力量的发挥中均以下肢肌群为主，动作腿为主动动作并且较多为动力性工作，支撑腿和躯干起固定作用较多为静力性工作。动作腿最基本的控制动作分为前、旁、后三个方向，经表面肌电测试可确认前、旁、后三个方向控制动作其主要用力肌肉不同。

前腿控制是动作腿在髋部外旋的基础上向前屈髋的下肢运动（图 8-2-1）。

图 8-2-1

前腿控制的主要用力肌群为阔筋膜张肌、股直肌、缝匠肌。

阔筋膜张肌是屈髋的主要肌肉，是抬前腿的主动肌。

股直肌是屈髋的主要肌肉，是抬前腿的主动肌，它还是双关节肌，具有伸膝功能，因而，在直膝抬前腿的动作中需要发挥出很大的力量，尤其是在“主动不足”的情况下，会感到吃力。

缝匠肌也是屈髋的主要肌肉和抬前腿的主动肌，它同时还是髋部外旋的主动肌，在抬前腿中具有屈髋和外旋双重功能。

另外，股后肌群臀大肌、股二头肌、半腱肌等是抬前腿的拮抗肌，具有限制抬前腿的速度和幅度的作用。

旁腿控制是在髋部外旋基础上向旁外展的运动。旁腿还有前屈的因素，因此对旁腿动作存在外开的要求。外开即动作腿在旁边的位置上向后打开的“水平伸”的运动。外开越好，前屈的因素就越少，而同时后伸的倾向和力量就越大(图 8-2-2)。

图 8-2-2

旁腿控制的主要用力肌群为阔筋膜张肌、臀大肌、缝匠肌、股直肌。

阔筋膜张肌具有使动作腿在髋部前屈和外展双重功能，是抬旁腿的主动肌。

臀大肌具有使动作腿在髋部外展（臀大肌上部）和外旋（臀大肌中部）两个功能，也是抬旁腿的主动肌。

缝匠肌在抬旁腿动作中是髋部前屈、外旋的主要肌肉。

股直肌在抬旁腿动作中是屈髋和伸膝的主要肌肉。

另外，股内肌群的股薄肌等是抬旁腿动作的拮抗肌，限制抬旁腿的速度和幅度。

后腿控制是动作腿在髋部外旋基础上的后伸运动。髋关节的解剖结构决定了下肢后伸幅度的局限，因而在抬后腿的动作中，动作腿在向后伸髋的同时，必然伴随骨盆的前倾，后腿越高，骨盆前倾越大。所以，在一定程度上，抬后腿是骨盆和下肢的联合运动。骨盆前倾运动发生在支撑腿远固定的髋关节前屈和躯干下部的腰骶关节后伸，涉及工作肌群包括固定支撑腿髋关节的臀大肌、股二头肌、半腱肌、阔筋膜张肌、股直肌、缝匠肌等和固定脊柱的腹直肌、竖脊肌等（图 8-2-3 至图 8-2-4）。

图 8-2-3

图 8-2-4

值得注意的是，动作腿外旋，可以增加下肢在髋部后伸的幅度，符合髋关节的解剖结构。因而，在后腿训练中，对外旋的要求尤为重要。

后腿控制主要用力肌群为臀大肌、股二头肌、半腱肌。

臀大肌具有使动作腿在髋部后伸和外旋等双重功能，是抬后腿的主动肌。

股二头肌和半腱肌在近固定和小腿伸直的情况下是后伸大腿的主动肌。

同时，股直肌在动作腿后伸中既是伸膝的主动肌，又是伸髋的拮抗肌。缝匠肌、阔筋膜张肌都是动作腿后伸的拮抗肌，限制抬后腿的速度和幅度。

另外，竖脊肌在抬后腿中具有使骨盆前倾及腰椎后伸的辅助作用。

第三节　耐力素质训练

一、耐力素质概述

耐力是指肌肉在静力性和动力性工作中长时间保持肌肉紧张而又不能降低工作效果的运动能力。啦啦操运动一般持续的时间较长，要求练习者整个运动过程中都要保持充沛旺盛的精力，从而高标准完成规定动作。啦啦操练习者进行耐力素质训练时，要根据各自舞种的特点制订训练内容和方法，进行针对性训练。总的原则是，每次练习要力争增加重复次数，当重复次数适应啦啦操动作要求时，就应增加负荷量。一般采用 25%~60% 的负荷强度，坚持尽可能长的时间，重复尽可能多的次数，并且在机体尚未完全恢复时就进行下组练习。训练中应该注意，发展力量耐力练习中重复次数最为重要，重复次数视练习者而定，组数不宜太多，不能以增加组数来减少重复次数，否则会影响训练效果。

耐力训练可以改善人的心血管系统功能，全面锻炼人的身体，增强体质，塑造健美的体型和优雅的姿态。训练注重在规定时间内完成动作的数量和质量。进行耐力练习必须持之以恒，使形体练习中各种有效的方法对人体各部位产生持久的影响，并逐渐形成一种“习惯”，使举手投足都体现出一种“行为美”；应有足够的时间保障，有条件的每周至少 2 次耐力训练，保证期间有足够的时间接受全面系统的锻炼。这样不仅有助于学生在概念上正确理解形体姿态的规范要求，在实际操作上掌握耐力训练的方法手段，更有助于生物节律的形成，使人体逐渐适应和有准备地参加练习，进一步提高练习效果，而且对于培养学生“终身体育”的思想有着极其重要的意义。

二、耐力素质的分类

耐力是指有机体长期工作抗疲劳的能力。耐力能力分一般耐力和专项耐力。一般耐力是有机体系统长时间协调工作的能力，是发展专项耐力的基础。专项耐力是指运动员克服啦啦操运动过程中所产生疲劳的能力。耐力素质是身体能力重要的组成部分之一，从事任何运动项目都必须具备相应的耐力水平。

啦啦操练习者的专项耐力以有氧耐力和肌肉耐力为主。有氧耐力是指长时间进行有氧供能的工作能力。负荷强度为人体最大负荷强度的 75%~85%，心率一般在 140~170 次/分钟。时间最少 5 分钟，一般在 15 分钟以上。决定机体有氧耐力的生理因素主要是运动中氧气的供应因素和作为能量物质的糖原含量。肌肉耐力是指运动员肌肉系统在一定的内部与外部负荷的情况下，能坚持较长时间或重复较多次数的能力，它与力量水平的发展关系密切。所以，发展肌肉最大力量是促进肌肉耐力水平提高的有效手段。

三、耐力素质训练的方法与步骤

（一）有氧耐力训练

啦啦操运动员有氧耐力训练主要是提高心血管和呼吸系统的有氧供能能力。一般采用持续训练和间歇训练两种训练方法。

1. 持续训练法

这种训练总负荷量较大，持续时间相对较长（不少于 30 分钟），没有明显间歇，练习强度较小，比较恒定，平均心率一般控制在 140~160 次/分钟，优秀运动员可在 160~170 次/分钟。

2. 间歇训练法

一次练习的时间至少在5分钟以上，负荷强度中等（平均心率控制在160次/分钟左右），当每组间歇时要求在运动员机体尚未完全恢复时就进入下一次练习，一般以心率下降至120次/分钟为确定间歇时间的依据。整个训练的持续时间至少保持30分钟以上。

（二）无氧耐力训练

啦啦操运动员无氧耐力训练主要是提高以心血管和呼吸系统的糖酵解为主的无氧供能能力，一般采用重复训练法和间歇训练法。

1. 重复训练法

一次练习的负荷时间为30~120秒，负荷强度大（平均心率控制在180次/分钟以上），间歇时间应充分，当机体完全恢复后进入下一次练习。

2. 间歇训练法

一次练习的负荷时间为40~90秒，负荷强度大（平均心率控制在180次/分钟），间歇的时间不充分，心率下降至120次/分钟就进入下一次练习。

四、耐力素质训练的组合

（一）一般耐力练习

1. 有氧耐力训练

1000米以上的长距离跑。

5分钟以上跳绳。

5分钟以上循环练习：把8~10种上下肢、腰腹力量及弹跳力的一般素质练习按一定顺序、数量组合起来循环进行练习。

要求：5分钟以上的练习，组数在3~5组。

2. 无氧耐力训练

300或400米变速跑：快跑和慢跑结合进行。

300或400米的综合跑：把向前跑、后退跑、交叉步跑、侧滑步跑结合在每一段距离中进行。

200米间歇接力跑：分4人一组进行。

1~2分钟反复台阶跑。

要求：5 分钟以上的练习，组数在 6~8 组。

（二）专项耐力练习

1. 发展有氧耐力

持续 30 分钟以上的动作练习。

5 分钟以上专项循环练习：把 8~10 种上下肢、腰腹力量及弹跳力的专项素质练习或成套的难度动作按一定顺序、数量组合起来循环进行练习。

5 分钟以上基本成套架子多套练习（不加难度动作）。

多成套或超成套练习：加难度动作练习。

要求：5 分钟以上的练习，组数在 3~5 组。

2. 发展无氧耐力

1~2 分钟各种啦啦操组合。

1~2 分钟各种高踢腿跑跳组合。

2 分钟以下的啦啦操成套练习。

要求：重复 6~8 组。

发展肌肉耐力结合力量训练的手段，尽可能多重复练习次数，重复组数在 4~6组，负荷强度在 40%~60%，间隙时间为 3~5 分钟。

五、耐力素质训练的处方

（一）周一：速度和专项能力练习

准备活动：慢跑 1000~1500 米，各种拉长活动、协调练习、跑的专门练习、冲跑及弹性跑。

速度练习：30 米、60 米、80 米、100 米、150 米。

快速力量、中力量练习。

腰腹肌练习：悬垂举腿等。

放松活动。

（二）周二：小力量、一般耐力练习

准备活动：慢跑 1500~2000 米，各种拉长活动、协调练习、跑的专门练习、冲跑及弹性跑。

上肢力量练习。

抗阻力练习（利用橡皮条）。

一般耐力练习：3000~5000 米慢跑。

放松活动。

（三）周三：速度耐力练习

准备活动：越野跑或球类活动，各种拉长活动、协调练习。

沙袋摆腿。

200 米、300 米间歇跑或不同跑距的组合跑 4~8 组。组合跑方案：（300 米+200 米+150 米）×2~3 组。

上肢力量练习。

放松活动。

（四）周四：多项身体素质练习

准备活动：慢跑 1500~2000 米，跑的专门练习、冲跑及弹性跑。

加速跑。

跳栏架或跳箱。

阻力练习或跨跳或跨跑练习。

球类游戏。

（五）周五：力量练习

准备活动：慢跑 800 米，力量性准备活动。

上肢力量：俯卧撑。

下肢力量：全蹲+半蹲。

动作力量练习：60 米后蹬跑或快跑计时、100 米跨跑等。

放松跑。

（六）周六：技术和素质练习

准备活动：慢跑 1000 米+啦啦操成套。

专门技术练习。

加速跑 80 米。

跑格（节奏和步幅）。

60 米托重物跑×4。

肩带力量、躯干力量、腰腹肌练习。

放松活动。

注意事项：可根据情况选择练习内容；中强度周发展能力，大强度周完成目标强度，小强度周保持训练。

六、耐力素质训练的基本要求

耐力训练首先必须结合啦啦操项目的特点要求，掌握持续训练法、间歇训练法、重复训练法在发展有氧耐力和无氧耐力中负荷强度、负荷量、持续时间、间歇时间的不同特点，科学合理调控好运动负荷。

有氧耐力练习和无氧耐力练习相结合。根据不同训练时期和不同的对象其比例不同。儿童少年期是发展有氧耐力的关键时期，女 13 岁和男 14 岁以后才进入无氧耐力的敏感发展期。随年龄增长和训练水平的提高进一步发展专项耐力。

耐力训练时要有一定的技术要求，每一项练习都要全力以赴，注意呼吸方法、节奏和深度。耐力训练只有超过比赛的量和强度，才能切实提高效果。为此，在注意运动员所能承受的生理负荷的同时，要重视培养运动员顽强、刻苦、拼搏、耐劳的意志品质，提高心理的承受能力。

【作业题】

1. 啦啦操身体素质训练包含哪几方面？并加以说明。
2. 论述柔韧素质训练的基本方法。
3. 发展柔韧素质的基本要求是什么？
4. 论述啦啦操控制力量的特征及基础训练方法。

第九章
CHAPTER 09

成套动作展示

【学习目标】

1. 了解不同种类啦啦操成套动作的不同风格。

2. 熟悉啦啦操动作与音乐的配合，熟悉啦啦操动作的路线及动作之间的连接方式。

3. 掌握啦啦操基本动作，形成连贯的动作组合，提高艺术表现力。

【章前导言】

啦啦操成套动作练习是对啦啦操基本学习的巩固和强化，是啦啦操动作与音乐融合度的训练，是锻炼学生艺术表现力的重要手段，是啦啦操最终学习成果的综合展现方式。本章展示的啦啦操动作可作为很好的学习资料供训练、比赛或表演套路参考。在啦啦操成套动作学习和展示过程中，可以激发学生的学习兴趣，体会动作创编的艺术，也可以从中发现问题，更有针对性地进行学习与训练。

第一节　亲子啦啦操组合展示

第一八拍 第二八拍	 图 9-1-1  图 9-1-2  图 9-1-3
动作描述	预备姿势：牵手并脚站立（图 9-1-1）。 第一个八拍：牵手踏步走位，外侧手绕环（图 9-1-2 至图 9-1-3）。 第二个八拍：同第一个八拍。

续表

第三八拍	 图 9-1-4  图 9-1-5
动作描述	第 1~6 拍：手臂上 V，双脚跳开呈开立，保持不动（图 9-1-4）。 第 7~8 拍：双臂夹紧，跳并收脚站立（图 9-1-5）。
第四八拍	 图 9-1-6  图 9-1-7  图 9-1-8  图 9-1-9  图 9-1-10  图 9-1-11
动作描述	第 1 拍：左臂上举 45°，左脚向左侧迈开（图 9-1-6）。 第 2 拍：手臂保持不动，右脚并回左脚（图 9-1-7）。 第 3 拍：右臂上举 45°手臂上 V，右脚向右侧迈开（图 9-1-8）。 第 4 拍：手臂保持不动，左脚并回右脚（图 9-1-9）。 第 5~6 拍：手臂呈 90°直角支撑在大腿前侧，含头，双腿开立半蹲（图 9-1-10）。 第 7~8 拍：上身直立，右臂上冲拳，左臂叉腰（图 9-1-11）。
第五八拍	同第四个八拍。
第六八拍	 图 9-1-12  图 9-1-13

续表

第六八拍	 图 9-1-14  图 9-1-15
动作描述	第 1~2 拍：左侧转身，右臂收到左侧腰间，低头（图 9-1-12）。 第 3~4 拍：身体转正直立，右臂叉腰左臂前冲拳（图 9-1-13）。 第 5~6 拍：右侧转身，左臂收到右侧腰间，低头（图 9-1-14）。 第 7~8 拍：身体转正直立，左臂叉腰右臂前冲拳（图 9-1-15）。
第七八拍	 图 9-1-16  图 9-1-17
动作描述	第 1~4 拍：低头含胸，双手放于胸前前后摆动，并脚半蹲小碎步原地跑动（图 9-1-16）。 第 5~8 拍：造型展示，双脚跳开开立，孩子双手前平举，家长内侧手与孩子手连接，外侧手斜上举，头转向孩子方向，保持不动（图 9-1-17）。
第八八拍	 图 9-1-18  图 9-1-19
动作描述	第 1~4 拍：家长微蹲将花球放于身体前方（图 9-1-18）。 第 5~8 拍：双臂夹紧直立，准备托举动作（图 9-1-19）。
第九八拍至第十一八拍	 图 9-1-20  图 9-1-21  图 9-1-22

续表

第九八拍至 第十一八拍	 图 9-1-23  图 9-1-24  图 9-1-25  图 9-1-26
动作描述	第九八拍 第 1~4 拍：家长弓步迈开，双臂夹紧，双脚并齐；孩子双臂夹紧直立（图 9-1-20）。 第 5~8 拍：家长扶住孩子的手腕和腋下上托；孩子依次踩在家长的髋部上身直立（图 9-1-21）。 第十八拍 第 1~4 拍：家长内侧手环抱孩子膝盖紧贴身体，外侧手扶住孩子前脚掌（图 9-1-22）。 第 5~8 拍：托举造型展示，家长外侧手斜上举；孩子上 V 手势（图 9-1-23）。 第十一八拍 第 1~2 拍：家长外侧手反握孩子手腕准备下法（图 9-1-24）。 第 3~4 拍：家长内侧手反握孩子腋下（图 9-1-25）。 第 5~8 拍：缓冲将孩子托至地面，并脚缓冲落地（图 9-1-26）。
动作要领	①家长主动发力将孩子托上至托举位置。 ②托举抓手位置要准确。 ③孩子托举站立时上身直立，腰部收紧，膝盖伸直。 ④注意落地缓冲。
练习步骤	第一步：配力练习——孩子与家长进行空做动作，练习家长之间的一致性及与孩子的配合。 第二步：分解练习——家长练习弓步的稳定，孩子在辅助的保护下进行动作练习。孩子在地面上练习托举亮相的手位，家长空做动作保持稳定性。 第三步：完整练习——按照节拍在有保护的环境中进行分解动作练习，系统训练检查反馈，及时发现问题，解决问题。
易犯错误	孩子踩脚位置不准确，腰部松弛，屈膝。 家长抓手位置不准确，弓步距离过大。

续表

保护帮助	在动作过程中家长要时刻保持注意力，要抓紧孩子的胳膊控制孩子的平衡，上托时主动发力控制孩子发力方向。
第十二八拍	 **图 9-1-27**  **图 9-1-28**  **图 9-1-29**
动作描述	第 1~4 拍：家长击掌踏步走位；孩子夹臂直立（图 9-1-27）。 第 5~6 拍：坐肩托举位置站好（图 9-1-28）。 第 7~8 拍：坐肩托举下蹲准备，后方家长托住孩子腋下；孩子下蹲准备起跳（图 9-1-29）。
第十三八拍至第十五八拍	 **图 9-1-30**  **图 9-1-31**  **图 9-1-32**  **图 9-1-33**
动作描述	第十三八拍 第 1~4 拍：后面家长将孩子上托到肩位，前方家长主动抱住孩子膝盖；孩子主动分腿坐在肩膀（图 9-1-30）。 第 5~8 拍：托举造型展示，孩子上 V 手势。 第十四八拍 托举位置变换。 第十五八拍 第 1~2 拍：直立，双手扶孩子腋下，孩子双臂侧举（图 9-1-31）。 第 3~4 拍：下蹲低头准备将孩子托下（图 9-1-32）。 第 5~8 拍：上托，将孩子托下至地面，落地并脚缓冲（图 9-1-33）。
动作要领	①孩子上肩位时注意安全的保护。 ②孩子在肩位时家长要扶住孩子的膝盖。 ③家长主动发力上托，发力方向要准确。

续表

练习步骤	第一步：配力练习——家长空做动作练习家长之间的一致性、抓手的准确性及与孩子的配合。 第二步：动作练习——首先家长练习坐肩保持稳定，孩子拉伸柔韧。在动作过程中家长及时变换抓手的位置。 第三步：按照节拍在有保护的环境中进行分解动作练习，系统训练检查反馈，及时发现问题，解决问题。
易犯错误	孩子在下肩位的时候底座容易顶偏或者用力掌握不好。
保护帮助	家长将孩子托下时要准确扶住孩子的胳膊，缓冲托起缓冲落地。
第十六八拍	 图 9-1-34  图 9-1-35
动作描述	第 1~6 拍：家长击掌变换位置；孩子夹臂直立（图 9-1-34）。 第 7~8 拍：夹紧双臂，并脚直立（图 9-1-35）。
第十七八拍	 图 9-1-36  图 9-1-37  图 9-1-38  图 9-1-39
动作描述	第 1~2 拍：家长屈膝放花球（图 9-1-36）。 第 3~4 拍：孩子侧平举；家长内侧手反握孩子腋下，外侧手反握孩子手腕，屈膝下蹲准备上托（图 9-1-37）。 第 5~6 拍：家长将孩子托起，孩子绷脚直膝盖双腿向两边打开（图 9-1-38）。 第 7~8 拍：上托结束落地屈膝缓冲（图 9-1-39）。
第十八八拍	分层动作：重复第十七个八拍动作。

续表

第十九八拍	 图 9-1-40  图 9-1-41  图 9-1-42  图 9-1-43  图 9-1-44
动作描述	第 1~2 拍：家长双手胸前摆动，低头含胸互换位置；孩子并脚站立（图 9-1-40）。 第 3~4 拍：位置互换结束（图 9-1-41）。 第 5 拍：分层动作，一名家长双脚跳开开立，上身直立，左臂斜上举，右臂叉腰（图 9-1-42）。 第 6 拍：孩子双脚跳开开立，上身直立，左臂斜上举，右臂叉腰（图 9-1-43）。 第 7~8 拍：另一名家长双脚跳开开立，上身直立，左臂斜上举，右臂叉腰，保持不动（图 9-1-44）。
第二十八拍	 图 9-1-45  图 9-1-46
动作描述	第 1 拍：左腿后踢腿做原地后踢腿跑动，左臂弯曲做绕环动作（图 9-1-45）。 第 2 拍：右腿后踢腿做原地后踢腿跑动，左臂伸直做绕环动作（图 9-1-46）。 第 3~8 拍：重复第 1~2 拍动作。
第二十一八拍	反方向重复第二十个八拍动作。

续表

第二十二八拍	 图 9-1-47  图 9-1-48  图 9-1-49
动作描述	第 1~2 拍：家长跪地低头，孩子开立下蹲，双手侧平举（图 9-1-47）。 第 3~4 拍：家长跪地低头，孩子双手收回体侧，双脚跳并直立（图 9-1-48）。 第 5~8 拍：孩子原地跳动，左臂叉腰，右臂上下挥动（图 9-1-49）。
第二十三八拍	 图 9-1-50  图 9-1-51  图 9-1-52  图 9-1-53  图 9-1-54  图 9-1-55  图 9-1-56
动作描述	第 1 拍：孩子双腿开立，身体向左转 45°，左臂胸前平举，右臂立在左臂之上（图 9-1-50）。 第 2 拍：右臂主动往下打（图 9-1-51）。 第 3 拍：身体转向右侧 45°，左臂胸前平举，右臂立在左臂之上（图 9-1-52）。 第 4 拍：右臂主动往下打（图 9-1-53）。 第 5 拍：身体转向正面，微蹲，双手于身体下方交叉（图 9-1-54）。 第 6 拍：双手从交叉向上绕圈至侧平举，同时下蹲，头往右侧倾斜（图 9-1-55）。 第 7~8 拍：双脚跳并站立，双手夹紧放于身体两侧（图 9-1-56）。

续表

第二十四八拍	 图 9-1-57  图 9-1-58  图 9-1-59
动作描述	第 1~2 拍：孩子转向后侧右臂指向家长，家长开立下蹲，双臂侧举（图 9-1-57）。 第 3~4 拍：家长双手收回体侧，双脚跳并直立（图 9-1-58）。 第 5~8 拍：家长原地跳动，左臂叉腰，右臂上下挥动（图 9-1-59）。
第二十五八拍	 图 9-1-60  图 9-1-61  图 9-1-62  图 9-1-63  图 9-1-64  图 9-1-65  图 9-1-66
动作描述	第 1 拍：家长双腿开立，身体向左转 45°，左臂胸前平举，右臂立在左臂之上（图 9-1-60）。 第 2 拍：右臂主动往下打（图 9-1-61）。 第 3 拍：身体转向右侧 45°，左臂胸前平举，右臂立在左臂之上（图 9-1-62）。 第 4 拍：右臂主动往下打（图 9-1-63）。 第 5 拍：身体转向正面，微蹲，双手于身体下方交叉（图 9-1-64）。 第 6 拍：双手从交叉向上绕圈至侧平举，同时下蹲，头往右侧倾斜（图 9-1-65）。 第 7~8 拍：双脚跳并站立，双手夹紧放于身体两侧（图 9-1-66）。

续表

第二十六八拍至 第二十七八拍	 图 9-1-67
动作描述	家长、孩子拉手转圈跑动（图 9-1-67）。
第二十八八拍	 图 9-1-68  图 9-1-69  图 9-1-70
动作描述	第 1~6 拍：左臂叉腰，右臂由下往斜上敲打，双腿并脚跳动，一拍一动（图 9-1-68 至图 9-1-69）。 第 7~8 拍：结束造型，孩子背靠背身体前倾微蹲，双手放于背后，家长内侧手叉腰，外侧手前平举（图 9-1-70）。

第二节　花球啦啦操组合展示

第一八拍	 图 9-2-1  图 9-2-2  图 9-2-3  图 9-2-4  图 9-2-5  图 9-2-6  图 9-2-7  图 9-2-8

续表

第一八拍	 图 9-2-9  图 9-2-10  图 9-2-11  图 9-2-12
动作描述	预备姿势：准备位置，双腿开立，双手夹紧身体（图 9-2-1）。 第 1 拍：右腿屈膝呈右弓步，右手臂沿身体至短 T，左手臂夹紧身体（图 9-2-2）。 哒拍：左腿屈膝呈左弓步，左手臂沿身体至短 T，右手准备位（图 9-2-3）。 第 2 拍：右腿屈膝；右臂沿身体至短 T，左手回到准备位（图 9-2-4）。 第 3 拍：双手经短 T 向外绕环经 T 至小 A（图 9-2-5 至图 9-2-7）。 第 4 拍：右腿向后迈一步，手臂下 V，上身前屈（图 9-2-8）。 第 5 拍：左腿向前迈一步，手臂呈短 T（图 9-2-9）。 第 6 拍：右腿前踢腿，手臂呈 T（图 9-2-10）。 第 7 拍：双腿开立，手臂呈下 V，挺胸，头部看向斜上 45°（图 9-2-11）。 第 8 拍：双腿半蹲，左腿点地，手臂呈下 V，含胸（图 9-2-12）。
第二八拍	 图 9-2-13  图 9-2-14  图 9-2-15  图 9-2-16  图 9-2-17  图 9-2-18  图 9-2-19  图 9-2-20  图 9-2-21  图 9-2-22  图 9-2-23

续表

动作描述	第 1 拍：双腿开立，手臂经小 A 至左侧 K（图 9-2-13 至图 9-2-14）。 第 2 拍：收右脚，并腿提踵向右转体，手臂经小 A 至上 A（图 9-2-15 至图 9-2-17）。 第 3 拍：双腿并腿半蹲，手臂呈小 A，低头（图 9-2-18）。 第 4 拍：双腿并腿提踵，手臂呈上 V（图 9-2-19）。 第 5 拍：双腿并腿半蹲，手臂呈下 X（图 9-2-20）。 第 6 拍：屈体分腿跳（图 9-2-21）。 第 7 拍：双腿并腿半蹲，手臂夹紧身体（图 9-2-22）。 第 8 拍：身体直立（图 9-2-23）。
第三八拍	 图 9-2-24  图 9-2-25  图 9-2-26  图 9-2-27  图 9-2-28  图 9-2-29  图 9-2-30  图 9-2-31
动作描述	第 1 拍：左腿向左迈一步，手臂呈上 V（图 9-2-24）。 第 2 拍：右腿向后迈一步，手臂呈 X（图 9-2-25）。 第 3~4 拍：5 点方向平转，手臂呈短 T（图 9-2-26 至图 9-2-28）。 第 5~8 拍：吸右腿，向右吸腿转体一周，收回双腿并立（图 9-2-29 至图 9-2-31）。
第四八拍	 图 9-2-32  图 9-2-33  图 9-2-34  图 9-2-35  图 9-2-36

续表

动作描述	第 1~2 拍：右腿开始向后迈两步，手臂经短 T 至前 X（图 9-2-32 至图 9-2-33）。 第 3~4 拍：左腿开始向后迈两步，手臂呈 T（图 9-2-34）。 第 5~7 拍：右腿开始向后迈三步，手臂呈 clear（图 9-2-35）。 第 8 拍：左腿向前迈一步，左手臂呈 T，右手臂呈前 L（图 9-2-36）。
第五八拍	 图 9-2-37  图 9-2-38  图 9-2-39  图 9-2-40  图 9-2-41  图 9-2-42
动作描述	第 1~2 拍：向右立转（图 9-2-37 至图 9-2-38）。 第 3~4 拍：双腿开立半蹲，手臂呈下 V（图 9-2-39）。 第 5~6 拍：左腿跪地，右腿点地，双手撑地，夹角呈 90°（图 9-2-40）。 第 7 拍：双手经小 A 至上 V（图 9-2-41 至图 9-2-42）。 第 8 拍：保持不变（图 9-2-42）。
第六八拍	 图 9-2-43  图 9-2-44  图 9-2-45  图 9-2-46
动作描述	第 1~2 拍：左手撑地，右手在身体前侧拳面撑地（图 9-2-43）。 第 3~4 拍：右腿侧踢腿（图 9-2-44）。 第 5~6 拍：同 1~2 拍（图 9-2-45）。 第 7~8 拍：双腿跪地，手臂撑地（图 9-2-46）。

续表

第七八拍	 图 9-2-47  图 9-2-48  图 9-2-49  图 9-2-50  图 9-2-51  图 9-2-52
动作描述	第 1~4 拍：双腿并立下蹲，双手伏地准备，双脚开立站起，双手呈 X 手位（图 9-2-47 至图 9-2-48）。 第 5 拍：双腿开立半蹲，手臂呈右斜线（图 9-2-49）。 第 6 拍：手臂呈左斜线（图 9-2-50）。 第 7 拍：双腿直立，双手收到胸前加油位（图 9-2-51）。 第 8 拍：并腿小跳，双腿并腿半蹲，手臂到准备位（图 9-2-52）。
第八八拍	 图 9-2-53  图 9-2-54  图 9-2-55  图 9-2-56  图 9-2-57  图 9-2-58  图 9-2-59
动作描述	第 1 拍：双腿开立半蹲，左 L（图 9-2-53）。 第 2~3 拍：左手臂不动，右手臂向左绕环一周，呈上举 A（图 9-2-54 至图 9-2-57）。 第 4~6 拍：双腿并立半蹲，手臂呈小 A（图 9-2-58）。 第 7~8 拍：左腿向前迈一步，左手臂呈 T，右手臂呈前 L（图 9-2-59）。

续表

<table>
<tr><td>第九八拍</td><td> 图 9-2-60  图 9-2-61  图 9-2-62  图 9-2-63</td></tr>
<tr><td>动作描述</td><td>第 1~8 拍：向右阿拉 C 杠三周（图 9-2-60 至图 9-2-63）。</td></tr>
<tr><td>第十八拍</td><td>
图 9-2-64</td></tr>
<tr><td>动作描述</td><td>第 1~6 拍：双腿开立，重心在前脚掌，膝关节弯曲，髋关节微屈收紧，手臂下 V（图 9-2-64）。
第 7~8 拍：保持动作不变，两次振胸。</td></tr>
<tr><td>第十一八拍</td><td> 图 9-2-65  图 9-2-66  图 9-2-67  图 9-2-68
 图 9-2-69  图 9-2-70  图 9-2-71  图 9-2-72
 图 9-2-73  图 9-2-74  图 9-2-75  图 9-2-76</td></tr>
</table>

续表

第十一八拍	 图 9-2-77  图 9-2-78  图 9-2-79  图 9-2-80
动作描述	第 1 拍：右腿由斜前吸腿小踢腿，手臂经小 A 左手臂下举，右手臂呈下 V（图 9-2-65 至图 9-2-66）。 第 2 拍：同第 1~2 拍反方向（图 9-2-67 至图 9-2-68）。 第 3 拍：右脚向前迈一步，经四位蹲，右腿顶胯，手臂呈 W 位（图 9-2-69 至图 9-2-71）。 第 4 拍：经四位蹲，右腿顶胯，手臂保持不变（图 9-2-72）。 第 5 拍：右腿吸腿侧点地，左手臂呈短 T，右手臂呈上 V（图 9-2-73）。 第 6 拍：右腿吸腿侧点地，左手臂经 T 至短 T，右手臂经短 T 至上 V（图 9-2-74 至图 9-2-75）。 第 7 拍：双腿并立半蹲，右手头顶上方向后绕环，左臂前平举向外绕环至 T，手臂呈准备位（图 9-2-76 至图 9-2-78）。 第 8 拍：团身跳，手臂经小 H 经准备位（图 9-2-79 至图 9-2-80）。
第十二八拍	 图 9-2-81  图 9-2-82  图 9-2-83  图 9-2-84  图 9-2-85  图 9-2-86  图 9-2-87  图 9-2-88  图 9-2-89

续表

动作描述	第 1 拍：右脚向前迈一步，右臂经屈臂 H 至小 H，左臂屈臂 H（图 9-2-81）。 第 2 拍：左脚向前迈一步，左臂呈小 H，右臂回到屈臂 H（图 9-2-82）。 第 3 拍：双脚并立提踵，手臂呈短 T（图 9-2-83）。 第 4 拍：左脚向前迈一步，手臂呈前 X，头部向后仰（图 9-2-84）。 第 5 拍：右脚向右双腿开立，手臂呈 T 位（图 9-2-85）。 第 6 拍：身体转向左侧，左弓步，手臂经短 T 至侧 K（图 9-2-86 至图 9-2-87）。 第 7 拍：向前右弓步，手臂拉开呈右斜线（图 9-2-88）。 第 8 拍：回到准备位（图 9-2-89）。
第十三八拍	 图 9-2-90  图 9-2-91  图 9-2-92  图 9-2-93  图 9-2-94  图 9-2-95
动作描述	第 1~4 拍：屈体分腿跳（图 9-2-90 至图 9-2-92）。 第 5~6 拍：跨栏跳（图 9-2-93）。 第 7~8 拍：C 跳，双腿分腿半蹲，手臂收回加油手位（图 9-2-94 至图 9-2-95）。
第十四八拍	 图 9-2-96  图 9-2-97  图 9-2-98  图 9-2-99  图 9-2-100  图 9-2-101  图 9-2-102

续表

动作描述	第 1 拍：右脚向后迈一步，手臂经小 A 上举至上 A（图 9-2-96）。 第 2 拍：左脚向后迈一步，手臂保持不变（图 9-2-97）。 第 3 拍：右脚向后迈一步，手臂呈 T（图 9-2-98）。 第 4 拍：双腿并腿半蹲，手臂保持不变（图 9-2-99）。 第 5~7 拍：大踢腿（图 9-2-100 至图 9-2-101）。 第 8 拍：收回准备位（图 9-2-102）。
第十五八拍	 图 9-2-103  图 9-2-104  图 9-2-105  图 9-2-106  图 9-2-107  图 9-2-108  图 9-2-109  图 9-2-110  图 9-2-111  图 9-2-112
动作描述	第 1 拍：右脚向后迈一步，手臂呈 W 位（图 9-2-103）。 第 2 拍：左脚向后迈一步，手臂保持 W 位（图 9-2-104）。 第 3 拍：双腿经并立提踵至半蹲，手臂经上 V 向内绕环至下 X（图 9-2-105 至图 9-2-106）。 第 4 拍：双腿开立，手臂向外绕环至上 A（图 9-2-107）。 第 5 拍：身体向左转，双脚呈弓步，手臂呈左侧 K 位（图 9-2-108）。 第 6 拍：双腿并立，手臂呈加油手位（图 9-2-109）。 第 7 拍：右脚侧点地，左手叉腰，右手斜上冲拳（图 9-2-110）。 第 8 拍：双腿半蹲，右侧顶胯，右手臂经加油手位至侧下冲拳（图 9-2-111 至图 9-2-112）。

续表

第十六八拍	 图 9-2-113  图 9-2-114  图 9-2-115  图 9-2-116  图 9-2-117  图 9-2-118
动作描述	第 1 拍：右腿向右迈一步，手臂经小 A 至上 V（图 9-2-113）。 第 2 拍：左脚向后迈一步，手臂收回小 A（图 9-2-114）。 第 3 拍：右腿向右迈一步，手臂经小 A 至下 V（图 9-2-115）。 第 4 拍：双腿并腿，手臂收回小 A（图 9-2-116）。 第 5~6 拍：双腿开立半蹲，手臂呈 90° 直角支撑在大腿前侧，低头（图 9-2-117）。 第 7~8 拍：回到准备位，手臂呈加油手位（图 9-2-118）。
第十七八拍	 图 9-2-119  图 9-2-120  图 9-2-121  图 9-2-122  图 9-2-123  图 9-2-124  图 9-2-125  图 9-2-126
动作描述	第 1~2 拍：双腿开立，手臂经小 A 至 T（图 9-2-119 至图 9-2-120）。 第 3 拍：右腿屈膝呈右弓步，手臂呈右斜线（图 9-2-121）。 第 4 拍：左弓步，手臂呈左斜线（图 9-2-122）。 第 5 拍：并腿半蹲，手臂呈小 A（图 9-2-123）。

续表

动作描述	第 6 拍：左腿向左迈一步，手臂呈左侧 K（图 9-2-124）。 第 7 拍：团身跳，手臂经小 H 至准备位（图 9-2-125）。 第 8 拍：双腿并腿半蹲，手臂准备位（图 9-2-126）。
第十八八拍	 图 9-2-127  图 9-2-128  图 9-2-129
动作描述	第 1~8 拍：向右巴塞转体三周（图 9-2-127 至图 9-2-129）。
第十九八拍	 图 9-2-130  图 9-2-131  图 9-2-132
动作描述	第 1~4 拍：右腿单腿跪下，单手扶地（图 9-2-130）。 第 5~6 拍：双腿跪地，手臂呈加油手位，低头含胸（图 9-2-131）。 第 7~8 拍：手臂呈右上冲拳手位（图 9-2-132）。
动作要领	①手臂动作短暂的加速和定位制动。 ②身体重心下沉，发力过程中膝关节微屈，平稳移动。
易犯错误	①动作过程中用力过猛。 ②制动不到位，使得整体视觉效果过于僵硬。 ③重心过高。

第三节　爵士啦啦操组合展示

第一八拍	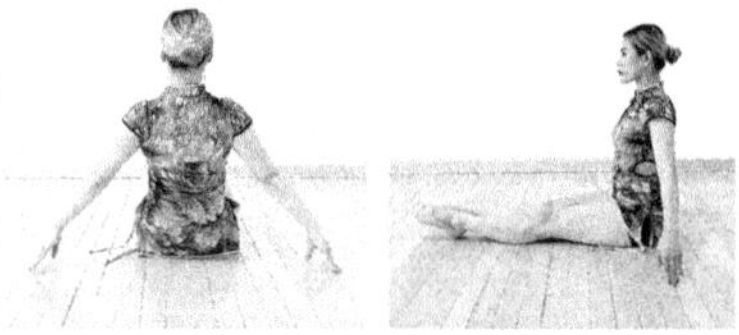 图 9-3-1 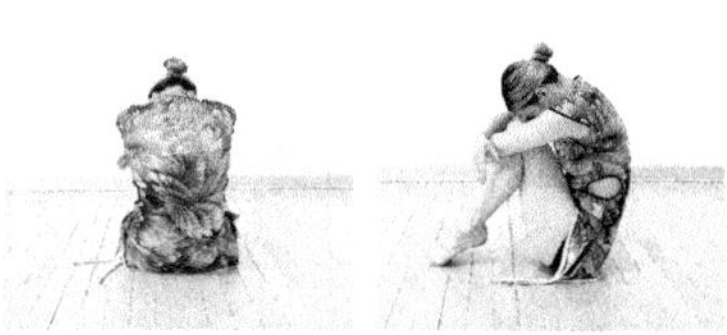 图 9-3-2

续表

第一八拍	 图 9-3-3  图 9-3-4  图 9-3-5  图 9-3-6
动作描述	第 1~2 拍：并腿直角坐，双手斜下举，指尖触地（图 9-3-1）。 第 3~4 拍：双腿屈膝，绷脚，双手经斜下环抱双腿，低头含胸（图 9-3-2）。 第 5 拍：下半身保持不动，双手经斜下向后打开，指尖触地，挺胸抬头（图 9-3-3）。 第 6 拍：向左侧滚动，双脚踩地，双手撑地，含胸低头（图 9-3-4）。 第 7 拍：踢右后腿，双手撑地，抬头（图 9-3-5）。 第 8 拍：收回站立准备姿态（图 9-3-6）。
第二八拍	 图 9-3-7  图 9-3-8  图 9-3-9  图 9-3-10  图 9-3-11  图 9-3-12  图 9-3-13
动作描述	第 1 拍：右脚提膝开胯向后退步，右腿屈膝，左腿直膝绷脚，重心从双腿过渡到右腿（图 9-3-7）。 第 2 拍：左脚提膝开胯向后退步，左腿屈膝，右腿直膝绷脚，重心从右脚过渡到左脚（图 9-3-8）。 第 3~4 拍：同 1~2 拍。 第 5 拍：右脚向右侧迈步，呈开立，右臂右侧平举同时屈膝，左臂不动，头右屈（图 9-3-9）。 第 6 拍：右脚回收至并腿，立踝，右臂呈上举，掌心向右，目视 1 点（图 9-3-10）。 第 7 拍：屈膝，肘关节带动手臂向下落至前下举，掌心相对，低头含胸（图 9-3-11 至图 9-3-12）。 第 8 拍：伸直膝关节同时上身回到爵士基本站姿（图 9-3-13）。

续表

第三八拍	 图 9-3-14  图 9-3-15  图 9-3-16  图 9-3-17  图 9-3-18  图 9-3-19  图 9-3-20  图 9-3-21  图 9-3-22  图 9-3-23  图 9-3-24 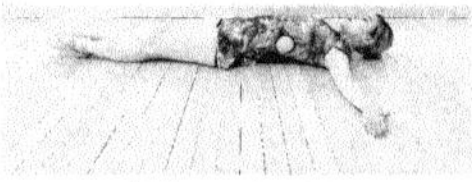 图 9-3-25
动作描述	第 1~4 拍：朝一点方向返身跨跳落地后后腿上步并腿转体一周（图 9-3-14 至图 9-3-21）。 第 5~7 拍：双脚向两侧滑叉，双手撑地，开至横叉时屈臂，双腿经两侧向后并拢（图 9-3-22 至图 9-3-24）。 第 8 拍：向右翻身转体，平躺，双手侧平举，掌心向上（图 9-3-25）。
第四八拍	 图 9-3-26  图 9-3-27  图 9-3-28  图 9-3-29  图 9-3-30  图 9-3-31  图 9-3-32  图 9-3-33  图 9-3-34  图 9-3-35

续表

动作描述	第 1~3 拍：挑腰起同时右臂经上半身向上延伸至上举，五指张开，掌心向后，抬头看手（图 9-3-26 至图 9-3-29）。 第 4 拍：向左转体至 8 点，左腿屈右腿直，双臂屈肘交叉置于胸前，头看左后方（图 9-3-30）。 第 5~6 拍：双手向两侧延伸拉开，七位手，左低右高，眼看左手（图 9-3-30至图 9-3-31）。 第 7 拍：立踝向左转体，双手环抱，右高左低（图 9-3-32 至图 9-3-33）。 第 8 拍：立踝踢左旁腿，右臂斜下举，左臂斜上举，眼看右手（图 9-3-34）。 哒拍：回到爵士基本站姿（图 9-3-35）。
第五八拍	 图 9-3-36  图 9-3-37  图 9-3-38  图 9-3-39  图 9-3-40  图 9-3-41  图 9-3-42  图 9-3-43  图 9-3-44  图 9-3-45
动作描述	第 1~5 拍：左脚上步朝 8 点行进间跨跳（图 9-3-36 至图 9-3-41）。 第 6~8 拍：左脚向 7 点上步，立转两周（图 9-3-42 至图 9-3-45）。
第六八拍	 图 9-3-46  图 9-3-47  图 9-3-48  图 9-3-49

续表

第六八拍	 图 9-3-50  图 9-3-51  图 9-3-52  图 9-3-53  图 9-3-54  图 9-3-55  图 9-3-56  图 9-3-57  图 9-3-58  图 9-3-59  图 9-3-60  图 9-3-61  图 9-3-62  图 9-3-63
动作描述	第 1~2 拍：吸右膝向右侧上步，胯由左侧内收转向至右侧外开，双手由腕部交叉向两侧双分手，回到爵士基本开立站姿（图 9-3-46 至图 9-3-49）。 第 3 拍：屈膝同时含胸低头，吐气，双手托掌经前平举至抱头（图 9-3-50 至图 9-3-52）。 第 4 拍：回到爵士基本开立站姿（图 9-3-53）。 第 5~6 拍：3 点方向前软翻（图 9-3-54 至图 9-3-57）。 第 7 拍：右腿经屈膝向 6 点方向退成右弓步，双手经胸前交叉向前推掌至双臂侧举后回落成爵士基本站姿，重心在右腿（图 9-3-58 至图 9-3-61）。 第 8 拍：右脚向 2 点方向迈步，呈右弓步，右臂经体侧上举至斜上 45°（图 9-3-62）。 哒拍：左脚向 2 点方向迈步，呈左弓步，左臂经体侧上举至斜上 45°，右臂保持不动，重心在前脚掌（图 9-3-63）。

续表

第七八拍	 图 9-3-64  图 9-3-65  图 9-3-66  图 9-3-67  图 9-3-68  图 9-3-69  图 9-3-70  图 9-3-71  图 9-3-72
动作描述	第 1 拍：吸右腿，立左踝，双手置于身体两侧，按掌（图 9-3-64）。 第 2 拍：屈右膝，左脚向旁擦出，送右髋，左臂向前推掌划至前平举，出脚同时抬头（图 9-3-65 至图 9-3-66）。 第 3~4 拍：7 点方向平转两次（七位、二位），头看向左侧（图 9-3-67 至图 9-3-68）。 第 5 拍：双脚开立，双手腕部交叉置于头顶，低头挺胸（图 9-3-69）。 第 6 拍：双膝缓慢弯曲，向后送髋，双臂从体侧分开，掌心向上，展胸，头后屈（图 9-3-70）。 第 7 拍：屈膝，低头含胸，双手环抱后背（图 9-3-71）。 第 8 拍：膝盖由屈变直，髋、背、胸、颈、头依次抬起，双手缓慢分开至身体两侧，吸气（图 9-3-72）。
第八八拍	 图 9-3-73  图 9-3-74  图 9-3-75  图 9-3-76

续表

第八八拍	 图 9-3-77  图 9-3-78  图 9-3-79  图 9-3-80  图 9-3-81  图 9-3-82
动作描述	第 1 拍：右腿屈膝，左腿伸直，脚尖点地，送右髋，右臂经体侧至侧平举，头右屈（图 9-3-73）。 第 2 拍：重心从右腿过渡到左腿上，右脚脚尖点地，双臂环抱，右臂上左臂下，眼看左斜下方（图 9-3-74）。 第 3 拍：右腿屈膝，左腿伸直，脚尖点地，送右髋，双臂经体侧向上呈右臂侧平举，左臂斜上 45°，眼看右手方向（图 9-3-75）。 第 4 拍：右脚并左脚，立踝，双臂经下至上，双手腕部交叉，低头（图 9-3-76 至图 9-3-77）。 第 5~6 拍：双腿屈膝缓冲，右脚经后擦地向后踢腿，屈左膝，后腿伸直，双手经身体两侧，左臂前举，右臂斜上 45°，指尖延伸（图 9-3-78）。 第 7~8 拍：右脚向左斜前上步转体，立踝，双手抱头，转体同时双手慢慢打开，再落至身体两旁（图 9-3-79 至图 9-3-82）。
第九八拍	 图 9-3-83  图 9-3-84  图 9-3-85  图 9-3-86  图 9-3-87  图 9-3-88  图 9-3-89  图 9-3-90

续表

第九八拍	 图 9-3-91  图 9-3-92  图 9-3-93  图 9-3-94  图 9-3-95  图 9-3-96
动作描述	第 1 拍：左脚经吸腿向前迈步，屈膝，双手经胸前平屈至侧举，立掌（图 9-3-83 至图 9-3-84）。 哒拍：右脚经吸腿向前迈步，屈膝，双臂旁落至身体两侧，双臂夹紧身体（图 9-3-85）。 第 2 拍：左脚经吸腿向左迈步，呈开立，右手并掌放至胸口（图 9-3-86）。 哒拍：右臂不动，左手并掌置于胃前（图 9-3-87）。 第 3 拍：屈膝，左膝内扣，双手交叉，眼看右下方（图 9-3-88）。 哒拍：还原之前动作，双脚开立，右手放至胸口处，左手放至胃前（图 9-3-89）。 第 4 拍：屈左臂扶头，右手握住左肘，缓慢抬头（图 9-3-90）。 第 5 拍：经吸右腿向右迈步呈开立，右臂屈臂上举（图 9-3-91）。 哒拍：左腿向左迈步，左臂屈臂上举，右臂保持不动，双肘平行，抬头看手（图 9-3-92）。 第 6 拍：右臂下落至胃前，左臂不动（图 9-3-93）。 哒拍：左臂下落至胸前，右臂不动（图 9-3-94）。 第 7 拍：屈膝、含胸、低头，双手抱紧身体两侧（图 9-3-95）。 第 8 拍：将膝关节伸直的同时，腰、背、颈、头依次直立，双手回到身体两侧（图 9-3-96）。
第十八拍	 图 9-3-97  图 9-3-98  图 9-3-99  图 9-3-100

续表

第十八拍	 图 9-3-101  图 9-3-102  图 9-3-103  图 9-3-104  图 9-3-105
动作描述	第 1~2 拍：右腿经吸腿向后退步呈左弓步，双臂经胸前平屈由后向前画圆（图 9-3-97 至图 9-3-99）。 第 3 拍：右脚并左脚，立踝，双臂上举，腕部交叉，掌心朝前（图 9-3-100）。 第 4 拍：左脚向左侧迈步，分腿屈膝，双手经两侧分至七位手（托掌），头后屈（图 9-3-101）。 第 5~8 拍：左脚向 2 点划叉，右手沿身体右侧延伸至上举，左手扶地（图 9-3-102 至图 9-3-105）。
第十一八拍	 图 9-3-106  图 9-3-107  图 9-3-108  图 9-3-109  图 9-3-110  图 9-3-111
动作描述	第 1~2 拍：从左叉转向分腿坐，右臂从上向右画圆回身体两侧，双手置于身体后侧（图 9-3-106）。 第 3~4 拍：右臂撑地，左臂经前、右到上，顶左腰，眼睛看向 1 点（图 9-3-107 至图 9-3-108）。 第 5~8 拍：左臂原路返回，双手置于身体后侧，双腿从分腿收至盘坐，低头（图 9-3-109 至图 9-3-111）。

续表

动作要领	①做动作时有无限延伸的感觉。 ②注重肢体的爆发力和身体的控制。 ③身体的延展与控制。 ④注意手臂的延展性。 ⑤肩关节带动手臂，先用肩部带动上臂，再由上臂带动前臂，最后将力延伸到指尖。 ⑥脚背和膝盖要绷直。
易犯错误	①身体僵硬，核心松弛。 ②手臂没有延展性。 ③脚背和膝盖无控制。

第四节　街舞啦啦操组合展示

第一八拍	 图 9-4-1  图 9-4-2  图 9-4-3  图 9-4-4  图 9-4-5  图 9-4-6  图 9-4-7  图 9-4-8  图 9-4-9  图 9-4-10  图 9-4-11

续表

动作描述	准备姿势：双脚小八位，左手掌，右手拳，身体朝向2点（图9-4-1）。 第1拍：右脚向右后方撤步，屈膝，双手胃前交叉，掌心朝上（图9-4-2）。 第2拍：左脚向左后方撤步，屈膝，双手拉至腰部两侧，拳心朝上（图9-4-3）。 第3拍：右脚向右后方撤步，屈膝，双臂前平举，扩指，掌心朝上（图9-4-4）。 第4拍：左脚向左后方撤步，屈膝，双手拉至肩前，夹肘，拳心朝上（图9-4-5）。 第5拍：右脚向右后方撤步，屈膝，双手向前斜上方推掌，指尖相对（图9-4-6）。 第6拍：左脚向左后方撤步，屈膝，双手继续向前斜上方推掌，指尖相对（图9-4-7）。 第7拍：右脚向右侧迈步同时下蹲，左臂屈肘，虎口置于肩前，右臂旁斜下举，掌心朝前，向后做肩绕环（图9-4-8至图9-4-9）。 第8拍：右脚向右侧迈步同时下蹲，左手屈臂，虎口置于肩前，右臂旁斜下举，掌心朝前，向后做肩绕环（图9-4-10至图9-4-11）。
第二八拍	 图9-4-12  图9-4-13  图9-4-14  图9-4-15  图9-4-16  图9-4-17  图9-4-18  图9-4-19  图9-4-20  图9-4-21
动作描述	第1拍：双腿跳呈并步，双手经胸前屈臂交叉拉至肩前握拳（图9-4-12至图9-4-13）。 第2拍：双脚同时跳开，屈膝下蹲，双手撑至膝关节最远端，虎口朝内，目视前方（图9-4-14）。 第3拍：左脚向下踩同时抬右腿，勾脚，双手由内向下至旁画圆，扩指，掌心朝外（图9-4-15至图9-4-16）。

续表

动作描述	第 4 拍：右脚向下踩同时抬左腿，勾脚，双手由内向下至旁画圆，扩指，掌心朝外（图 9-4-17 至图 9-4-18）。 第 5 拍：双脚同时跳开，屈膝下蹲，双手撑住膝关节最远端，虎口朝内，低头（图 9-4-19）。 第 6 拍：保持不动（图 9-4-19）。 第 7 拍：身体保持不动，挑头（图 9-4-20）。 第 8 拍：向左后方转身，屈双臂俯撑，低头（图 9-4-21）。
第三八拍	 图 9-4-22  图 9-4-23  图 9-4-24  图 9-4-25  图 9-4-26  图 9-4-27
动作描述	第 1~2 拍：保持不动（图 9-4-22）。 第 3 拍：右脚向右前方上步，右肘撑大腿（图 9-4-23）。 第 4 拍：左脚向左前方上步，双肘撑住大腿，低头（图 9-4-24）。 第 5 拍：右脚向右前方上步，同时双臂夹肘，低头含胸，掌心朝内（图 9-4-25）。 第 6 拍：左脚向左前方上步，同时双臂向上，屈臂，目视掌心（图 9-4-26）。 第 7 拍：右脚向右前方上步同时直膝立踝，双臂上举，掌心朝内，抬头看手（图 9-4-27）。 第 8 拍：保持不动（图 9-4-27）。
第四八拍	 图 9-4-28  图 9-4-29  图 9-4-30  图 9-4-31

续表

第四八拍	 图 9-4-32  图 9-4-33  图 9-4-34  图 9-4-35  图 9-4-36  图 9-4-37
动作描述	第 1 拍：右脚向前上步，屈膝下蹲，身体向下，双手置于胯根处，含胸，目视 1 点（图 9-4-28）。 第 2 拍：左脚向右脚后方上步，屈膝微蹲，身体向下，双手置于胯根处，含胸，目视 1 点（图 9-4-29）。 第 3 拍：右脚向前上步，屈膝下蹲，身体向下，双手置于胯根处，含胸，目视 1 点（图 9-4-30）。 第 4 拍：左脚向右脚后方上步，屈膝微蹲，身体向下，双手置于胯根处，含胸，目视 1 点（图 9-4-31）。 第 5 拍：双脚右左依次跳至正前方，屈膝，含胸低头，双手置于大腿胯根处，虎口向内（图 9-4-32）。 第 6 拍：双脚右左依次跳呈开立，双手抱拳（图 9-4-33）。 第 7~8 拍：双脚依次向前左右左右呈正步位，双手前平举经胸前平屈至身体两侧，握拳（图 9-4-34 至图 9-4-37）。
第五八拍	 图 9-4-38  图 9-4-39  图 9-4-40  图 9-4-41  图 9-4-42  图 9-4-43  图 9-4-44  图 9-4-45

续表

动作描述	第 1~2 拍：右脚向右侧迈步呈开立，双手手背相叠屈臂撑住膝盖最远端，头左转经头前屈至头右转，同时屈膝下蹲（图 9-4-38 至图 9-4-40）。 第 3 拍：双臂向两侧打开呈侧举，掌心向下，低头（图 9-4-41）。 第 4 拍：左脚向回收，同时双手快速抱拳，回到准备姿态（图 9-4-42）。 第 5~6 拍：保持不动（图 9-4-42）。 第 7 拍：右脚向后撤步同时下蹲，双臂经胸前平屈至上举，手背朝前，扩指（图 9-4-43 至图 9-4-44）。 第 8 拍：左脚向回收，同时双臂快速落下，还原准备姿态（图 9-4-45）。
第六八拍	 图 9-4-46  图 9-4-47  图 9-4-48  图 9-4-49  图 9-4-50  图 9-4-51  图 9-4-52  图 9-4-53  图 9-4-54  图 9-4-55  图 9-4-56  图 9-4-57  图 9-4-58  图 9-4-59  图 9-4-60  图 9-4-61  图 9-4-62

续表

动作描述	第 1 拍：左脚向左侧迈步同时下蹲，双臂胸前交叉托掌，下蹲同时手向两侧拉开（图 9-4-46 至图 9-4-47）。 第 2 拍：右脚向右侧迈步，直膝，重心放置右脚，左脚悬空，双臂经胸前平屈至双臂直臂交叉，握拳（图 9-4-48 至图 9-4-49）。 第 3 拍：左脚向左侧迈步同时下蹲，双臂经胸前平屈至身体两侧，握拳（图 9-4-50 至图 9-4-51）。 第 4 拍：右脚向右侧迈步同时下蹲，双臂经胸前平屈至身体两侧，握拳（图 9-4-52 至图 9-4-53）。 第 5 拍：左脚向左侧迈步同时下蹲，左手放至胯根部，右臂经下向左画圆至右屈臂，面向左侧（图 9-4-54 至图 9-4-55）。 第 6 拍：重心从左脚过渡至右脚同时左腿屈膝脚离地，手臂经原路线返回至身体右侧（图 9-4-56 至图 9-4-57）。 第 7 拍：向前蹬左腿，双臂经身体两侧至双臂腕部相叠，手背朝上，扩指（图 9-4-58 至图 9-4-59）。 第 8 拍：腾空同时向前蹬右腿后，左脚落地，右腿屈膝脚离地，双臂经胸前平屈至身体两侧（图 9-4-60 至图 9-4-62）。
第七八拍	 图 9-4-63  图 9-4-64  图 9-4-65  图 9-4-66  图 9-4-67  图 9-4-68  图 9-4-69  图 9-4-70  图 9-4-71  图 9-4-72  图 9-4-73  图 9-4-74  图 9-4-75  图 9-4-76  图 9-4-77  图 9-4-78

续表

动作描述	第 1 拍：右脚向 2 点方向蹬腿，同时双手相叠经额前向前斜上方推掌，掌心朝外（图 9-4-63 至图 9-4-64）。 哒拍：右脚落地，同时双手继续向前斜下方推掌（图 9-4-65）。 第 2 拍：左脚向左后方迈步，弓步，左脚尖点地，双手屈臂撑在右膝关节最远端，低头含胸（图 9-4-66）。 第 3 拍：左脚离地屈腿，重心过渡至右腿，屈双臂在胸前，前臂绕环一圈（图 9-4-67 至图 9-4-68）。 第 4 拍：左脚向前迈步，双臂经上举交叉向两侧打开，斜下 45°，握拳（图 9-4-69）。 第 5 拍：右脚向下踩，同时向左侧蹬左腿，右臂屈肘置于胸前，手掌扶胸，左臂向左斜下方打开，扩指，身体稍往右转，展胸（图 9-4-70）。 哒拍：屈左膝，左脚离地，髋内收，右臂保持不动，左臂向前，掌心向右，含胸（图 9-4-71）。 第 6 拍：左脚向下踩，同时向右侧蹬右腿，左臂屈肘置于胸前，手掌扶胸，右臂向右斜下方打开，扩指，身体稍往左转，展胸（图 9-4-72）。 哒拍：屈右膝，右脚离地，髋内收，左臂保持不动，右臂向前，掌心向左，含胸（图 9-4-73）。 第 7 拍：向前斜下方蹬右腿，同时手背相叠由胸前平屈推至前平举，立掌，掌心向前（图 9-4-74 至图 9-4-76）。 第 8 拍：右脚落地同时左脚左侧脚尖点地，双臂侧举至双背手（图 9-4-77 至图 9-4-78）。
第八八拍	 图 9-4-79  图 9-4-80  图 9-4-81  图 9-4-82  图 9-4-83  图 9-4-84  图 9-4-85  图 9-4-86  图 9-4-87  图 9-4-88  图 9-4-89  图 9-4-90

续表

第八八拍	 图 9-4-91  图 9-4-92  图 9-4-93  图 9-4-94
动作描述	第 1 拍：下半身保持不动，右肩前送，左肩向后撤（图 9-4-79）。 哒拍：下半身保持不动，左肩前送，右肩后撤（图 9-4-80）。 第 2 拍：下半身保持不动，右肩前送，左肩向后撤（图 9-4-81）。 哒拍：下半身保持不动，左肩前送，右肩后撤（图 9-4-82）。 第 3 拍：左脚向前上步，双臂由前平举至胸前平屈后回到身体两侧（图 9-4-83至图 9-4-86）。 哒拍：右脚向右侧上步，右弓步，右脚脚尖点地，右臂屈臂推掌至胸前，掌心朝左（图 9-4-87）。 第 4 拍：右脚继续向右侧上步，重心压至两腿之间，右手屈臂继续向左推掌，掌心朝左，前臂平行地面（图 9-4-87）。 第 5 拍：上身向右移腰，双手由腕部交叉至两侧打开，屈臂，扩指（图 9-4-88至图 9-4-89）。 第 6 拍：右脚回收，双手经原路返回至握拳，右手拳左手掌（图 9-4-90至图 9-4-91）。 第 7~8 拍：左右脚向前依次迈步，左右左右，双臂由胸前平举至胸前平屈到身体两侧，低头含胸，握拳（图 9-4-92 至图 9-4-94）。
第九八拍	 图 9-4-95  图 9-4-96  图 9-4-97  图 9-4-98
动作描述	第 1~2 拍：保持不动。 第 3~4 拍：右脚向右侧迈步同时下蹲，双臂经侧举向下盖掌至膝盖最远端，面向左侧（图 9-4-95 至图 9-4-96）。 第 5~6 拍：保持不动（图 9-4-96）。 第 7 拍：双臂向两侧打开呈侧举，掌心向下，低头（图 9-4-97）。 第 8 拍：左脚收回，同时双臂快速落下，还原成准备姿态（图 9-4-98）。

续表

第十八拍	 图 9-4-99  图 9-4-100  图 9-4-101  图 9-4-102  图 9-4-103  图 9-4-104  图 9-4-105  图 9-4-106  图 9-4-107  图 9-4-108  图 9-4-109  图 9-4-110  图 9-4-111  图 9-4-112  图 9-4-113
动作描述	第 1 拍：左脚向左侧迈步同时屈膝下蹲，双臂屈肘向前出拳，左手低右手高，身体微向左倾（图 9-4-99 至图 9-4-100）。 第 2 拍：右脚向下踩的同时抬左腿，双手右下方击掌（图 9-4-101）。 第 3 拍：左脚向下踩的同时抬右腿，双手搭肩（图 9-4-102）。 哒拍：右脚向下踩的同时抬左腿，双手搭肩（图 9-4-103）。 第 4 拍：左脚向下踩的同时抬右腿，双手搭肩（图 9-4-104）。 哒拍：抬右腿，屈髋，双臂向两侧打开（图 9-4-105）。 第 5 拍：右脚脚尖落地同时顶髋，双手击打髋部（图 9-4-106）。 哒拍：抬右腿，屈髋，双臂向两侧打开（图 9-4-107 ）。 第 6 拍：右脚脚尖落地同时顶髋，双手击打髋部（图 9-4-108）。 哒拍：抬右腿，屈髋，双臂向两侧打开（图 9-4-109 ）。 第 7 拍：右脚脚尖落地同时顶髋，双手击打髋部（图 9-4-110）。 第 8 拍：收左脚并腿屈膝，双臂前下举交叉经上至两侧打开，低头含胸（图 9-4-111 至图 9-4-113）。

续表

第十一八拍	 图 9-4-114  图 9-4-115  图 9-4-116  图 9-4-117  图 9-4-118  图 9-4-119  图 9-4-120  图 9-4-121  图 9-4-122  图 9-4-123
动作描述	第 1 拍：屈膝，双臂胸前平屈（图 9-4-114）。 第 2 拍：左手扶髋，右手指向前斜上方（图 9-4-115）。 第 3 拍：右脚向正前上步，右臂高左臂低（图 9-4-116 至图 9-4-117）。 第 4 拍：左脚向前并步，立踝，左臂高右臂低（图 9-4-118）。 第 5 拍：吸右腿，以左脚为轴，向左转体一周（图 9-4-119 至图 9-4-120）。 第 6 拍：右脚落地，开立，双手前下方抱拳（图 9-4-121）。 第 7 拍：右臂前举，身体向右侧微倾（图 9-4-122）。 第 8 拍：右臂保持不动，左臂前举，身体向左侧微倾（图 9-4-123）。
动作要领	①肢体多关节动作短暂加速。 ②体现制动定位特有的力度感。 ③动作完成干净利落，身体控制精准、位置准确。 ④动作的节奏与音乐一致。
易犯错误	①重心过高。 ②身体过于僵硬或松散。 ③动作和音乐不统一。